海峡西岸繁荣带
发展研究报告2022

刘晔 蔡伟毅 郑若娟 主编

中国财经出版传媒集团

经济科学出版社
Economic Science Press

图书在版编目（CIP）数据

海峡西岸繁荣带发展研究报告．2022 / 刘晔，蔡伟毅，郑若娟主编．-- 北京：经济科学出版社，2022.12

ISBN 978 - 7 - 5218 - 4419 - 1

Ⅰ．①海… Ⅱ．①刘… ②蔡… ③郑… Ⅲ．①区域经济发展 - 研究报告 - 福建 - 2022 Ⅳ．①F127.57

中国国家版本馆 CIP 数据核字（2023）第 012226 号

责任编辑：周胜婷
责任校对：刘　昕
责任印制：张佳裕

海峡西岸繁荣带发展研究报告 2022

刘　晔　蔡伟毅　郑若娟　主编

经济科学出版社出版、发行　新华书店经销

社址：北京市海淀区阜成路甲 28 号　邮编：100142

总编部电话：010 - 88191217　发行部电话：010 - 88191522

网址：www.esp.com.cn

电子邮箱：esp@esp.com.cn

天猫网店：经济科学出版社旗舰店

网址：http://jjkxcbs.tmall.com

固安华明印业有限公司印装

710×1000　16 开　15.25 印张　270000 字

2023 年 1 月第 1 版　2023 年 1 月第 1 次印刷

ISBN 978 - 7 - 5218 - 4419 - 1　定价：92.00 元

（图书出现印装问题，本社负责调换。电话：010 - 88191510）

（版权所有　侵权必究　打击盗版　举报热线：010 - 88191661

QQ：2242791300　营销中心电话：010 - 88191537

电子邮箱：dbts@esp.com.cn）

前　　言

春回大地，万物更新，《海峡西岸繁荣带发展研究报告2022》如期与读者见面了。多年来，海峡西岸繁荣带发展研究课题组坚持跟踪海峡西岸经济发展动向，搜集最新发展数据，深入调研海峡西岸发展状况，形成了系统性的分析框架和理论观点，并在此基础上提出与时俱进的研究内容和政策建议。这已经是课题组第十一次发布海峡西岸繁荣带发展报告。依例，课题组历经一年的选题策划、研究探讨、分工撰写和编辑修改，将最新的观点和思考编辑成册，以飨读者。

《海峡西岸繁荣带发展研究报告2022》承续往年发展报告的风格和体例，所选的研究主题集中于海峡西岸繁荣带及福建省发展中的重点突出问题。全书将十一个研究主题划分为四个板块：金融发展、数字经济、产业发展、政策与区域发展。

福建省是"一带一路"建设以及"21世纪海上丝绸之路"的核心区，同时伴随着福州、厦门和平潭三个片区成为"自由贸易试验区"。2020年《区域全面经济伙伴关系协定》（RCEP）正式签署完成。福建省作为我国与东南亚地区经济联系的纽带，其经贸发展格局必将受到广泛而深远的影响。福建省以及海峡西岸繁荣带正处于良好的发展机遇期。

在建设"一带一路"核心区和"自由贸易试验区"的过程中，金融服务是一项不可少的重要组成部分。经济发展、产业结构调整、对外开放的深入，都离不开金融行业的参与和支持。课题组研究了福州市金融业发展问题，提出未来福州金融业发展的方向与路径，并分别从银行业、保险业、证券业三个细分行业出发，构建福建省区域金融发展水平的综合评价指标体系。

目前全球经济正步入以数字化为主要标志的新阶段，"十四五"规划明确要"打造数字经济新优势"，将数字经济发展和数字化转型的目标与作用提高到了国民经济的高度。福建省十分重视数字经济建设发展方面的发展并取得了长足的进步。课题组从国内外以及海峡两岸的数字经济发展背景出发，探究如何推进福建省国家数字经济创新发展试验区建设。

我国一直以来高度重视构建现代产业体系、建设制造强国，强调"加快构建市场竞争力强、可持续的现代产业体系"，产业发展也是将补短板作为"供给侧"结构性改革中非常重要的一个环节。加快各个产业的协调发展能更好地实现海峡西岸繁荣带高质量发展。课题组探究了福建省招商引资、文化产业发展以及现代产业发展等课题。

促进区域协调发展是全面建成社会主义现代化强国的应有之义，不仅需要明确具有本地特色的发展思路、方向与路径，还应当充分借助其他区域的优势弥补自身发展短板，而地区公共政策是协调各个区域协调发展的重要支撑。课题组研究了福建省财税政策支持企业科技创新的机制与路径，针对闽江口金三角经济圈发展现状，提出具有针对性的发展思路。

"十四五"是开启全面建设社会主义现代化国家新征程的第一个五年。编制"十四五"规划时，福建省应认真研究本省在中国区域经济发展版图新格局中所面临的各种机遇和挑战，以更高站位、更大格局、更实举措谋划布局。为此，应充分调动各方面的积极因素，开创区域协同发展新局面。

基于以上的现实状况与理论分析，课题组将如上的四个板块内容细分为十一个专业选题，进而形成本年度的发展报告。本年度发展报告各个专题的内容简述如下。

专题一　福州市金融业发展研究

专题一研究福州市金融业发展问题，提出未来福州金融业发展的方向与路径。该专题首先分析这些年福州金融业发展现状与发展特点，指出福州市金融业总量领跑全省，而且金融业已经成为福州市的重要支柱产业，福州金融业发展成效显著。在银行、证券、保险三大行业齐头并进的同时，福州特色金融产业发展迅速，海洋金融总量大且增速快，数字金融发展居领先地位。进而，该专题分析当前福州市金融业发展所面临的机遇与挑战。机遇主要来源于国家政策扶持与福州作为省会城市的优势地位，而挑战主要来自外部经济环境的不确定性和长三角、大湾区等发达地区的挤压。据此，该专题提出福州金融业发展的 SWOT 分析，展望在不同状况下福州金融业发展的战略选择。更进一步，该专题提出福州金融业发展的战略定位、基本目标和具体措施。福州金融业发展的总体定位是"一中心三高地"，即要把福州建设成为海上丝绸之路核心区金融中心，同时福州要成为数字金融创新发展高地、产业金融创新示范高地和海上金融合作先行高地。福州要致力于高质量发展金融业，打造区域性金融中心城市，汇聚台江海峡金融商务区、滨海新城金融创新区、三江口金融集中区的优质资源，打造福州"闽江金融圈"，形成福州金融业发展的一圈三区体系。

专题二　福建省区域金融业发展水平的测度与评价

金融是经济发展的核心。我国的"十四五"发展规划中也明确提出应进一步促进各地区金融业发展水平。在此背景下，本文分别从银行业、保险业、证券业三个细分行业出发，构建福建省区域金融发展水平的综合评价指标体系，而后采用主成分分析法，对福建省 9 个地级市金融发展水平进行了较为科学的测度，并得出了以下结论：无论是从福建省各地市的角度出发，还是从银行、保险、证券三个维度出发，福州、厦门和泉州三地的金融发展水平均在福建省前三；且各地市之间金融业发展水平差异较大；其次本文根据地理位置将福建省分为闽东、闽西北和闽南三个区域，发现各区域内地级市金融发展水平同样存在显著差异。针对福建省各地区金融业发展不平衡等问题，我们提出应进一步发展特色金融功能区、发挥特殊区位优势等改善建议，比如对三明和南平而言，发挥其绿色生态优势，加快推进绿色金融试验区建设，以此促进福建省各地区金融市场的协调发展。

专题三　福建省数字普惠金融对居民消费的影响研究

当前我国居民消费已经逐步成为经济增长的主要支柱之一，而数字普惠金融作为新型的金融模式，得益于互联网信息技术的发展，是否较好地推动了国内居民消费需求值得深入研究。本文基于 2014～2020 年福建省 9 个地级市的面板数据，研究了福建省数字普惠金融发展水平对居民消费水平的影响效应，得出以下结论：福建省各地级市数字普惠金融发展水平的提高，可以显著促进各地级市居民消费水平的升级，且存在部分的收入中介效应。本文的研究表明，进一步加大对普惠金融的宣传和教育力度，缩小"数字鸿沟"，提高普惠金融的覆盖广度和深度，挖掘消费潜力，对推动福建省居民消费水平提升和促进区域经济增长有重要意义。

专题四　福建省国家数字经济创新试验区建设研究

推进福建省国家数字经济创新发展试验区建设，要立足于全球化及区域经济一体化发展和福建省开放型经济的发展及新体制的构建，以技术创新和体制机制创新为抓手，依循以下三个方面的建设思路：第一，依托福建省的政策优势，发挥政策叠加效应，着力于福建省数字技术创新能力的培育和提升，突破关键数字核心技术、打造特色数字优势产业；第二，在数字科技发展领域构建双循环新发展格局，将福建省建设成为国内国外数字科技资源汇聚的高地、国际数字科技合作与国内数字科技合作连接的纽带；第三，借势国际经济一体化的数字经济发展机遇，推动福建省的数字贸易、数字产业的发展。

专题五　厦门"大招商、招大商"促发展的现状、面临的瓶颈问题及破解对策研究

厦门近年来"大招商、招大商"成效显著，主要是因为以下六大因素有利于招商引资：厦门市党政领导高度重视；招商引资队伍精干强劲；招商引资方式灵活多样，招商对象精准；有国内较好的城市品牌度和优异的营商软硬件环境；有对港澳台和东南亚等地缘优势；有较好产业基础、产业园区基础和较为完整的产业链。

针对厦门招商引资现状，本文深入分析了厦门市在"大招商、招大商"方面面临的九大瓶颈：城市土地、经济、人才、教育医疗、高房价、外部宏观政治经济环境、产业链、激励机制、兄弟城市竞争。

本文最后结合国内外成功的招商经验和厦门市招商引资的实践，提出建立六个"一"来"大招商、招大商"（建立一个优异的营商环境；构建一支熟悉厦门12个千亿产业链和熟悉厦门比较优势的高效精干的招商引资队伍和专门机构；建立高效的招商引资领导和决策机制，统筹对全市招商引资；全力利用好"9·8"平台品牌进行线上和线下招商；利用一个资本市场内生

性招商引资；坚持"活留招相结合"大招商一个原则），利用两大集群（厦门12个千亿产业集链和利用16所大学群校友招商引资）和两大平台（利用厦门各大园区和新城区）进行"大招商、招大商"，利用厦门四大比较优势（利用各类优惠政策尤其是多区叠加的政策优势、区位优势；总部经济优势；发挥闽籍企业家和闽籍华侨企业家的优势；陆海空交通基础设施优势）进行"大招商、招大商"。

专题六　福建省文化产业发展与共同富裕

精神富有是实现共同富裕的重要途径，发展文化产业能够实现精神富有，进而实现共同富裕。为探究福建省文化产业发展与居民共同富裕之间的联系，本文在分析福建省文化产业投入对促进共同富裕和经济增长影响的基础上，采用"数据包络分析法"核算了文化产业投入的共同富裕效率。结果表明：整体上，福建省文化产业投入一定程度上满足了居民日益增长的物质文化需求，释放了文化消费空间，对促进地区经济发展和居民共同富裕都具有显著效果；但是，现有技术水平限制了该作用的充分发挥；福建省文化产业投入对居民共同富裕的作用具有区域不平衡性。因此发展文化产业促进共同富裕需要因地制宜，关注地区的特点和需求。

专题七　厦门现代产业发展的对策研究

推进厦门现代产业建设，是实现厦门高质量发展的关键。厦门现代产业的发展，产业区域布局明晰，产业配套设施完善，产业融资得到一定程度的缓解，现代产业营商环境得到进一步优化。当前厦门现代产业发展面临的问题有："独角兽"型的企业不多，企业融资渠道单一，数字经济与制造业融合有待提高，现代产业高端人才不足，高新技术产业发展滞后，未来产业发展的基础薄弱，营商环境需要进一步完善，对外协调仍有待提升，现代产业园区建设亟待提升。进一步促进厦门现代产业发展的对策建议是：继续培育扶持新一批现代产业的"独角兽"企业；以金融、财税政策促进现代产业发展；推进数字经济与制造业融合发展；加强创新平台建设，健全现代产业创新体系；瞄准现代产业发展趋势与方向；前瞻性谋划、积极布局未来产业；推进对台合作，发展壮大厦台经济合作；对标国际标准，优化营商环境评价体系；制定更有吸引力的高端人才引进政策；以岛内外一体化促进现代产业发展；加强与东南亚国家贸易联系，提升开放发展水平；进一步加强区域经济合作，促进厦门现代产业发展。

专题八　福建省财税政策支持企业科技创新的机制与路径研究

本文分析了财税政策支持企业技术创新的理论基础，而后对福建省及省内代表性地市的企业技术创新活动的现状进行分析及并指出存在的困境。研究发现，近年来福建省财政科技投入规模整体呈上升趋势，但投入强度优势不明显；企业资金是 R&D 经费支出的主要来源，但政府资金比重有待进一步提高；财政科技投入产出效率逐渐提高，但科技成果转化需进一步加强；创新人才数量增长明显，但人才投入结构不均衡；财税优惠政策力度逐渐提高，但优惠政策方式还比较单一。本文进一步从政府科技投入、税收优惠、创新平台等 6 个方面分析了财税政策支持企业技术创新的作用机制。最后从加强财政科技投入、提高 R&D 投入资金使用效率、加大税收优惠力度、创新人才培育机制、加强财政科研投入监管、完善政府采购和政府担保机制、提高自身业务服务水平等方面提出了对策建议。

专题九　加快建设闽江口金三角经济圈的成因、现状与发展思路

闽江口金三角经济圈是习近平总书记在福州主政时提出的重大战略设想。经过 30 年的发展建设，闽江口金三角经济圈已成为推动福州经济发展的重要引擎和对外开放的重要窗口。本文基于福州地区自然禀赋和经济特征，探析建设闽江口金三角经济圈的成因，并从基础设施、产业结构、对外开放、城市建设、区域联动、生态环境等多个方面，综合分析闽江口金三角经济圈发展现状。最后针对闽江口金三角经济圈发展现状，提出具有针对性的发展思路，以推动闽江口金三角经济圈高质量发展，并在促进区域经济形成协同发展新格局方面发挥更大作用。

目　　录

板块一　金融发展

板块二　数字经济

板块三　产业发展

板块四 政策与地区发展

海峡西岸繁荣带发展
研究报告2022

板块一　金融发展

专题一 福州市金融业发展研究

一、当前福州市金融业发展状况

2015 年以来，福州金融业强化"省会排头兵意识"，拿下科创板福建第一股、推动设立全国首个基金业综合服务平台，创造了福建省乃至全国金融业多个第一。同时，福州市先后与国家开发银行、中国农业银行、厦门国际银行、兴业银行、兴业证券等大型金融机构签订战略合作协议，金融业发展稳步推进，为促进福州经济高质量发展提供了强劲支持。这些年福州市金融业发展呈现出如下几个特征。

（一）金融总量领跑全省

（1）金融业增加值首超千亿元。2019 年，福州市金融业增加值首次跨越千亿关口，达 1005.35 亿元，是 2015 年（470.58 亿元）的 2.1 倍①。2021年，福州市金融业增加值高达 1189.90 亿元②，分别为厦门（865.5 亿元③）和泉州（529.70 亿元④）的 1.37 倍和 2.25 倍；同比增长 4.2%，占全市生产总值（11324.48 亿元）的 10.51%，占全市第三产业增加值（6397.66 亿元）的 18.60%,⑤占福建全省金融业增加值（3623.07 亿元）的 32.84%,⑥ 总量、

---

① 资料来源：《福州统计年鉴 2020》。
②⑤ 资料来源：《2021 年福州市国民经济和社会发展统计公报》。
③ 厦门市地方金融监督管理局：2021 年厦门金融业增加值数据［EB/OL］.（2020 - 03 - 02）［2022 - 10 - 15］. http://jr.xm.gov.cn/tjsj/202203/t20220302_2631938.htm.
④ 资料来源：《2021 年泉州市国民经济和社会发展统计公报》。
⑥ 资料来源：《2021 年福建省国民经济和社会发展统计公报》。

增速均为全省第一，成为福州市支柱产业。

（2）存贷款余额快速增长。2020 年末，福州市本外币各项存、贷款余额合计 3.7 万亿元。其中，存款余额 1.77 万亿元，同比增长 12.57%，占全省新增存款的 30.24%；贷款余额 1.97 万亿元，同比增长 12.66%，占全省新增贷款的 30.58%；存贷比 113%。① 2021 年末，福州市本外币各项存、贷款余额再创新高，合计达到 4.06 万亿元，其中存款余额为 1.91 万亿元，同比增长 7.8%，贷款余额为 2.15 万亿元，同比增长 9.3%，存贷比 112%。②

（二）金融工作成效显著

（1）金融结构与金融市场发展迅速。至 2020 年末，福州市共有银行业机构 61 家，其中外资银行 10 家，信托公司 1 家，理财子公司 1 家，金融资产管理公司 4 家，财务公司 3 家；保险公司主体 62 家，其中财险公司 28 家，寿险公司 34 家；法人证券公司 2 家，证券营业部 138 家；法人期货公司 3 家，期货营业部 35 家；融资性担保机构 38 家，其中政府性融资担保机构 5 家，小额贷款公司 16 家，典当行 88 家，内资试点融资租赁公司 7 家③。2021 年福州股票、基金交易额达 11.69 万亿元，全年期货交易额达 5.27 万亿元；年末股民资金开户数 500.11 万户，新增 39.01 万户；全年保险公司保费收入 379.89 亿元，比上年增长 3.4%，其中，财产险保费收入 96.44 亿元，人身险保费收入 283.45 亿元，支付各类赔款及给付 139.74 亿元，比上年增长 24.1%，其中，财产险赔款 65.73 亿元，人身险赔款 74.01 亿元④。

（2）金融招商引资稳步推进。2015 年以来，福州市先后出台了《福州市引进和培育金融机构奖励办法》《关于鼓励新引进企业总部的四条措施》等政策，吸引境内外金融机构布局福州。福州市引进兴银理财（全国第五家）、兴业 AMC（全省第三家）、海峡金桥保险（全省首家）以及浙商银行、台湾银行、三菱东京日联银行福州分行等金融机构，推动兴业信托、海峡银行实现增资。同时，福州市组建金控集团，初步形成"投、基、保、租、理、链"等多元化金融板块，推动设立 4 家政府性融资担保公司，引进 360

---

① ③　资料来源：《2020 年福州市国民经济和社会发展统计公报》。
② ④　资料来源：《2021 年福州市国民经济和社会发展统计公报》。

网络小贷；发起及参与市级政府引导基金共 18 只，协议规模 179.08 亿元，撬动社会资本 129.5 亿元。① 福州还获评"中国创投 20 年最具潜力城市奖"。

（3）助力实体经济高质量发展。一是大力支持中小微企业。开展小微企业贷款保证保险、中小微企业综合金融服务等创新试点。成立乡村振兴金融创新服务团，大力推进营商环境信贷获得。出台政府性融资担保业务管理办法，建立政银企风险分担机制。二是持续抓好金融精准扶贫。制定《福州市金融精准扶贫工作的四条措施》，重点抓好信贷、保险精准扶贫，开发扶贫保、脱贫保产品。三是有力服务疫情期间"六稳""六保"工作。2020 年，出台《关于帮助中小微企业应对疫情共渡难关若干措施的通知》，引导中央、福建省金融扶持政策直达实体经济，依托福建省"金服云"平台加强"政银企"对接，推动设立 400 亿元抗疫专项信贷额度。②

（三）资本市场蓬勃发展

（1）上市公司总量不断创新高。福州市积极培育、辅导企业赴主板、中小板、创业板、科创板、海峡股权交易中心等多层次资本市场上市、挂牌。2019 年福州福光股份成为全国首批 25 家科创板上市交易的福建第一股；2020 年 18 家企业新晋或更替上市进程，新增上市企业 5 家、过会待发行 3 家。至 2021 年末，福州市拥有境内上市公司 49 家，比上年增加 2 家，总市值达 9661.41 亿元③。企业股权融资和非金融企业证券发行成绩显著，2021 年通过资本市场实现直接融资超过 2240 亿元④。

（2）构建了企业上市服务体系。2017 年福州市出台《关于扶持企业上市的五条措施》，从金融机构信贷支持、上市奖励、"一企一议"等方面服务企业。2019 年福州市政府与兴业证券签署战略合作协议，在股权投资基

---

① 福建新消费. 福州初步形成"保险楼""私募楼"等特色金融楼宇［EB/OL］. （2020 - 11 - 25）［2022 - 10 - 15］. https：//baijiahao. baidu. com/s? id = 1684319257844403867&wfr = spider&for = pc.

② 东南网. 福州：1005 亿元！金融业成为"支柱产业"［EB/OL］. （2020 - 11 - 25）［2022 - 10 - 15］. https：//baijiahao. baidu. com/s? id = 1684322637497062400&wfr = spider&for = pc.

③ 资料来源：《2021 年福州市国民经济和社会发展统计公报》.

④ 台海网. 141 家榕企进入省重点上市后备名单数量居全省第一［EB/OL］. （2021 - 12 - 13）［2022 - 10 - 15］. https：//baijiahao. baidu. com/s? id = 1718993343303565028&wfr = spider&for = pc.

金、投资银行业务、直接债权融资、政府经济咨询、"海峡基金港"等业务领域展开全面深入合作，推进福州多层次资本市场建设。同时，整合兴业证券、华福证券、海峡股权交易中心等本土专业中介机构力量，按照"申报一批、辅导一批、储备一批"的思路，为上市后备企业提供立体式辅导，打造福建省上市示范区。截至 2021 年底，有 141 家福州企业进入省重点上市后备名单，数量居福建省第一①。

（四）特色金融持续发力

（1）发展普惠金融，打造数字金融。2015 年以来，福州市推动融资租赁、普惠金融加快发展，加强绿色金融体系建设，推行中小微企业金融服务试点，对短期流动性紧张的中小微企业加以扶持，强化农村金融服务，有效缓解中小企业与"三农"融资难、融资贵的问题。福州市金控集团、福州新区集团与毅达资本围绕数字科技创新、数字应用、数字安全等领域，成立总规模 10 亿元的数字产业发展基金。

（2）提升榕台金融协同效应。福州市深入贯彻落实习近平总书记关于对台工作的重要论述，贯彻落实福建省《关于探索海峡两岸融合发展新路的实施意见》，推动对台金融政策试点，支持榕台金融机构协同发展，提升对台胞、台企金融服务水平。一方面，开展台资企业资本项目管理便利化试点，发布两岸创投奖励政策，积极搭建两岸创投智库平台，推动两岸知名创投机构在高新区、自贸区、马尾基金小镇、福州软件园数字产业基金大厦等基金业集聚区落户，深入打造两岸创投融合发展高地；另一方面，支持台湾金融机构在福州设立区域总部或分支机构，推动海峡股权交易中心建成服务台资企业的专业化区域性股权市场——福建全省"台资板"和平潭"海峡板"，提升榕台金融合作水平。截至 2021 年底，福州市累计批准台资项目 4442 项（含第三地），合同台资 117.31 亿美元，共计引进设立台资企业 205 家，其中总投资额超 5000 万美元的有 4 家②。

---

① 台海网.141 家榕企进入省重点上市后备名单数量居全省第一［EB/OL］.（2021－12－13）［2022－10－15］. https：//baijiahao. baidu. com/s？id＝1718993334303565028&wfr＝spider&for＝pc.

② 福建新闻网. 两岸融通共家园——加快建设现代化国际城市系列述评之四［EB/OL］.（2022－01－08）［2022－10－15］. http：//m. fznews. cn/dsxw/20220108/61d8f435927fb. shtml.

（五）金融聚集加速推进

（1）完善区域产业链金融集聚。福州大力发展台江海西现代金融中心区、海峡金融商务区、闽江北岸中央商务区，逐步完善与五四路－湖东路传统金融聚集区差异化金融功能。例如，海峡金融商务区发展迅速，中国建设银行、中国进出口银行、福建海峡银行、招商银行等 20 余家金融机构在此建全国或区域总部大楼，世界管理咨询五大行中四家入驻管理或提供顾问咨询服务，形成了"保险楼""律师楼""私募楼"等税收超亿元的特色楼宇。

（2）发挥自贸试验区金融示范效应。2015～2020 年，福州先后发布 5 批 80 个金融创新案例①，包括全国首批跨境业务区块链服务平台试点、全国首发电子汇总征税保函、全国首创台资企业资本项目管理便利化试点白名单制度等；设立国内首家总行级"海峡两岸跨境金融中心"、自贸区内首家"两岸金融服务中心"。同时，推动鼓楼区软件园数字产业基金大厦构建国家级"创业＋创新＋创投"示范区，马尾基金小镇先行先试打造福州市管理私募基金特色集聚区等。截至 2020 年底，马尾基金小镇已集聚私募投资机构 394 家，基金规模达 1551 亿元，成为福建省管理私募基金规模最大的区域。②

（六）金融风险防控加强

（1）加强金融风险预警监测。"控新化旧"化解信贷风险，福州不良贷款率全福建省最低。持续开展以物抵债奖励，在福建省首创"债务重组＋破产重整"双轨模式，市场化引入重组方推动鑫海冶金实现破产重整。在福建省率先设立 100 亿元的市级上市企业纾困基金，"一企一策"分类稳妥化解债务风险。同时，福州市坚持防打结合，联合有关部门开展经常性风险警示教育，提高广大群众对非法集资陷阱、金融风险的识别能力，防范非法集资教育示范点经验做法入选国家处非联办典型案例。

---

① 人民网．福建自贸区福州片区：加大金融创新力度 支持实体经济发展［EB/OL］．（2022 － 09 － 06）［2022 － 10 － 15］．https：//baijiahao. baidu. com/s？id = 1677045526891518830&wfr = spider&for = pc.

② 闽南网．福州自贸片区：敢试先行 构筑沿海发展新高地［EB/OL］．（2020 － 09 － 01）［2022 － 10 － 15］．http：//www. mnw. cn/news/fz/2314987. html.

（2）完善地方金融监管工作。福州市坚持加强类金融机构日常监管制度，加强对民间金融及互联网金融的监管力度，落实风险属地处置责任。持续推进非法金融整治，推出了福建省首个"套路贷""现金贷"专项整治工作方案。同时，做好风险处置维稳预案、风险属地化解与重点人员稳控，做到守土有责，对金融风险"早识别、早预警、早发现、早处置"，坚决守住不发生系统性金融风险的底线。

二、福州市金融业发展战略思考

要认清福州市金融业发展的趋势并提出相应的对策建议，就需要从宏观经济、区域竞争和金融发展等多个角度分析福州金融业发展的机遇和挑战，并根据福州金融业发展的优势、劣势及发展特点，提出相应的发展策略。

（一）福州市金融业发展所面临的机遇

当前，福州市经济金融业发展面临着众多机遇，这些机遇来自福州经济增长的潜力、国家宏观经济政策的扶持、福州产业转型升级加快等众多方面。

1. 经济发展蕴含良好的金融发展潜力

近些年，福州总体经济规模持续扩大，增速较快，主要经济指标居福建省前列。产业结构持续转型升级，新兴产业加速崛起，经济结构进一步优化，三次产业结构与经济发展水平更加协调，发展基础和经济支撑更加稳固。同时，"三个福州"①、自由贸易试验区、21世纪海上丝绸之路（以下简称"海上丝路"）核心区建设有序推进，经济运行持续向好，发展新动能不断积聚，为"十四五"时期福州金融业进一步稳固发展打下了坚实基础。

2. 金融供给侧结构性改革为金融发展提供源动力

当前，国家有序推进金融供给侧结构性改革，把服务实体经济作为金融发展的出发点和落脚点，实现经济金融良性循环、健康发展，着力服务实体经济、防范金融风险、深化金融改革开放，支持地方探索可复制、可推广的

---

① "三个福州"指数字福州、海上福州、平台福州。

改革经验。在国家金融供给侧结构性改革的指引下，福州在重点改革领域大胆先行先试，培育和释放市场主体活力，优化金融资源的空间分布和分配效率，健全多层次资本市场体系建设，进一步健全金融体系，促进传统与新兴金融业快速发展，提升金融服务实体经济能力。

3. 政策叠加激发金融业强劲增长动力

作为21世纪海上丝绸之路建设的核心区，中央出台了一系列政策支持福州高质量发展，推动自由贸易试验区建设，支持福州打造21世纪海上丝绸之路战略枢纽城市和"海西"现代金融中心，在金融行政资源、信贷审批权限等诸多方面给予足够的发展空间。福建自贸试验区福州片区、福州新区、"海上丝路"核心区、国家生态文明试验区、国家自主创新示范区、国家级海洋经济发展示范区等国家战略频频落地，形成了"六区叠加"的区位发展优势，使福州成为获得国家优惠政策最多、最集中的城市之一，为福州金融业的发展壮大提供源源不断的动力。

4. 金融业转型升级拓展金融业发展空间

我国正处于金融业转型升级的新阶段，围绕科技创新这一重要推动力和切入点，数字金融、创业金融、绿色金融等金融新兴业态得到快速发展，金融体系变得丰富多彩。福州每年承办数字中国建设峰会，在引导金融资源配置到科技领域和战略新兴产业，拓展人工智能、云计算、大数据等前沿科技在银行保险等行业的应用与实践，以及探索科技和金融结合试点等诸多方面，福州拥有先发优势。福州还拥有"全国数字应用第一城""数字应用示范城市"、5G建设的"全国试点城市"等称号和优势，金融市场活力不断增强，金融产业链不断拓展，金融机构服务质量和盈利能力不断提升，为福州金融业的优化发展创造空间。

5. "双循环"发展新格局为金融业发展释放新活力

在实施自由贸易试验区、"一带一路"等新一轮更高水平的对外开放战略的大背景下，我国进一步深化金融体制改革，提高金融机构市场化水准，推动人民币国际化进程，努力构建"以国内大循环为主体、国内国际双循环相互促进"的新格局，我国金融软实力大幅度提升。国务院金融委、中国人民银行、银保监会等均释放出将在"十四五"期间进一步推动金融开放的强烈信号，更多金融开放措施蓄势待发。福州依托两岸金融创新合作示范区，具有突出的对台和"海上丝路"优势，近年来金融业对外开放成效显著，不少外资金融机构在福州开设分行，多家台资银行成功落地运营，对接富士康工业互联网、新睿机电等多项台资项目。随着闽台合作进一步加深，以"沿江向海"为特征的跨境金融创新发展，产业和金融"走出去"的空间将会进一步打开，有利于福州更加深入地参与国际资本竞争与人才交流合作，开拓更加广阔的国际市场。

6. "3060" 目标为绿色金融发展提供更广空间

2020 年 9 月，在第七十五届联合国大会一般性辩论上，习近平主席向世界宣布中国二氧化碳排放力争于 2030 年前达到峰值，努力争取 2060 年前实现碳中和。这为我国今后 40 年经济和社会发展提出了明确的路径和目标，将深刻地改变中国的经济社会生活方式，并成为"十四五"乃至更长时期内经济和社会发展的指导方针。在"碳达峰、碳中和"发展目标下，亟须大量社会资金投资到减排、清洁能源等绿色低碳领域，绿色金融可以弥补投资供需缺口，有效管理投资收益和风险，鼓励更多企业开发绿色低碳项目，吸引更多社会资本流入相关产业，实现依靠市场化手段完成经济低碳绿色转型发展的政策目标。此外，随着碳排放期货的即将加入，绿色金融的队伍将更加壮大，绿色信贷、绿色债券、绿色金融衍生品、绿色保险、绿色基金等将各司其职，共同发挥乘数效应实现"3060 目标"。在此背景下，福州市金融业，尤其是绿色金融，将有更大的作为和发展空间。

（二）福州金融业发展所面临的挑战

虽然福州金融业正处于良好的发展机遇期，但是从国际形势不确定性、发达地区的资源挤占、福州内部自身发展动力孱弱等多个方面考虑，福州金融业发展还面临以下挑战。

1. 百年未有之大变局带来更大的不确定性

受中美贸易摩擦、新冠疫情和国际地缘政治不安定等因素的叠加影响，国际金融市场波动加剧，全球经济与金融发展存在更大的不确定性。同时，国内经济发展进入新常态，经济增长速度放缓，经济发展新旧动能转换，金融业发展进入盈利调整期和风险暴露期，不良贷款攀升，盈利水平下降，金融风险积聚。当前福州市金融风险总体可控，但部分金融部门，尤其是非传统金融部门仍可能会给金融稳定带来风险隐患；同时国际经济形势下行趋势明显，对外贸易受冲击较大，新冠疫情后仍有不少中小企业经营压力处于高位，全球经济金融发展的不确定性和不稳定因素依然广泛存在。

2. 金融业区域竞争激烈引发核心区域的虹吸效应

福州地处长三角和粤港澳大湾区两大国家经济增长极之间，经济发展长期面对两极强大虹吸效应带来的挑战。市场经济条件下，经济金融要素向两大增长极聚集，导致福州难以吸引和留住包括经济金融、金融科技人才在内的优质要素。并且，受限于远离两大增长极的地理位置，福州也难以融入两大经济区域的发展。同时，福州又要面对厦门、泉州、平潭等地同质化资源竞争的挑战，经济发展不确定因素较多的挑战，这些都会削弱福州金融业发展的集聚度和竞争力。这就造成福州在面对国内其他地区的竞争时，整体规模处于劣势；与本区域内兄弟城市抱团发展的能力偏弱。福州地处海峡西岸，对台工作一直是其经济金融发展的重要内容和特色，但同样也面临来自如厦门、泉州、苏州等其他城市的同质化竞争。核心城市的虹吸效应和同质城市的削弱作用是福州面临的巨大挑战。

3. 经济高质量发展要求更为完善的多元化融资格局

我国经济发展进入高质量发展新阶段，经济增长速度放缓，银行业传统信贷高速增长态势难以为继，主要依靠银行信贷支撑经济增长的格局亟须改变。小微企业、涉农项目融资难、融资贵问题依然存在。直接融资方面，企业通过银行间债券市场和区域股权市场融资能力亟待加强。当前福州市企业整体证券化率较低，直接融资比重不高，企业通过资本市场实现资本扩张和融资能力不足，境内外上市公司数量偏少，体量偏小，上市公司增发配股比例较低，企业债券市场的发债规模仍有较大提升空间。政府引导基金投放比例还不高，资本撬动作用还不显著，政府性融资担保体系作用发挥有待提升，保险资金运用也不够充分。福州融资结构与全市经济社会发展需求仍不相匹配，需要进一步优化。

4. 新兴金融业态发展要求更为健全的金融组织体系

当前互联网金融、大数据、区块链等新兴科技的应用正在改变原有的金融发展格局，需要高质量的金融监管和服务体系与之配套。在福州，一方面，传统金融占比偏高，机构密度远高于全省平均水平，新兴金融业态发展相对较慢，有影响力的金融科技企业不多；另一方面，非传统金融机构如融资租赁公司、产业基金和融资担保公司等数量偏少，规模偏小，不能满足企业尤其是重资产企业的融资需求。福州缺乏交易所、期货交割仓库等金融基础设施。私募基金行业存在分散和规模小的问题，尚未形成行业集聚效应。

同时，传统金融部门在新兴金融业态冲击下的发展也面临挑战。

（三）福州金融业发展的 SWOR 分析

根据前面所分析的福州市金融业发展所面临的机遇与挑战，并结合当前福州在发展金融业方面的优势与劣势，本文提出福州市金融业发展的 SWOT 分析矩阵，指出在不同的现实条件下福州市金融业发展的路径与策略（见图 1）。

	优势（S） S1 数字经济建设有较强的技术积淀 S2 具有优越的"六区叠加"政策优势 S3 有在全国范围内具有一定实力的金融机构 S4 实体经济有一定的产业基础 S5 以对台金融合作为代表的金融对外开放	劣势（W） W1 经济金融总量与发达地区相比体量不足，难以产生集聚效应 W2 夹在长三角与粤港澳大湾区之间，存在区位劣势 W3 本地持牌金融机构数量较少 W4 缺乏金融人才，且难以吸引、留住人才 W5 在省内面临厦门、泉州和平潭的竞争
机遇（O） O1 "三个福州"建设有序推进，经济与产业结构不断优化 O2 金融供给侧改革为经济高质量发展提供源动力 O3 "六区叠加"为福州发展带来诸多政策红利 O4 新产业、新业态不断涌现，增强了金融市场活力 O5 金融进一步开放为跨境金融合作扩展新空间	SO 策略 充分发挥福州既有产业优势，尤其是在数字经济、数字金融等方面的技术优势，加快"三个福州"建设，以技术促进新产业、新业态的发展，加快经济与产业结构转型升级，推动金融供给侧结构性改革，激发"六区叠加"政策红利的有效释放，进一步推进对台及涉外金融合作	WO 策略 以推进"三个福州"为契机，大力发展数字、海洋和平台经济，发展福州特色产业，做大做强龙头领军企业，发挥经济金融集聚效应。以福州特色的新产业、新业态为抓手，与长三角和粤港澳大湾区形成错位发展，吸引优质资源辐射福州。充分利用政策红利，制定促进产业发展和吸引人才的有效措施
挑战（T） T1 国际经济形势不稳定，外部环境不确定 T2 多元化融资格局尚未形成，实体经济融资仍有难度 T3 高质量金融监管服务体系不健全，金融基础设施不完善 T4 金融服务经济结构调整和转型能力不足 T5 对外金融合作受到政治因素的影响	ST 政策 面对国际外部环境的不确定性，抓住"国内大循环"为主体的新格局，强化金融监管服务体系建设，促进实体经济多元化融资格局的形成，不断提高金融服务实体经济的水平与质量。利用福州在数字经济与数字金融方面的产业优势与国家优惠政策，寻找新的金融增长点，建设数字金融试点示范城市	WT 政策 利用国外经济不景气，而国内经济强势复苏的大背景，以更大的开放姿态吸引国外经济金融资源在福州集聚落地，吸引国际金融机构在福州设立全国或区域总部，对将整个金融人才团队迁入福州的机构和个人加大奖励力度，从而避免与长三角和粤港澳大湾区，以及厦门既有资源的直接竞争与争夺

图 1　福州市金融业发展 SWOT 分析矩阵

三、福州金融业发展的战略定位和基本要求

福州金融业发展要立足于金融业供给侧结构性改革的大背景，依据福州产业转型升级与经济高质量发展的要求，逐步扩大金融业增加值规模，完善金融业结构体系，推进金融业体制改革，增强金融业运行绩效，提高金融业对外开放水平，防范化解金融风险，推动金融业发展成为福州市重要支柱产业之一，并能更好地服务于产业发展，实现数字金融、普惠金融、绿色金融、海洋金融等发展目标。要将福州打造成为金融业改革与发展的示范城市，通过与长江三角洲和粤港澳大湾区的分工协作，加快建立对台、对外金融合作新机制并辐射于东南亚国家和地区，服务于"一带一路"建设，将福州建设成为有特色的区域性金融中心。

（一）战略定位

依托 21 世纪海上丝绸之路核心区的战略优势，坚持福州作为该核心区枢纽城市的战略定位，结合福州金融业发展的优势与特色，坚持对外分工合作，对内提质增效的总体原则，福州金融业发展的总体定位是"一中心三高地"，即要把福州建设成为"海上丝路"核心区金融中心，同时福州要成为数字金融创新发展高地、产业金融创新示范高地和海上金融合作先行高地。

1. "海上丝路"核心区金融中心

突出福州在海峡西岸经济区建设和 21 世纪海上丝绸之路核心区建设中的龙头地位，凸显福州作为金融中心城市的发展优势。坚持"3820"战略工程①思想精髓，突出 21 世纪海上丝绸之路核心区的战略引领，依托多区叠加的战略优势，融入建设现代化国际城市大局，打造联结长三角和粤港澳大湾区，服务两岸、辐射东南亚、走向国际化的"海上丝路"核心区金融中心。

---

① 1992 年，时任中共福州市委书记的习近平同志倡议并主持编制了《福州市 20 年经济社会发展战略设想》，科学谋划了福州 3 年、8 年、20 年经济社会发展的战略目标、步骤、布局、重点等，简称"3820"工程。

立足于现代金融中心建设目标，合理布局金融资源，积极改善金融体系，有力支持实体经济，稳步增强辐射能力，加大扶持对外开放。汇聚金融产业资源和生产要素，发挥金融资源要素的聚集效应，带动"海上丝路"核心区和"海上丝路"枢纽城市产业结构转型升级和经济高质量发展。对外协调"海上丝路"核心区与经济发达地区的产业发展和金融发展的分工合作关系，起到承上启下的窗口作用；对内引领"海上丝路"核心区金融发展以及金融体系改革和创新，起到带动推广的示范效应。

2. 数字金融创新发展高地

打造数字金融创新发展高地，解决金融业态转型升级问题。结合"数字福州"建设，依托数字中国建设峰会"双循环"平台，高效汇聚数字要素资源，加快构建"海上丝路"数字金融城。争取中央政府给予福州在数字经济、数字金融方面的优惠政策，加快金融科技基础和应用研究，打造金融科技标准策源地，引领我国数字金融发展趋势与体系建设。依托福州市软件园、东南大数据产业园和福州高新技术产业开发区的发展基础与优厚条件，大力引进金融科技企业和科技人才，促进大数据、人工智能、区块链等新兴金融业态发展。加快数字金融与传统产业融合，加快数字资产融合，打通数字资产壁垒，创新数字资产交易模式，通过数字金融改善金融业风险评估体系和信贷业务模式，更好地服务于实体经济发展。积极争取央行数字货币试点，探索设立数字资产等新型要素交易机构，打造"产权流转＋投融资＋增值服务"的数字金融服务平台，发挥省会引领作用。

3. 产业金融创新示范高地

打造产业金融创新示范高地，解决产业金融联动发展问题。发挥福州金融业服务于实体经济的优势，实现产业深度融合，并推动产业与城市建设有机结合。结合"海上福州"建设，推动福州发展海洋金融，更好地服务于福州海洋农业、海洋渔业、海洋船舶、海洋生物制药、海洋物流及临港产业等相关行业的转型升级与高质量发展，并且通过海洋金融来实现对于海洋经济的普惠金融目标。加快推进"海上丝路"沿线"两国双园"合作模式，探索"产业＋园区＋金融"三核联动，加强战略直投、并购服务，打造产业链、供应链国际合作平台。立足于福州市基金业发展先发优势与金融中介机构和金融人才聚集高地的现实基础，引进区域性或功能性金融总部，新设创新型、引领型金融业态和产品，发挥基金集聚区载体作用，激发私募股权创投活力，完善基金发行与风险防范机制，推动福州基金业务扩大规模，扩大马尾基金小镇的经验推广，打造可复制的基金小镇发展模式。以区域科创走廊为重点，扶引大龙头、培育大集群、发展大产业，推进企业股债融资双驱动，打造"海上丝路"产业金融生态圈。

4. 海上金融合作先行高地

打造海上金融合作先行高地，解决金融发展空间拓展问题。利用 21 世纪海上丝绸之路核心区及自由贸易试验区的优势，加快与"一带一路"沿线国家的金融合作，打通金融合作渠道，创新金融合作模式，积极争取外资金融机构准入，推动本地金融机构国际化布局，更好地服务于国家发展战略。继续加强海峡两岸金融合作，创新两岸金融合作模式，融合两岸金融要素，汇集两岸金融人才，推动两岸金融业合作发展先行先试，更好地服务于海峡两岸的投资与贸易以及产业、人员的融合发展。推动设立国家级"海上丝路"基金，支持"台资板"扩容升级为"海丝板"，用好"海峡两岸跨境金融服务中心"等创新服务平台，探索开展台胞与台企金融信用证书试点。加快发展跨境金融，探索"海上丝路"特色离岸金融，积极争取本外币账户一体化、跨境理财通等试点业务。做到金融合作先行于政治关系，地区间金融合作先行于全国金融合作，为两岸金融体系的融合发展做好试点，推广经验。

（二）基本要求

1. 坚持市场导向，服务实体经济

坚持金融资源微观配置遵循市场原则，落实市场竞争中性原则；深化金融机构与金融市场改革，建立健全激励机制及考核机制。贯彻金融服务实体经济基本方针，落实金融供给侧结构性改革各项基本任务，利用好大数据、区块链等金融科技创新手段服务实体经济，优化企业融资结构，提高直接融资比例，降低整体杠杆率，创新政策工具，加大对实体经济的长期有效金融支持。

2. 协调平衡发展，着力提质增效

金融规划注重全局性，坚持协调平衡发展理念，在积极培育新经济、新金融业态的同时，多渠道满足传统行业的资金需求，多举措支持传统行业转型升级，降低行业变革给社会带来的负面冲击。以金融供给侧结构性改革为抓手，协助推动落后产能退出，加快培育经济发展新动能，积极融入国家"双循环"发展格局，提高金融服务实体经济的效率，推动经济高质量发展。

3. 占据行业风口，引领金融创新

把握数字金融、区块链、大数据、新能源、5G 产业、芯片产业等行业风口，加大金融对新兴产业的扶持力度，培育创新创业市场主体，支持福州在数字经济方面的创新突破，加强相关金融高端人才引进和培养。加快数字普惠金融、绿色金融和特色金融发展，创新信用形成机制，创新金融支持实体经济手段，引领金融体系改革与创新。

4. 立足积极开放，服务国家战略

发挥福州作为海峡西岸经济区行政中心以及 21 世纪海上丝绸之路核心区中心城市的优势地位，建设金融中心城市，加强对台金融合作开放，引领对台金融合作。探索金融服务自由贸易试验区的机制与做法，加快金融业对外开放步伐，融合境内外金融资源，推动生产要素与金融人才流动，服务于国家"一带一路"倡议。

5. 加强行业自律，切实防范风险

充分发挥监管部门和行业协会的作用，提高金融机构的风险防范意识，规范金融机构业务流程与操作。平衡金融创新和金融风险两者关系，加强系统性金融风险防范，落实中央全流程、穿透式监管要求，对金融风险做到早发现、早预警、早处置，加强金融风险薄弱环节，特别是地方中小银行、互联网金融等领域的风险监管。

四、福州金融业发展的对策措施

（一）打造"闽江金融圈"

建设福州金融聚集区，把福州打造成为金融中心城市，汇聚台江海峡金融商务区、滨海新城金融创新区、三江口金融集中区的优质资源，打造福州"闽江金融圈"，形成福州金融业发展的一圈三区体系。调整与完善金融业空间布局，妥善处理金融圈内部金融片区分工协作问题，做到资源既分散又集中，发挥区域片区的集聚效应且增强片区对外竞争优势，从而扩大福州金融业的整体知名度与竞争力。

1. 一圈三片区

沿着闽江、乌龙江两岸合理布局金融业，重点建设台江金融商务区、滨海新城金融创新区和三江口金融集中区三个片区，促进金融行业围着两江优质地段集中布局，形成"闽江金融圈"。妥善处理传统金融机构、特色金融机构与新兴金融机构之间的分工合作与地理区分，实现三个片区内部资源集聚与片区之间优势互补的发展格局。根据三个金融片区所依托的区域产业发展规划，促进片区内金融业与实体经济紧密结合，帮助推动实现福州对于区域产业发展的设计与规划。对外宣传"闽江金融圈"，使其成为代表福州金融业的响亮口号，成为福州城市的烫金名片。

2. 台江传统金融商务区

建设台江传统金融商务区，吸引传统金融机构入驻，尤其是引入大型商业银行、证券公司和保险公司的区域性总部，建设金融总部中央商务区。配合传统的五四路 CBD 和闽江北岸 CBD 改造升级，继续提升五四路等传统金融商务区的优势地位，将台江海峡金融商务区建设成为闽江北岸的金融集聚区，成为"闽江金融圈"传统金融机构的集中区，并服务于中心城区与商业圈的转型升级。引入律师事务所、会计师事务所、财富管理公司等金融中介机构，建设高端的金融咨询服务核心区。

3. 三江口特色金融集中区

结合闽江南岸与福州南部产业发展规划以及拥有广阔发展腹地的优势，建立为实体经济服务和特色金融业态与资源要素汇聚的三江口特色金融集中区，成为"闽江金融圈"特色金融机构的集中区。发展融资租赁、供应链金融、融资担保等特色金融机构，服务于海洋经济、乡村振兴、绿色金融和普惠金融等发展目标。创新特色金融服务实体经济的手段与方式，协助传统产业区域转移与改造升级。复制马尾基金小镇的成功经验，在三江口建立直接金融市场，推动实体经济与金融业融合发展。

4. 滨海新城新兴金融创新区

依托福州滨海新城的发展规划，发展新兴产业，推动产业创新，建设滨海新城新兴金融创新区。滨海新城金融业主要集中于新兴金融业态，把滨海新城建设成为引领福州乃至全国金融业态与金融科技创新的模范片区，成为

"闽江金融圈"创新金融机构的集中区。加快中国东南大数据产业园的建设，推动数字经济、数字金融企业在滨海新城聚集，引进数字经济研发企业，完善数字经济交易方式，打造全产业链的数字经济、数字金融集中区。结合片区内优质的互联网企业，争取成为数字货币和大数据交易市场的试点区域。通过滨海新城新兴业态的金融业推动新兴产业技术创新与产业升级，服务于滨海新城的创新发展。

5. "闽江金融圈"体制机制创新

成立"闽江金融圈"监督管理委员会，配备金融专业人士，指导金融业分工协作，协调发展。引导金融资源和人才在一圈三区内合理布局、在区域片区中形成资源集聚。三个片区坚持各自定位，错位发展，又要形成合力共同推动"闽江金融圈"成为传统金融、特色金融和创新金融的综合体，成为福州金融业的代名词。台江传统金融商务区注重金融业的招商引资，引入境内外金融机构总部，体现金融的对外辐射功能。三江口特色金融集中区注重金融资源培育，紧密结合并服务于实体经济，体现金融的产业服务功能。滨海新城新兴金融创新区注重技术突破与人才培养，加强金融与新兴产业的融合，体现了金融的科技创新功能。应向上争取国家和省政府的优惠政策，做大做强一圈三区的金融力量，在上级政府的发展规划中重视"闽江金融圈"的提法与方案，坚持舆论宣传，使其成为福州市的烫金名片。

（二）打造"海上丝路"核心区金融中心

1. 探索"海上丝路"合作新模式

建设"海上丝路"金融服务中心。积极引进多边开放性金融机构在福州设立分支机构和办事处。探索建设"海上丝路"风险管理中心，设立"海上丝路"再保险共同体。设立国际贸易融资平台，打造"物流＋金融＋商贸"体系。

协同推进福清"两国双园"合作模式。发挥"海上丝路"沿线国家福州籍华侨多的优势，在"负面清单管理模式"基础上，根据《外商投资产业指导目录》中鼓励类和允许类投资领域，探索给予东南亚等华侨资源集中区域的投资者有限的准入前国民待遇。鼓励和引导华侨投资者在特色金融、商务会展、电子商务、商品交易等领域投资兴业或创新创业。试点白名单申请审核制度和邀请制，对符合标准的侨资企业给予白名单待遇。创新侨资企业管理方式，探索相关领域的资质互认。

争取将中印、中哈产业园区企业境外投资项目列入国家发改委"一带一路"支持项目。积极争取"丝路基金""中国—东盟海上合作基金"在中印、中哈产业园区设立子基金，吸引华侨资本参与投资。

围绕"两国双园"，争取在金融领域开拓新的合作模式。在对方境内互设银行、保险和证券机构，共同服务"双园"企业融资需求，成熟后可拓展至非"双园"企业。每年举办"海上丝路"金融高峰论坛，提升国际影响力。

2. 推动企业对接境内外资本市场

鼓励企业通过国际、国内金融市场发债或通过财团联合贷款融资。遴选符合条件的优质企业在境内和境外成熟证券交易所上市融资，帮助企业进一步扩大生产规模，打造一流海洋企业。

吸引一批优质的"海上丝路"沿线国家企业来我国境内上市融资和发行债券。争取将"海峡股权交易中心"升级为"海丝股权交易中心"，将"台资板"扩容至"海丝板"。

积极争取粤港澳大湾区跨境理财通等试点业务向福州延伸，探索与"海上丝路"沿线国家投资理财产品的互联互通。开展以人民币计价的跨境金融创新。支持开展私募股权投资基金跨境投资、合格境外有限合伙人、人民币贸易融资资产跨境转让等业务试点。

3. 加大海洋产业金融扶持力度

鼓励更多金融机构响应联合国可持续蓝色经济金融倡议，推动银行、保险等金融机构设立海洋金融业务部门，为海洋经济可持续发展提供金融助力，加大对海洋产业基础设施、海洋工程装备、海洋医药、海产品深加工、冷链物流等领域的金融支持力度。

借鉴天津、上海等地的成功经验，配套相应的融资支持政策，吸引更多的融资租赁公司入驻福州，增强金融供给能力。鼓励现有的国资融资租赁公司，积极参与港航企业融资租赁业务，助力"海上福州"建设。推行"蓝色保险"服务，鼓励保险公司联合推出海洋经济综合保险服务。成立海外信贷和担保的专门金融机构，解决海上资产不易抵押和尽职调查困难等问题。

设立航运产业引导基金，充分发挥财政资金引导放大作用，广泛吸引社会资本投入，以股份转让、并购、担保等多种方式助力"海上福州"建设，实现运力回归。在航运产业引导基金的运营管理中引入航运龙头企业参与，通过航运业的专业管理知识，降低基金的运营风险。

积极推动海洋产业数据和金融交互协同发展，推动海上金融产品创新。推动区块链技术、北斗导航等在海上金融领域的应用，完善产品规格标准化、物流可控化等金融服务，发展海产品供应链金融，探索海产品远期交易模式。

加强政银企的业务合作和信息交流。支持金融机构拓展涉海企业补贴贷款、出口退税贷款等金融产品，同时加强三方信息共享，建立海洋专家会商机制，政银企形成合力，为海洋经济发展营造更加顺畅的发展环境。

加强行业产业链体系建设，如法律法规、评估、海洋保险等配套的航运中介产业。缩短海事部门的业务办理时间，强化海事服务能力，完善相关法律，如海洋保险政策、船舶交易政策，提升海事登记效率，为港航企业的业务办理提供便利。

争取商品期货交易所的支持，在福州设立一批期货交割仓库，降低企业整体运输成本。"十四五"期间上海期货交易所可能推出航运指数期货产品，引导和鼓励企业使用航运指数期货进行风险管理。

（三）加强数字金融建设

1. 大力推动新型基础设施建设

践行"以信息化培育新动能，用新动能推动新发展"要求，推动加强5G 移动通信、物联网、智能计算平台、大数据中心等为代表的新型基础设施建设，为数字金融发展提供全方位底层技术支撑。

以央行金融信用信息基础数据库建设为契机，建设福州金融信用信息基础数据中心。通过开放银行试点，实现税务、工商、海关等多政府部门信息整合及开放共享。

探索制定数据采集、处理、存储、安防、运用等全流程统一标准，协助国家和省有关部门加强数据隐私保护制度、数据产权制度和其他相关法律法规的建设，探索设立福州数据交易平台，创新"数据监管沙盒"等监管工具，建立健全数据交换监管体系。

2. 规划建设金融科技产业集聚区

从财政税收上给予优惠和支持，吸引银行、金融科技头部企业将总部落户福州或在福州设立分公司。

围绕数字福州、海上福州、平台福州三大战略，成立专业化园区运营主体，按照政府引导、市场化运作的方式，打造金融科技发展示范区，支持金融机构一区一特、一县一特，扫清金融支持障碍，对金融机构主动招商引资给予奖励，为闽商、侨胞资本、产业回归和招商引资提供有力支持。成立专业化园区运营主体，按照政府引导、市场化运作的方式，统筹推进项目引进培育工作。

设立数字金融小镇，打造众创空间、孵化器、加速器，加大政策奖补力度，培育一批数字金融领域新锐企业，抢占行业发展先机。设立数字金融产业基金，提供多元化资金支持，加速初创企业成长壮大。

3. 积极稳妥推进数字金融应用

推动金融机构发展以大数据为基础的实时智能、嵌入式金融业务，积极储备、探索发展"5G＋"金融服务、区块链技术、数字货币等新兴金融业务。

推动设立区块链产业引导基金。推动在福建省内设立全国首个区块链应用引导基金，重点支持区块链技术在产业投融资场景中的具体应用，形成和落地一批"区块链＋产业投融资"项目，赋能实体经济。培育两三家区块链领域上市公司，形成全国区块链产业高地。

积极参与国家数字货币研发与投放试点工作，申请并建设央行数字货币试点区。

扩大数字金融技术在医疗卫生、公共交通等社会民生和城市治理领域的应用，推行"无感支付"等服务。协调金融机构、金融科技企业、政府部门联合建设信用大数据库，推进福州数字普惠金融发展。

深化闽东北经济协作区科技合作机制，汇聚技术、资金、政策等创新要素，率先在科创企业融资和上市等方面实现突破。

加强兴业银行、海峡银行总部地位，继续引进5～10家金融科技巨头区域总部，加强金融科技创新和应用，加快数字金融产业发展，争取普惠金融指标进入福建省前三，数字金融产值未来5年翻一番，产业从业人员福建省第一。

4. 搭建金融科技成果转化平台

搭建线上、线下金融机构与金融科技企业对接平台，鼓励银行、证券期货、保险等持牌金融机构、知名互联网新经济企业在集聚区设立研发中心、实验室，与入驻的金融科技企业合作，发展智慧移动支付、证券智能投顾、保险科技、金融客户画像及大数据风控等业务，实现流程再造、产品服务创新和内部风险控制等方面的优化升级。

引进龙头科技企业建设规模化、开放型金融云服务平台，为集聚区内金融科技企业、金融机构、政府部门提供金融科技业务和金融监管提供数据存储、弹性计算、业务应用等高效便捷的基础设施服务。

厘清知识产权质押融资在评估、违约处置等方面的制度，助力知识成果转化为产业发展动力。

（四）完善金融体系建设

1. 发展壮大本地法人金融机构

立足区域经济特征和先行先试政策优势，加大对福建海峡银行、福州农村商业银行等金融机构的财政税收支持力度，做大、做强、做优福建海峡银行、福州农村商业银行等本地银行，支持引入具备较强实力的战略投资者。

争取兴业银行的理财中心落户福州。用好省属金融机构资源，如争取福建省农村信用联社改革后总部继续留在福州，以及推动省投资集团控制的集友银行设立境内子行并面向全国拓展业务。

支持地方法人金融机构通过多元化渠道增强资本实力，利用境内外多层次资本市场融资。支持法人金融机构在省内其他城市网点布局和延伸服务半径，以海西地区、海峡两岸以及"海上丝路"沿线相关金融业务为着力点，拓展业务市场。

2. 积极引进境内外各类金融机构

根据《福州市引进和培育金融机构奖励办法》，加快推动已在大陆设立分支机构的台资金融机构在福州设立分支机构。推动在福州设立的外资、台资银行主报告行转制为境内法人银行，并将总行设立在福州。

落实放宽金融业外资准入政策，鼓励境内外金融机构、风险投资机构、基金公司、期货公司、大型集团财务公司、消费金融公司、商业保理公司等机构入驻。支持已在福州设立的合资银行金融机构增资扩股，提高外资股权比例，支持外资在福州参与设立、投资入股商业银行理财子公司、金融资产投资公司、汽车金融公司、货币经纪公司、第三方支付公司、保险经纪公司、保险资产管理公司、养老金管理公司等机构。

3. 发展金融中介服务机构

持续优化金融业营商环境，落实"一企一议"协调服务机制，提高金融服务实体水平。制定优惠政策，吸引更多审计服务、法律服务、资产评估、资信评级、投资咨询、创业投资服务、理财服务等相关的金融中介服务机构落户福州。

重点引进和培育资产评估、资信评级、证券咨询、创业投资服务、理财服务、保险经纪等金融服务组织，鼓励为境内企业跨境上市、发行债券、并购重组提供财务顾问、承销、托管、结算等中介服务。

（五）持续发展特色金融

1. 加大普惠金融力度，支持实体经济发展

大力发展融资担保机构，加大政府融资担保力度，进一步扩大服务小微企业和"三农"覆盖面。

继续依托福建省"金服云"平台，促进信贷额度发放的落实。保持中小微企业贷款政策的连续性，加强政策性金融机构对实体经济的扶持力度，实现企业融资平稳过渡。

设立产业投资集团。探索"产业＋园区＋金融"三核联动，推广园区资产按揭、知识产权质押融资等。以产业投资集团为核心，联合各大园区成立工业资产收储平台，推动园区资产规模化、证券化。

2. 发展绿色金融，建设"生态福建"

围绕"3060"碳达峰、碳中和的国家战略目标，大力发展绿色金融，助力"生态福建"建设。出台银行业绿色金融扶持政策，建立绿色信贷认证体系，实现绿色贷款快速增长。

发挥银行绿色信贷的资金引导机制。推动福州市各家银行将环境保护的因素纳入信贷审查范围，加大对节能环保企业信贷资金倾斜和扶持力度。搭建绿色金融信息共享平台，推动建设企业绿色信用体系。

鼓励和引导金融机构创新发展绿色租赁、绿色债券、绿色保险、绿色信托、绿色基金、绿色资产支持证券等业务。支持金融机构在合同能源管理、绿色信用卡、绿色车贷、碳金融衍生品、环境资产托管等方面进行创新。

深化国家生态文明试验区改革试点，积极发展碳金融，实施排污权抵押，排污权使用费可以作为银行放贷的风险补偿款。研究碳排放权交易机制，推进排污权交易市场的建设。

3. 完善供应链金融，盘活企业资金

鼓励银行根据实际情况适当降低供应商准入门槛，优化对中小企业的金融服务。鼓励银行探索基于上下游订单提供担保，加大企业融资扶持力度。推动银行加强信息化建设，提升金融服务水平和服务效率。推动银行根据企业实际情况创新风险授信模式，灵活解决中间人需提供担保的问题。

引入仓单质押融资办法，为企业盘活资金。借鉴中欧班列铁路运单融资做法，在福州实现海上货物运单融资。

4. 发展农业保险，助力乡村振兴

试点推广农业"保险＋期货"和"合同＋期权"的办法，借助期货公司与期货市场的力量，政府、银行、保险和期货公司多方形成合力，共同为农民解决农产品价格风险。规范和充分发挥农村合作社的作用，借鉴发达国家在农业保险上的有效做法，探索农村合作社在提供农业收入保险方面的作用。

支持鼓励保险公司为农户提供巨灾保险，保险公司本身实现再保险，解决风险转移问题。发展特色农业保险，比如农业设施保险、农民养老健康保险。

推进农村承包土地的经营权、农民住房财产权、林权、海域使用权等抵押贷款业务发展。

（六）培育完善资本市场

1. 抓住机遇大力鼓励企业上市融资

抓住当前我国资本市场改革渐入佳境、注册制即将全市场推广的机遇，针对不同企业的关注点，有针对性地推动支持更多企业通过境内外主板、创业板、中小板、新三板等多层次资本市场上市融资，提高福州市直接融资比

重。帮助福州市企业通过上市完善公司治理，提高上市公司质量。

拓展深交所、上交所福州省基地功能，争取新三板福建省基地落地福州，全力打造福州资本市场综合服务中心。

完善海峡股权交易中心股权登记托管制度。根据《关于扶持企业上市的五条措施》，加强上市企业资源储备库建设，加大上市后备企业培育和扶持力度。

用好用活金融创新工具，推动福州市谋划合适的基础设施项目纳入REITs试点。

2. 鼓励机构和企业充分利用债券市场

鼓励福州金融机构拓展债券承销业务，积极参与银行间债券市场交易。鼓励合格企业充分利用债券市场进行融资，降低资金成本。推动金融机构建立和完善本市重点企业信用风险评估和监测体系，加强信用风险的甄别和防范措施。

3. 推进国有企业混合所有制改革突破

设立国有企业混合所有制改革基金，积极推进国企混改，支持国有企业改制上市。扶持鼓励市属国有企业积极上市，拥抱资本市场，转型升级。鼓励企业实施债务融资，创新再融资工具。

4. 探索建设一批知名大宗商品交易平台

在风险可控和有效监管的前提下，建设具有产业支撑的专业大宗商品交易平台如海产品交易平台、化工化纤交易平台，开展海洋渔业、纺织化纤等特色产业的大宗商品货物、仓单的现货交易、中远期交易。

（七）加快对台对外金融合作

1. 建设海峡两岸金融中心

将"海峡两岸金融中心"定位为"'海上丝路'核心区金融中心"建设的一部分。促进两岸金融市场融通，建立海峡两岸人民币结算体系，做大跨境人民币贷款、跨境双向发债、跨境双向资金池等业务规模。

加强海峡基金港建设，推动知名台资企业在福州联合组建股权投资基金、全牌照证券公司、金融资产管理公司、基金管理公司、专业保险公司、征信评级机构等具有两岸元素的金融机构主体。

协调两岸金融信息基础数据收集标准，打造海峡两岸金融信息基础数据库，推动两岸信用信息交换共享，建立征信产品互认机制，稳妥推进两岸民间金融交流与合作。

创新涉台金融事务监管体制，试行负面清单管理，吸引台资金融机构入驻福州，探索实施台籍金融从业人员在福州就业便利化、教育医疗有关政策。

2. 打造闽台金融创新先行试验区

用好"海峡两岸跨境金融服务中心""两岸金融服务中心"等创新服务平台，提升改造闽台蓝色经济产业园、福州台商投资区等特色园区，探索开展台胞台企金融信用证书试点，以深化闽台合作为契机，争取中央对福州倾斜对台金融合作政策和下放部分金融审批事权，打造台胞台企登陆的"第一家园"。争取设立专门针对台资企业上市的国家级资本市场板块——台资板，给予台资企业上市融资的优惠政策。

3. 打造特色跨境金融产品体系

建立交易银行全链条跨境服务体系，以贸易结算及跨境平台为着力点，打造快捷、高效、安全的国际业务网络服务平台，通过整合银行客户的贸易流资金流、数据流等独立、具体的资金信息，为企业客户提供贸易全流程的实时在线结算、资金汇兑、融资设计金融资讯等跨境金融及相关增值服务。

利用国家外汇管理局跨境金融区块链服务平台实现"区块链＋跨境金融服务"。利用中国人民银行下属的中钞区块链技术研究院自主研发的区块链底层技术，通过建立银企间端对端的可信信息交换和有效核验、银行间贸易融资信息实时互动等机制，实现资金收付、质押物凭证、融资申请、放款等在内的多种信息共享，进行融资业务流程优化再造，便利银行快速准确办理企业融资项目审核和信贷授信查证，助力缓解企业跨境融资难、银行风控难问题。

（八）营造优质金融生态

1. 完善金融机构治理体系

完善国有大型商业银行、股份制商业银行、证券公司和保险公司等金融机构的公司治理体系，形成有效的选拔、决策、执行、制衡机制，持续健全法人治理结构，矫正大股东操纵和内部人控制两种不良倾向。实施提升上市公司质量行动计划，强化上市公司股权质押、债券违约等风险防控，力争"十四五"期间风险类上市公司数量持续下降。加强证券从业人员自身廉洁建设，加强行业协会自律监督机制。

2. 短期内加快风险处置

有效防控信贷不良、债权违约、房地产流动性、金融市场场外配资、上市公司股权质押、互联网金融等重点领域金融风险。积极探索民营企业纾困长效机制，加大对非法集资、非持牌机构违规借贷、金融欺诈、非法互联网金融业务、洗钱等各类违法犯罪行为的防范和打击。切实打好防范化解金融风险攻坚战，守住不发生系统性金融风险的底线。

3. 长期内加强风险防范

强化部门协调联动、信息共享，完善处置重大金融风险机制，定期分析研判重点领域金融风险。加强分类分层监管、精准监管和科技监管，完善金融机构及类金融机构经营运行数据的监测、预警、处置机制，强化对金融风险的识别、评估、监控、预警和处置能力，对风险防范要做到"四早"，即早识别、早预警、早发现、早处置。

4. 构建良好营商环境

加快金融市场基础设施建设，加强金融市场信用体系建设。做好信用信息平台建设，完善守信联合激励和失信联合惩戒机制，推广金融领域企业红白名单制度。开展防范和化解金融风险主题宣传活动，通过典型案例以案释法，提高社会公众的风险意识和识别能力。完善金融消费权益保护协调工作机制，畅通投诉、举报渠道，优化处理流程。

参考文献

[1] 丁秋林. 小议农业农村金融信贷发展——以福州市为例 [J]. 现代营销（经营版），2019（8）：217 – 218.

[2] 方友熙，陈冬梅. 福州都市圈数字经济创新发展模式研究 [J]. 国际商务财会，2022（5）：27 – 31.

[3] 黄保霖. 融入海上丝绸之路核心区经济发展的路径思考分析——以福州为例 [J]. 科技经济市场，2019（7）：77 – 79.

[4] 黄驰. 新形势下推动福州市台资企业转型升级的路径研究 [J]. 经济研究导

刊，2021（26）：18 - 20.

[5] 蓝飘云. 经济新常态下自贸区建设的调查与思考——基于福州自贸区建设的实证分析 [J]. 安徽商贸职业技术学院学报（社会科学版），2020，19（2）：26 - 29.

[6] 雷光美. 福州小微企业融资现状的调查与研究——基于企业发展升规的视角 [J]. 福建轻纺，2021（10）：32 - 35.

[7] 李莉. 基于自贸试验区视角下的金融风险防范研究——以福州片区为例 [J]. 吉林工程技术师范学院学报，2018，34（7）：26 - 28.

[8] 李平，李群. 推进福建自贸试验区福州片区金融开放创新的若干思考 [J]. 福建金融，2017（4）：21 - 24.

[9] 李群. 融资租赁业发展困境及政策建议——以福建自贸试验区福州片区为例 [J]. 福建金融，2019（5）：56 - 61.

[10] 林立辉. 疫情影响下福州市民营企业面临的困境和纾困对策 [J]. 福州党校学报，2020（6）：73 - 76.

[11] 林巧莺，李子蓉. 福州市乡村农业经济转型发展现状及策略研究 [J]. 农村经济与科技，2017，28（15）：163 - 164.

[12] 林子琳. 关于福州金融业发展的思考 [J]. 经济师，2021（6）：91 - 92.

[13] 潘珍. 福州市科技金融发展现状及对策建议 [J]. 海峡科学，2018（1）：54 - 55.

[14] 涂淑芬. 绿色金融支持"生态福州"建设路径思考——以 PPP 产业基金模式为例 [J]. 科技经济市场，2019（8）：50 - 52.

[15] 王林佳. 金融精准扶贫的福州实践与思考 [J]. 新西部，2020（17）：51 - 52.

[16] 谢丽彬，郑路平. 福州市数字经济产业集群发展战略研究 [J]. 海峡科技与产业，2021，34（6）：28 - 32.

[17] 俞敏. 推动福州保险综合改革创新路径探究 [J]. 福建金融，2018（2）：57 - 60.

[18] 张涛，颜庆丽，张薇，等. 自贸试验区福州片区金融政策调查 [J]. 科技经济市场，2019（2）：68 - 70.

专题二 福建省区域金融业发展水平的测度与评价

一、引 言

(一) 选题背景及意义

金融发展是指金融结构的变动和金融中介效率提高的过程。金融发展是经济发展中的一个必然现象，它是随着实体经济的发展、金融风险的日益多样化一同发展的。习近平总书记强调经济与金融共生共荣的辩证关系时指出，"金融活，经济活；金融稳，经济稳。经济兴，金融兴；经济强，金融强。经济是肌体，金融是血脉，两者共生共荣"①。

近年来，福建省的金融发展水平显著提升，"十三五"规划主要目标全面完成，金融综合实力再上新台阶。2020年福建省金融业增加值达3418.36亿元，② 多个金融改革试验区取得显著成效。福建省政府印发的"十四五"金融业发展专项规划明确指出，福建正处于新旧动能转换、产业转型升级的关键时期，应积极实施金融发展"十项专项行动"，推动银行、证券和保险业的发展，完善产业布局，提高金融服务水平，深度融入新发展格局。

在此背景下，考察福建省的金融发展现状，研究各地级市金融发展水平和区域差异，对促进金融市场的发展和提高金融服务水平十分重要。本文尝试以科学准确的方法评价福建省金融发展水平，并从银行、证券和保险三大

---

① 新华月报. 新中国70年大事记（1949.10.1—2019.10.1）（下）［M］. 北京：人民出版社，2020：1941–1942.

② 资料来源：福建省人民政府印发的《福建省"十四五"金融业发展专项规划》。

领域进行分析，发现进一步推动福建省金融发展的有效路径，补充微观层面金融发展研究成果，为福建省的金融发展提供一些针对性的政策建议。此外，也为其他省市的研究提供一定参考。

（二）研究方法

1. 文献研究法

本文通过梳理总结金融发展水平的相关文献和报告，总结归纳了福建省金融发展水平现状，并从银行业、保险业和证券业三个维度构建金融发展水平的测度体系，进一步选取存贷比、证券化率、保险深度和密度等代表性指标，使用主成分分析法进行测度，在上述基础上建立了研究的基本理论框架，为本文的完成提出了理论支持。

2. 主成分分析法

在构建金融发展水平指标时，虽然选取较多金融发展水平相关问题可以对本研究有更全面更完整的认识，但是可能会导致信息过量，因此本文使用主成分分析法进行降维处理，将与金融发展水平相关的一组变量重新组合并从中提取出有效信息，以得到更加准确有效的分析结果。

二、文献综述

（一）金融发展水平的测度指标

在已有的理论研究中，衡量金融发展水平常用的指标如下：存贷款余额、保费收入、金融深度等。但这些指标存在单一性问题的缺陷，本文在参考之前学者的研究基础之上，选取了三个行业的维度来衡量金融发展水平：银行业、证券业、保险业，并通过后续各行业的指标筛选细化变量。

郑智勇（2017）运用地区存贷款余额、常住人口、贡献率等指标分析了福建省闽东、闽南和闽西北各区域间及各区域内部的金融发展水平差异以及这些指标对福建省金融发展水平的影响程度。黄建康等（2019）运用金融发展规模、效率以及结构的三大指标构建了江苏省金融发展水平的综合评价体系，其中规模指标主要由人均存款余额、人均贷款余额、保费收入、金融机构网点数、金融从业人员数以及地区上市公司数衡量；结构指标包括金融相关比率、保险深度和保险密度；效率指标则通过信用资源占用系数和投资效率衡量。韩永楠等（2019）选取金融机构存贷款余额比值和股票筹资额、保费收入、社会消费品零售总额、金融业增加值、金融机构存款余额与贸易总额分别占 GDP 的比重等指标构建西藏金融综合发展水平评价体系，并选取 GDP 增长率作为经济增长的衡量指标，探究西藏金融发展水平对经济增长的贡献度。房乐等（2021）从信贷、支付、投资、保险、货币基金和信用服务等业态构建了普惠金融发展水平的评价体系。殷克东等（2010）主要从金融发展的经济基础、规模、广度与深度和效益四个方面进行指标选取，对区域金融发展水平的差异进行深入分析。齐志渊等（2022）从金融服务的广度、使用度、互联网金融三个维度对浙江省 11 个地级市的普惠金融发展水平进行测度。任森春等（2020）以安徽省为例，重点关注金融服务层面，从覆盖率、满意度和可得性三个维度构建普惠金融指数，对该省的普惠金融发展给出整体性和分步性评价。郑玉（2019）将评价指标分为银行、证券和保险三大行业，选取多项基础指标如金融机构存款余额、金融机构贷款余额、股票市价总值、境内上市公司数、保险费收入、保险密度和保险深度等，实证结果显示，这些指标具有良好的解释度。

（二）金融发展水平的评价方法

国内外学者主要通过层次分析法，主成分分析法、灰色关联度法等模型测度金融素养发展水平。黄建康（2019）在探究江苏省区域金融发展水平时，采用了因子分析法和树状图分析法，对江苏省 13 个地区金融发展进行较为科学的测度，并认为转化金融增长方式、优化金融发展结构是江苏省区域金融发展的路径选择。韩永楠等（2019）在测度西藏金融发展水平时，通过 ADF 单位根检验、Johansen 协整检验和格兰杰检验进行计量检验与实证结果分析，研究发现西藏地区经济与金融聚集情况差距较大，自治区金融与经济发展的不完全同步等现象。李学文、李明贤（2007）主要从金融发展和经济基础两方面选择了 FIR 指标，以层次分析法确定指标权重，以阈值法进行无量纲处理，对 31 个省份的金融发展水平进行检验，得出了东中西部地区金融发展水平差异明显的结论。李岚（2009）在探究我国区域金融发展差异及影响因素时，以主成分分析法构建了金融综合指标，度量了全国各省区市2005年的金融发展水平，并指出当前地区间金融发展水平差异是显著的。戴淑庚、曾维翰（2012）在探究海西区区域性金融中心的构建时，主要使用熵值法和灰色关联分析法对福州、厦门、泉州三地建设区域金融中心的基础条件进行了实证检验，并认为厦门最有条件成为两岸区域性金融中心，其次是福州，而泉州的大部分指标居于末位。郑智勇（2017）主要使用了泰尔指数法分析了福建省闽东、闽西和闽南存贷款的区域总差异、区域间差异以及各自内部差异，并提出了福建省金融发展的现实路径。郭宝莹（2011）使用了因子分法和聚类分析法对福建省九个地级市、七个县域经济体经济发展水平进行了测度与评价，探讨了福建省各地市金融支持差异现状及原因。

（三）文献评述

以上学者从多个角度分析了金融发展水平对地域发展程度的影响，但较少从行业细分角度评价和测度金融发展水平。本文选取福建省内九个地级市2021年的截面数据，从而构建起评价维度，运用主成分分析法进行评价，明确福建省各市的金融发展水平及银行、证券、保险三大行业的发展水平对地区金融发展水平的贡献度，并得到有关结论，进而提出促进福建省金融发展的可行性建议。

三、福建省经济金融现状

（一）经济总量排名全国第八，经济增速领跑全国

在GDP总量方面，福建省整体上呈平稳快速发展的趋势，全省GDP总量从1978年的66.37亿元增加到2021年的48810.36亿元，增长700多倍。2021年福建省GDP总量排名全国第八（见图1），综合实力位于全国前列。在GDP增速方面，2000～2021年，福建省年均GDP增速为10.42%，年均

高于全国 GDP 增速 1.75 个百分点，经济增速 20 年间高于全国平均水平，后续发展潜力大（见图 2）。

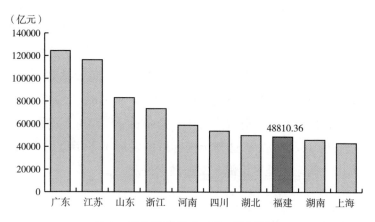

图 1　福建省 2021 年 GDP 排名情况

资料来源：国家统计局。

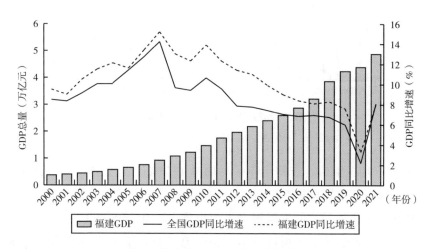

图 2　福建省 GDP 总量和增速情况

资料来源：国家统计局、福建省统计局。

（二）福州泉州领跑地位，闽南整体更加发达

福建省下辖 9 个地级市，按方位可分为闽南（泉州市、厦门市、漳州

市)、闽东(福州市、莆田市、宁德市)和闽西北(龙岩市、南平市、三明市)。相较于全国其他省市,福建省内各市发展相对不均衡,省内两座"万亿俱乐部"地级市福州、泉州分属于闽东、闽南地区,GDP总量遥遥领先于省内其他地市。作为民营经济重镇,2021年以前泉州已连续22年蝉联全省GDP首位,但情况于2021年发生了变化,福州首次反超泉州跃升榜首(见图3)。闽南地区三市排名2~4位,而GDP总量排名后四位中的三位皆属于闽西北地区。2021年,闽南地区生产总值占全省生产总值的47.80%,闽东地区生产总值占全省生产总值的35.52%,闽西北地区生产总值仅为全省的16.68%。① 这与全国区域的发展不平衡原因相似,闽西北地区多为大山,闽东南地区沿海,交通性更好。

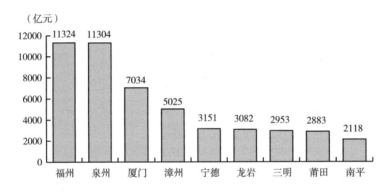

图3 2021年福建省内各地市GDP

资料来源:福建省统计局、福建省各市统计局。

就GDP增速而言,宁德十年平均增速13.3%,为全省第一,该项指标数据已连续三年位居全省首位。得益于以宁德时代为代表的新能源产业"引擎"作用,宁德近年来的发展潜力不容小觑,2021年宁德GDP跃升至全省第五位。从工业数据中也可以看出,新能源产业对于宁德GDP增长有着突出的贡献。2022年一季度,锂电新能源产业增加值同比增长44.8%,拉动宁德市规模以上工业增加值增长20.7个百分点,贡献率达79.6%;新能源汽车产业同比增长15.5%,拉动全市增长0.6个百分点。②

---

① 资料来源:福建省统计局、福建省各市统计局。
② 资料来源:宁德市统计局。

（三）金融业增加值逐年增加，存贷比持续攀升

金融业增加值是金融业从事金融中介服务及相关金融附属活动而新创造的价值，是一定时期内金融业生产经营活动最终成果的反映。2021 年，福建省实现金融业增加值 3623.07 亿元（见图 4），排名全国第八，占福建省 GDP 的比重为 7.4%，同比增长 5.2%，高于全国金融业增速 0.4 个百分点[①]。可以看出，金融行业的快速发展，对福建省 GDP 的影响越来越大。

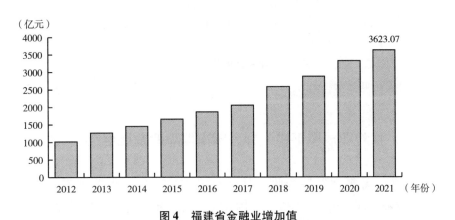

图 4　福建省金融业增加值

资料来源：福建省统计局。

存贷比在一定程度上反映了金融对地区实体经济的支持程度。"十三五"时期，福建省本外币各项存贷款余额年均增速分别达 8.9% 和 12.2%，存贷比由 2015 年末的 91.4% 增至 2020 年末的 106.2%。存贷比的持续攀升，表明金融机构对福建省整体经济社会发展、金融生态和企业项目持续看好，更多政策向省内倾斜，更多的信贷资源投向福建，金融机构对地方经济的支持力度强劲。

（四）银行不良贷款率近五年持续下降

从规模上看，2012～2015 年福建省商业银行不良贷款率逐年上升，2016～2021 年银行不良贷款率持续下降（见图 5），近五年情况明显好转，不良贷款

---

① 资料来源：国家统计局、福建省统计局。

率一直维持在较低的水平,福建省商业银行整体风险抵御能力上升,资产质量稳中向好改善。

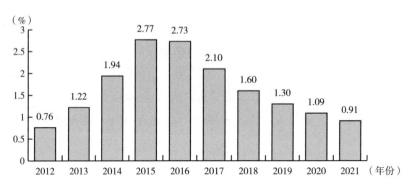

图 5　福建省商业银行不良贷款率

资料来源:福建省统计局。

(五) 保险业规模平稳上升,闽南保险业发展更快

近十年,福建全省保费收入连年上升,2021 年原保险保费收入达到 1294.49 亿元,同比增长 4.7% (见图 6)。2012~2016 年,福建省保险行业迅速发展,五年保费收入平均增速达到 16.3%。2017 年增速开始放缓,近三年平均增速为 6.19%。保险业民生保障水平稳步提升,2021 年,福建省累计承担风险总额 117.6 万亿元,累计赔付支出 490.0 亿元,同比增长 9.9%。

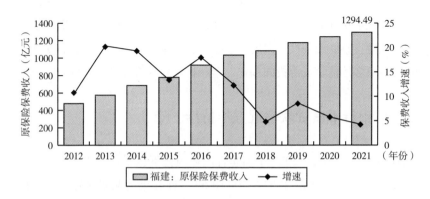

图 6　福建省原保费收入情况

资料来源:福建省统计局。

分地区而言，2021 年福州市保费收入排名全省第一，达到 379.89 亿元。闽南三市稳居 2～4 位，而闽西北地区整体排名靠后，龙岩、南平、三明三市保费收入总和小于福州单市规模。由此可见，福建省保险业发展水平仍不均衡，闽南地区整体发展水平更快。

四、区域金融发展水平的测度

（一）研究设计

1. 模型设计和指标数据选取

本文主要使用主成分分析对福建省各个地区金融发展水平进行评价。主成分分析法是考察多个变量间相关性的一种多元统计方法，主要研究如何通过少数几个主成分来揭示多个变量间的内部结构，利用降维从原始变量中导出少数几个主成分，并且使它们尽可能多地保留原始变量信息。这种方法不仅减少了信息收集的工作量，而且综合指标所表示的信息不会重叠，易于分析。本文数据样本来自 2021 年福建省福州、泉州、莆田、三明、南平等 9个城市的统计年鉴以及福建证监会和国家统计局等各网站。

2. 金融发展指标体系构建

在现有的理论研究中，衡量金融发展常用的指标有规模指标、结构指标和效率指标，主要包括存贷款规模、金融机构数量、金融市场交易金额以及资本形成总额等。本文在参考之前学者研究的基础上，为了更好地探究各地区金融发展水平和细分行业发展水平，从三个维度衡量地区金融发展水平，指标体系涵盖银行业、保险业和证券业。

保险类指标主要包括保险深度和保险密度，分别用于衡量当地保险业的相对发展水平和绝对发展水平。保险密度是指在有限的统计范围内，常住人口平均每个人占到的保险费的金额数。计算公式如下：保险密度 = 某地区当年保费收入 ÷ 某地区当年常住人口数，它标志着保险业务的发展程度，也反映了该地区经济发展的状况与人民保险意识的强弱。保险深度是指某地保费收入与该地 GDP 之比，计算公式如下：保险深度 = 保费收入 ÷ 当地 GDP，它反映了该地保险业在当地国民经济中的地位，该指标不仅取决于当地总体发展水平，还取决于保险业的发展速度。

证券类指标主要包括证券化率、当地证券营业部网点个数以及预备上市和已上市企业数量。证券化率主要用当地上市公司流通总市值与地区 GDP 的比率来表示。证券化率越高，意味着证券市场在国民经济中的地位越重要，因此它是衡量地区证券市场发展程度的重要指标。一国或地区的证券化率越高，意味着证券市场在该国或地区的经济体系中越重要。一般来说，发达国家由于市场机制高度完善、证券市场历史较长、发展充分，所以证券化率整体上要高于发展中国家。此外，我们用当地券商营业部网点个数衡量当地金融服务的可获得性，证券营业部是证券公司直接服务投资者、服务实体企业和展业的最大窗口，近年来我国证券营业部数量也持续增加，考虑到数据的可得性，我们使用总资产排名前 50 的证券公司营业部数量。地区的上市公司数量和预备上市公司数量可以视为该地区经济和工商业的发展实力，也被视为衡量各省区市竞争力的重要指标之一。上市公司数量的多少不仅反映出当地的经济发展水平和企业活力程度，也间接反映了在未来我国一些新兴产业公司的潜在版图和地区经济发展的潜力。

银行类指标主要包括资金集聚、存贷比等指标。资金集聚指标通过"各市存贷款余额÷福建省存贷款余额"得到，以此反映各地区资金集聚情况。银行存贷比是指银行"贷款总额÷存款总额"，从银行盈利的角度来说，存贷比越高越好。因为存款越高，贷款越少，银行需要支付的利息越高，从而资金成本越高而收入越少，进一步说明银行的盈利能力较差。此外，我们用每平方公里银行从业人员数和每平方公里银行机构数，从人口维度和地理维度衡量银行服务的可获得性。金融发展水平具体构建情况如表1所示。

表1 指标构建

指标类别	指标名称	说明
保险类	保险深度	计算式：保费收入÷GDP
	保险密度	计算式：保费收入÷常住人口数
证券类	上市公司市值/GDP	证券化率
	证券营业部网点个数	金融服务可获得性
	预备上市企业数量	地区经济发展潜力
	已上市企业数量	

指标类别	指标名称	说明
银行类	人均贷款余额	资金集聚
	各市存贷款余额/福建省存贷款余额	
	各市贷款余额/存款余额	存贷比
	每万人银行机构数	人口维度渗透性
	每平方公里银行从业人员数	
	每平方公里银行机构数	地理维度渗透性
	各市存贷款余额/各市 GDP	资金充裕度

3. 描述性统计分析

表 2 为保险类、证券类和银行类三类指标的描述性统计结果。可以看出，就各市保险业发展情况来看，保险密度最大值为 4579.00，保险深度最大值为 3.70，均属于厦门保险业发展数据，表明厦门保险业发展情况最好，此外，保险密度标准差高达 1036.67，表明各地区保险业务发展程度差距很大。就各市证券类发展情况而言，厦门已上市企业数量高达 153 家，福州预备上市企业数量高达 141 家，表明厦门和福州当地经济发展水平较高，整体市场氛围活跃度很高。从证券化率角度来看，宁德市证券化率数值最大为 4.41，表明该地区证券市场在经济体系中占据重要地位，其次为厦门、福州。就各市银行业发展情况来看，福州和厦门资金集聚程度较高，而三明银行存贷款余额占福建省存贷款余额比率最低，仅为 0.03。总的来看，福建省 9 个地市金融发展水平差距较大，厦门、福州地区表现情况较好，而三明、莆田等地发展情况较为落后。

表 2　　　　　　　　　　**描述性统计结果**

指标类别	指标名	最小值	最大值	均值	标准差
保险类	保险密度	1819.33	4579.00	2800.08	1036.67
	保险深度	1.845	3.70	2.54	0.65
证券类	上市公司市值/GDP	0.096	4.41	0.97	1.34
	已上市企业数量	4.00	153.00	43.67	54.15
	预备上市企业数量	3.00	141.00	49.00	42.80
	证券营业部数量	12.00	112.00	43.67	35.68

续表

指标类别	指标名	最小值	最大值	均值	标准差
	人均贷款余额	70087.27	273522.92	123589.84	76957.94
	各市存贷款余额/福建省存贷款余额	0.03	0.32	0.10	0.10
	每平方公里银行从业人员数	0.37	0.55	11.07	19.85
银行类	各市贷款余额/存款余额	0.78	1.13	0.98	0.21
	每平方公里银行机构数	0.04	1.86	0.49	0.71
	每万人银行机构数	3.07	27.12	6.83	7.71
	各市存贷款余额/各市 GDP	1.38	4.03	2.14	0.95

（二）区域金融子行业的发展水平测度

1. 银行业发展水平

为深入分析银行业发展水平，选取以下 7 个银行业指标：每平方公里银行从业人员、每平方公里银行机构数、每万人银行机构数、存贷比、人均贷款余额、各市存贷款余额/福建省存贷款余额、各市存贷款余额/各市 GDP。

为考察上述变量能否适用于主成分分析，我们借助 KMO 与巴特利特检验，由表 3 可知，KMO 检验为 0.609，达到了标准，巴特利特检验 Sig 值近似于 0，远远小于 0.05，两个检验结果都说明数据可以进行因子分析。

表 3 银行业的 KMO 和巴特利特检验

KMO 取样适切性量数		0.609
巴特利特球形度检验	近似卡方	86.611
	自由度	21
	显著性	0.000

而后我们对 7 个变量进行因子分析，如表 4 所示，所有变量的提取比例都较高，提取值均大于 0.5，因此应对全部变量进行因子分析。

表4　　　　　　　　　　　　　银行业的公因子方差

指标名	初始	提取
每平方公里银行从业人员数	1.000	0.990
每平方公里银行机构数	1.000	0.989
人均贷款余额	1.000	0.942
各市存贷款余额/福建省存贷款余额	1.000	0.925
各市存贷款余额/各市 GDP	1.000	0.910
每万人银行机构数	1.000	0.630
存贷比	1.000	0.962

提取方法：主成分分析法。

如表5所示，我们采用主成分分析法对7个变量抽取公因子，提取出2个公因子，方差累计贡献率达到了90.686%，具有较强的解释力，因此这两个主成分可以很好地诠释指标间的公共相关性。

表5　　　　　　　　　　　　　银行业的总方差解释

成分	初始特征值			提取载荷平方和		
	总计	方差百分比（%）	累积百分比（%）	总计	方差百分比（%）	累积百分比（%）
1	5.679	81.124	81.124	5.679	81.124	81.124
2	0.669	9.561	90.686	0.669	9.561	90.686

提取方法：主成分分析法。

按照相同方法将各主成分得分以其方差贡献率占两个主成分总方差贡献率的比重进行加权汇总：

$$F = \frac{68.997\% \times F_1 + 21.689\% \times F_2}{90.686\%}$$

由此可以计算出福建省内各市的综合得分。之后，转换为 0~10 的数值，同样这一转换并不改变各地区银行业发展综合指标的排名及其数据结构。结果见表6。

表6 福建省各地市银行业发展水平排名

地区	换算后综合分	排名
福州	10	1
厦门	7.7640	2
泉州	1.2127	3
南平	0.3135	4
莆田	0.3125	5
龙岩	0.2180	6
漳州	0.0778	7
宁德	0.0258	8
三明	0	9

从排序结果来看，福州、厦门、泉州的银行业发展水平位于福建省前列，泉州凭借其泉州银行的快速发展，在银行业发展水平方面追赶福州与厦门。福州与厦门的综合分数远远领先其他地市，两市银行业的明显优势为全省的实体经济高质量发展起到正向推动作用。闽西北的整体发展不如闽南及闽东地区，福建省内三大区域间的银行业发展存在显著差距。

2. 证券业发展水平

针对证券业的分析，把衡量证券市场发展的3个变量，即各市的证券营业部数量、预备上市公司数量、已上市公司数量，用于主成分分析。

运用 KMO 测度法和巴特利特球形检验验证这3个变量是否适用于主成分分析。结果如表7显示，KMO 取样适切性量数为0.730，巴特利特球形度检验显著性为0.000，小于等于1%，说明拒绝原假设，非常适合进行因子分析。

表7 证券业的 KMO 和巴特利特检验

KMO 取样适切性量数		0.730
巴特利特球形度检验	近似卡方	29.152
	自由度	3
	显著性	0.000

从表8中可以看出，3个变量的公因子方差均大于0.9，表示提取的公

因子能够很好地反映原始变量的主要信息。

表 8　　　　　　　　　　　　**证券业的公因子方差**

指标名	初始	提取
证券营业部数量	1.000	0.957
2021 年预备上市公司数量	1.000	0.976
已上市公司数量	1.000	0.925

提取方法：主成分分析法。

用主成分分析法对三个变量抽取公因子并观察其方差贡献率（见表9），方差贡献率表示该主成分的方差在全部方差中的比重。这个值越大，表明主成分解释数据信息的能力越强，它与特征根是正相关的，特征根越大，方差贡献率越大。第一主成分解释的方差占整个方差的 95.292%，大于 85% 的临界值，因此将第一主成分作为综合评价指标是合理的。

表 9　　　　　　　　　　　　**证券业的总方差解释**

成分	初始特征值			提取载荷平方和		
	总计	方差百分比（%）	累积百分比（%）	总计	方差百分比（%）	累积百分比（%）
1	2.859	95.292	95.292	2.859	95.292	95.292

采用回归法计算因子得分系数得到成分得分系数矩阵（见表10），根据成分得分矩阵的得分系数，就可以计算因子得分函数为：

$$F_1 = 0.346X1 + 0.336X2 + 0.342X3$$

表 10　　　　　　　　　　　　**证券业的成分得分系数矩阵**

因子	系数
预备上市公司数量（X1）	0.346
已上市公司数量（X2）	0.336
证券营业部数量（X3）	0.342

由于主成分只有一个，故通过方差贡献率来构造的证券发展水平评估函数 $F = F_1$，其中，

$$F = \frac{F_1 \times 95.292\%}{95.292\%}$$

从表 11 中可看出，三个变量在主成分中的得分差别不大，其对证券市场发展的解释力相当。进行归一化处理后，可以得到各个城市的综合得分 F 值，各市证券市场发展的综合水平体现在综合得分 F 的大小上。为直观表述，将 F 的值转换成 0~10 的数值并根据数值大小进行排名，结果如表 11 所示。

表 11　　　　　　　　福建省各地市证券业发展水平排名

地区	F 值	换算后综合分	排名
福州	1.83187	10	1
厦门	1.519	8.8017	2
泉州	0.27168	4.0243	3
漳州	− 0.40105	1.4477	4
三明	− 0.58461	0.7446	5
龙岩	− 0.59574	0.7020	6
莆田	− 0.59777	0.6942	7
南平	− 0.66436	0.4392	8
宁德	− 0.77902	0	9

从排序结果来看，排名依次为福州、厦门、泉州、漳州、三明、龙岩、莆田、南平、宁德。从 F 值的符号来看，福州、厦门和泉州的综合得分为正，其证券发展水平高于省内平均水平，而其他市则低于平均水平。从福建省闽东、闽南和闽西北三个区域的划分来看，闽南的证券市场发展水平最高；福州市则为闽东地区证券发展的主力；而闽西北三市的证券发展水平普遍不高。分析结果表明，福建省三大地区的证券市场发展存在显著的差距。

3. 保险业发展水平

考虑各地市保险业发展水平高低，我们选择了保险密度与保险深度用于主成分分析。如表 12 所示，KMO 取样适切性量数为 0.7，巴特利特球形度检验的显著性为 0.002，小于 1%，说明我们可以在 99% 的可信度水平下拒绝原假设，因此，保险深度与保险密度能够用于主成分分析。

表 12　　　　　　　　　保险业的 KMO 和巴特利特检验

KMO 取样适切性量数		0.700
巴特利特球形度检验	近似卡方	9.803
	自由度	1
	显著性	0.002

　　用主成分分析法对两个变量抽取公因子，并观测其方差贡献率，方差贡献率越大，说明主成分解释数据内含信息的能力越强。第一主成分的初始特征值方差百分比达到 94.121%（见表 13），大于 85% 的临界值，因此将保险密度作为综合评价指标是合理的。

表 13　　　　　　　　　　　证券业的总方差解释

成分	初始特征值			提取载荷平方和		
	总计	方差百分比（%）	累计百分比（%）	总计	方差百分比（%）	累计百分比（%）
1	1.882	94.121	94.121	1.882	94.121	94.121
2	0.118	5.879	100.000			

　　之后利用具有凯撒正交化的最大变异法，通过主成分载荷矩阵除以主成分特征根，我们得到得分系数矩阵。根据每一项的得分系数，可以得出下列等式：

$$F = \frac{F_1 \times 94.121\%}{94.121\%} = F_1$$

　　算出 F 值后，将 F 值转为 0~10 的数字，并根据数值大小排列，结果如表 14 所示。

表 14　　　　　　　　福建省各地市保险业发展水平排名

地区	F 值	换算后综合分	排名
厦门	1.82024	10	1
福州	1.51153	8.919808812	2
泉州	−0.08908	3.319197178	3
莆田	−0.18923	2.968767495	4
龙岩	−0.5593	1.673874706	5

续表

地区	F 值	换算后综合分	排名
三明	− 0.59303	1.555851808	6
宁德	− 0.78114	0.89764584	7
南平	− 0.08231	0.334288574	8
漳州	− 1.03768	0	9

由表可 14 知，福建各个地市保险业发展水平由高到低排序是：厦门、福州、南平、泉州、莆田、龙岩、三明、宁德、漳州。根据 F 值的符号可知，厦门与福州保险业发展水平超过全省平均水平，而其他地市的保险业发展水平均低于全省平均水平。就福建省保险业发展水平来看，厦门和福州与其他地市之间有着显著差异。分区域来看，闽东（福州、莆田、宁德）、闽南（厦门、漳州、泉州）发展较好，而闽西北（龙岩、三明、南平）发展相对落后。但是，闽东内部，福州保险业发展水平较高，而宁德的保险业发展水平却居于全省倒数第二；闽南内部，厦门与泉州发展相对较好，而漳州保险业发展水平却居于全省倒数第一；闽西北内部，虽然龙岩和三明保险业发展分居全省第六、第七，但是南平保险业发展水平却高居全省第三。这说明，不仅福建省各地市保险业发展水平差异较大，福建省内各区域内部的保险发展水平也差异较大。

（三）区域金融发展水平测度

为衡量福建省各地市金融业发展水平，我们选取保险深度、保险密度、证券营业部数量、存贷比、上市公司市值/GDP、每平方公里银行机构数、各市存贷款余额/各市 GDP、每平方公里银行从业人员数作为主成分分析的因子，利用 SPSS 25.0 进行数据分析。

在进行因子分析前，我们对以上变量进行检测，以检查变量之间的相关性大小。只有变量的相关性较强，才能从众多变量中提取公因子。本文采用巴特利特和 KMO 两种检验方法来检测变量的相关性系数。结果如表 15 所示，KMO 取样适切性量数为 0.805，超过 0.6 的标准，显著性近似于 0，说明很适合进行因子分析。

表 15 金融发展水平的 KMO 与巴特利特检验

KMO 取样适切性量数		0.805
巴特利特球形度检验	近似卡方	69.009
	自由度	28
	显著性	0.000

如表 16 所示，所有变量的提取比例都较高，提取值均大于 0.5，因此应对全部变量进行因子分析。

表 16 金融发展水平的公因子方差

指标名	初始	提取
保险深度	1.000	0.842
保险密度	1.000	0.958
证券营业部数量	1.000	0.876
存贷比	1.000	0.690
上市公司市值/GDP	1.000	0.788
每平方公里银行机构数	1.000	0.990
各市存贷款余额/各市 GDP	1.000	0.920
每平方公里银行从业人员数	1.000	0.956

提取方法：主成分分析法。

采用主成分分析法对 8 个变量抽取公因子，提取出 2 个公因子，方差累计贡献率达到了 87.761%，如表 17 所示，第一主成分所解释的方差占到整个方差的 65.633%，具有很强的解释力，第二主成分所解释的方差占到整个方差的 16.574%，也具有较强的解释力。

表 17 金融发展水平的总方差解释

成分	初始特征值			提取载荷平方和			旋转载荷平方和		
	总计	方差百分比（%）	累积百分比（%）	总计	方差百分比（%）	累积百分比（%）	总计	方差百分比（%）	累积百分比（%）
1	5.752	71.905	71.905	5.752	71.905	71.905	5.251	65.633	65.633
2	1.268	15.856	87.761	1.268	15.856	87.761	1.326	16.574	82.207

提取方法：主成分分析法。

采用回归法计算因子得分系数，得到成分得分系数矩阵，根据成分得分矩阵的得分系数，我们得到得分系数矩阵（见表18）。

表18　　　　　　　　金融业发展水平的成分得分系数矩阵

因子	成分	
	1	2
最新保险深度	0.175	− 0.156
最新保险密度	0.177	− 0.054
证券营业部数量	0.171	− 0.071
（2021 年）存贷比	0.031	0.511
上市公司市值/GDP	− 0.097	0.691
每平方公里银行机构数	0.168	0.051
（2021 年）各市存贷款余额/各市 GDP	0.163	0.038
每平方公里银行从业人员数	0.162	0.074

根据每一项的得分系数，可以得出下列等式：

$$F = \frac{71.905\% F_1 + 15.856\% F_2}{87.761\%}$$

由此可以计算出福建省内各个市的综合得分。之后，将 F 值通过公式

$$\frac{V_i - V_{min}}{V_{max} - V_{min}} \times 10$$

转变为 0 ~ 10 的数字，并根据数字大小进行排名，结果如表19所示。

表19　　　　　　　　福建省各地市金融发展水平排名

地区	F 值	换算后综合分	排名
福州	1.583185	10	1
厦门	1.332496	8.877716683	2
泉州	− 0.20078	2.013553219	3
莆田	− 0.30796	1.533722528	4
龙岩	− 0.3614	1.294505068	5
宁德	− 0.38653	1.18197296	6

地区	F 值	换算后综合分	排名
漳州	−0.46792	0.817617003	7
南平	−0.54052	0.492591148	8
三明	−0.65056	0	9

由表 19 可知，福建省各地市金融发展水平由高到低分别是：福州市、厦门市、泉州市、莆田市、龙岩市、宁德市、漳州市、南平市、三明市。由 F 值的符号可知，除福州市、厦门市的金融业发展水平超过全省平均水平之外，其他七市的金融业发展水平均在平均水平以下，这表明了各地市金融业发展水平差异巨大，福州与厦门发展水平远超其他各市。分区域来看，闽东（福州市、莆田市、宁德市）与闽南（厦门市、泉州市、漳州市）金融业发展水平较高，而闽西北（龙岩市、南平市、三明市）金融业发展水平相对较低。这与我们的现实经验相符合：闽西北地区，由于地处山区，交通不便、人口较少、市场规模有限，因此金融业发展乏力，落后于沿海地区；闽东地区，福州作为省会城市，金融业集聚程度较高，因此金融业发展水平高；闽南地区，拥有副省级城市厦门，与著名的制造业强市泉州，因此金融业发展水平较高。

五、结论与建议

（一）结论

1. 金融业发展区域差异大

无论是从福建省各地市金融业总体发展水平来看，还是从银行、证券、保险三个维度的发展水平来看，福州、厦门与泉州均排在前三名，且均遥遥领先于其他城市。这表明了福建省内各地市之间金融业发展的区域差异是巨大的。与沿海地区（如福州、厦门、泉州）相比，山区（如三明、南平、龙岩）的金融业发展水平相对滞后。

这一结论与现实生活的经验相符合：福州、厦门、泉州地处沿海，海运便利，且具有经济特区区位优势、沿海开放城市等利好因素加成；而三明、南平、龙岩、宁德等，地处福建山区，交通不便，长期经济落后，缺乏金融优惠政策。

2. 区域内部各地市金融业发展差异大

（1）闽东地区，包括福州、宁德与莆田。从总体发展水平来看，福州为福建省金融发展的中心，而莆田与宁德分列第四位、第六位，虽是位列中游，却与福州之间存在较大差距。从银行业发展情况来看，福州为福建省银行业发展的中心，而莆田与宁德分列第五位、第八位，与福州之间的差距更大。虽然宁德拥有万亿市值公司宁德时代，但银行基础设施（通过每平方公里银行机构数量衡量，宁德仅 0.07）、银行人才（用每平方公里银行从业人数衡量，宁德仅 0.68）的缺乏是导致宁德排名倒数的重要原因。从证券业发展情况来看，福州位列第一位，莆田与宁德分列全省倒数第三位、倒数第一位。从保险业发展情况来看，福州位列全省第二，莆田位列全省第四，宁德位列全省第七。

（2）闽南地区，包括厦门、漳州与泉州。从总体发展水平来看，闽南作为最早一批沿海经济开放区，理应发展较好。从结果来看，厦门与泉州分别位于全省第二、第三，但是，漳州的金融发展水平却处于全省倒数第三，并不如意。从银行业发展情况来看，厦门与泉州位列第二、第三名，而漳州位于全省倒数第三。从数据不难发现，漳州人均存款少的劣势很大程度上影响了漳州银行的发展水平排名。从证券业发展水平看，厦门、泉州、漳州分列第二、第三、第四名，三地在证券方面发展得最为均衡。从保险业发展水平来看，厦门位列全省第一，泉州位列全省第三，而漳州仅位于全省倒数第一。漳州市的保险深度与保险密度均远低于其他各市，漳州保险业有较大发展的空间。

（3）闽西北地区，包括龙岩、三明、南平。从金融业总体发展水平来看，龙岩位居全省第五，处于中游位置，而南平和三明，分列全省第八、第九，与龙岩之间的差距较大。从银行业发展情况来看，南平、龙岩和三明分列全省第四、第六和第九，三明的银行业发展水平明显低于其他两市。证券业与保险业方面，三明与龙岩均位列第五、第六，南平均位列第八。这表明即使是在同一区域，龙岩、三明和南平之间也存在着金融发展方面显著的差异。

（二）建议

1. 提倡金融领域山海协作

针对福建各地市金融产业发展的不协调、不均衡问题，需要在金融方面深化福建省内的山海协作，从全省的高度，让沿海发达地市帮助山区地市发展金融。一方面，沿海地市可以积极推荐本土金融机构参与山区建设，如增加营业网点、因地制宜进行金融创新等；另一方面，山区地市可以前往沿海地市引进金融人才，缩小山海差距。此外，沿海与山区之间可以进行更深层次的金融合作，如共同研发金融产品、进行金融监管合作等。

2. 发挥特殊区位优势

福建地处东南沿海，直面台湾与东南亚，背靠大湾区，头枕长三角，经济腹地可至广袤的中部地区。特殊的区位优势，使得福建各地市均具有一定的金融发展潜力。对于闽南地区而言，应积极引入台资、华侨投资等，汇侨智、集民心；对于闽东地区而言，应积极对接长三角地区，与长三角地区发达的金融系统相承接；对于闽西北地区而言，应积极发挥靠近大湾区、临近中部经济腹地的优势，发展绿色金融、普惠金融等。在发挥特殊区位优势的同时，需要注重错位发展、特色发展，不能一味模仿周边经济区，要有自己的特色。

3. 发展特色金融功能区

指导各地市充分发挥区域优势，吸引优势金融资源聚集，提升区域金融服务能级。对于省内金融发展水平较高的福州市，侧重于发展数字金融与科技金融，让科技为金融赋能；对于经济特区厦门市，应积极打造金融对外开发特色功能区，用政策的创新、营商环境的改善引入更多的外资金融机构；对于制造业发达的泉州市与莆田市而言，应侧重发展金融支持实体经济，引导资源为实体经济服务；对于宁德市与龙岩市，应在原有普惠金融发展的基础上，加快推进国家普惠金融改革试验区建设；对于三明市和南平市而言，应发挥绿色生态优势，加快推进绿色金融改革试验区建设，将绿水青山转为宝贵的金融财富；对于漳州市而言，应推进农村金融创新，助力新农村建设；对于其他地级市如平潭而言，也可以在闽台关系的基础上，进一步开展对台金融合作与创新。

4. 发展海洋金融产业

福建海岸线漫长，沿海除福州、泉州、厦门三地金融发达、莆田金融处于省内中游水平外，宁德、漳州两市，虽有海岸线，然而地跨山区与沿海，其金融发展水平较为薄弱。宁德与莆田可以在福州、泉州和厦门的指引下，重点在两市发展海洋金融产业建设；在周边金融强市厦门、泉州与福州的配合下，大力发展涉海保险，鼓励渔业保险、巨灾保险、海运保险的发展；拓宽涉海企业融资渠道，鼓励地方银行开展涉海贷款业务，辅导涉海企业积极上市，大力发展融资租赁业务等。

5. 发展数字金融

借助福建大力发展数字经济的契机，各地市可以引导本地金融机构深耕当地，发展数字金融。通过数字金融平台搭建、业务流程优化、风险收益数字化与可视化发展等，针对各个地市的金融发展痛点与弱点进行优化升级，如龙岩、三明和南平可以通过银行业发展数字科技，应用于绿色金融之中。漳州、泉州等沿海地市，可以大力发展数字科技，赋能海洋保险、渔业养殖保险发展，通过数字科技更好地精准定位目标客户，更好解决道德风险与信息不对称问题。

6. 促进各地保险业发展水平

由于福建省保险业目前处于初级发展阶段，保险公司自身的业务素质并不是很高，一方面专业的金融保险专业人才比较少，另一方面目前福建省开展保险业务依靠的技术手段相对落后，制约了自身的业务能力，我们可以从多方面着手提高业务人员素质，包括加强人力资源方面的管理、推进保险业务的技术开发、广泛借鉴发达国家的管理经验等。此外，目前福建省的保险产品结构比较单一，不能满足广大的投保客户多方面的需求，这成为保险业发展中一个比较突出的问题，所以保险业要在相互合作的基础上，加强创新，加大保险产品的投资力度。在大力发展保险业的同时，完善银行保险监管机制，进一步减少和规避人们的经济风险，提高生活水平。

7. 优化银行业金融服务的区域布局战略

《福建省国民经济和社会发展第十四个五年规划和二〇三五年远景目标纲要》明确"两极两带三轴六湾区"为骨架的网络型空间布局，并提出持续做大做强福厦泉等中心城市，提升主要城市核心竞争力，强化厦漳泉都市圈及福州都市圈引擎带动作用，辐射带动福建全域高质量发展。对此，商业银行应秉持立足福建两大都市圈、辐射福建全域、极点聚焦、轴带延伸的区位发展策略，形成紧跟政策导向，发挥福建多区共建优势，聚焦福州、厦门、泉州等核心城市，辐射福建全域的宏观业务布局。一方面，强化福州、厦门、泉州三大中心城市"主战场"的核心地位。商业银行要充分利用好中心城市实力领先、产业经济集聚发达、金融市场规模大且创新活跃等优势，挖掘市场机遇、持续深化战略转型，大力发展消费金融、科技金融、跨境金融、互联网金融，实现传统银行业务与新兴业务的协调发展。另一方面，要围绕"两极两带"的空间开发战略格局拓展业务发展半径。根据各地的城市定位及产业发展方向，积极把握厦漳泉都市群及福州都市圈"两极"建设、沿海城镇发展带及山区绿色发展带"两带"产业布局优化带来的战略机遇。

参考文献

［1］戴淑庚，曾维翰．"海西区"两岸区域性金融中心的构建和发展策略［J］．区域金融研究，2012（11）：4-11．

［2］房乐，陈燕，孙懿娴，赵海静．普惠金融发展水平评价指标体系的构建及测度研究——以嘉兴市为例［J］．时代金融，2022（5）：90-92．

［3］郭宝莹．基于区域经济差异的金融支持研究——以福建省为例［D］．昆明：云南财经大学，2011．

［4］韩永楠，周启清．西藏金融发展水平测度及其对西藏经济增长的贡献度研究［J］．西藏大学学报（社会科学版），2019，34（4）：138-146．

［5］黄建康，张丹慧．江苏省区域金融发展水平测度与评价［J］．商场现代化，2019（4）：96-97．

［6］李岚．我国区域金融发展差异度量及影响因素分析［D］．上海：复旦大学，2008．

［7］李学文，李明贤．中国地区金融发展水平的评价与实证分析［J］．云南财经大学学报，2007，23（5）：6．

［8］齐志渊，季莎莎．浙江省各地市普惠金融发展水平测度及影响因素研究［J］．山东纺织经济，2022，39（2）：5-11．

［9］任森春，俞润洁．普惠金融发展评价指标体系构建及水平测度——以安徽省为例［J］．合肥工业大学学报（社会科学版），2020，34（1）：7-11．

［10］殷克东，孙文娟．区域金融发展水平动态综合评价研究［J］．商业研究，2010（12）：127－133．

［11］郑玉．中国金融产业综合发展水平测度及其时空演化分析［J］．上海经济研究，2019（10）：109－116．

［12］郑智勇．基于泰尔指数法的福建省金融发展水平区域差异分析［J］．管理工程师，2017，22（5）：36－41，78．

板块二　数字经济

专题三 福建省数字普惠金融对居民消费的影响研究

一、引 言

（一）研究背景和意义

我国居民消费在外部大环境的影响下，逐步成为重要的经济增长来源。为贯彻习近平总书记在经济社会领域专家座谈会上的重要讲话，经济发展主体要以国内大循环为主，同时促进国内国际双循环，形成新的经济发展格局。我国的经济稳定增长要依靠内需拉动，要以满足国内经济消费为出发点，要更好地满足国内居民消费和经济发展的需要，充分发挥国内人口众多、市场规模大的优势作用。同时，随着科技提升、智能手机的普及，以及大数据、区块链等新技术的出现，数字金融应运而生，为居民消费水平的提升注入了新的活力。数字普惠金融，提出在当前数字科学技术发展的新形势下，利用新型技术降低金融准入门槛和金融服务成本，突破中国一直以传统银行业为主导的金融体系。数字普惠金融的快速发展对居民消费产生了深远的影响，加速了社会消费观念的转变；居民理财观念发生变化，区块链、大数据和人工智能等高科技的使用改变了传统金融行业信息收集的方法，降低了资金借贷风险，提高了金融服务的效率。

福建省是沿海经济作物大省和人口大省，城乡经济发展水平差距较大，省内金融资源更多地集中在福州、泉州、厦门等城市，农村区域的金融网点较少，从业人员密度不够，农村资金流通困难，金融发展的门槛效应严重，不利于居民消费水平的普遍提高。数字普惠金融的出现改变了传统金融服务市场，降低了金融服务门槛，对提高居民消费水平有重要意义。

研究福建省数字普惠金融发展对消费水平的影响，对于促进福建省经济协调发展具有重要意义。就理论意义而言，消费问题是长期以来专家和学者们研究的热点，而研究消费升级问题则是对其中一方面的深入探讨。因此深入研究数字普惠金融对消费水平的影响路径，具有重要的理论意义。本文通过分析数字普惠金融的作用效果和作用机制，探究数字普惠金融对消费水平的影响，对推动福建省居民消费水平的提升和促进区域经济增长有重要实践意义。

（二）文献综述

1. 数字普惠金融的发展与测度

数字普惠金融，顾名思义指的是金融惠及民生，指依托于新科技技术，有效、全方位地为社会所有阶层和群体提供服务的金融体系。这实际上就是让所有人群享受更优质的金融服务，更好地支持实体经济发展，但由于种种因素的差异，弱势群体难以获得优质的金融服务。

数字普惠金融起步于互联网金融，是传统普惠金融的发展。吴晓求（2015）认为广阔的消费市场是互联网金融生存的必要条件，传统普惠金融和互联网技术结合发展是符合逻辑的。互联网金融的出现推进了传统金融体制的改革，改变了传统金融服务低效率、高门槛的现象，帮助传统金融从富人金融到普惠型金融的转型。中国作为最大的发展中国家，低收入人口和中小微企业的潜在金融服务需求巨大，因此需要加强政府引导和市场运作的双向驱动，形成普惠金融服务的规模效应。焦瑾璞（2015）回顾了中国普惠金融的发展历程，发现互联网金融是实现普惠金融发展的首要条件。

关于数字普惠金融的测度，印度的萨尔马（Sarma，2008）从银行服务的可得性、渗透性、实际使用效用性三个角度对普惠金融发展程度进行了度量。格普特（Gupte，2012）在萨尔马度量系统的基础上，对普惠金融的可用性、机构渗透性、交易便利程度、交易费用等四个方面进行评估。2012年，世界银行发布的数字普惠金融度量的维度包括账户、储蓄、借款支付与保险等。目前，我国对普惠金融发展程度的评估和度量还比较滞后。焦瑾璞等（2015）从金融服务使用情况、可得性和服务质量三个维度构建了普惠金融发展评价指标体系。福建银监局普惠金融课题组、陈树福（2016）基于金融服务的渗透率、覆盖率、便利性、服务质量以及区域特色五个方面构建了普惠金融评估指标体系。张珩等（2017）利用渗透度、使用度、效用度和承受度四个维度构建了农村普惠金融发展水平评价指标体系。更进一步地，一些国内学者开始使用指数合成法构建普惠金融发展指数。陈银娥等（2015）、陆凤芝等（2017）运用熵值法测算中国省域普惠金融发展水平。中国人民银行武汉分行金融研究处课题组、邓亚平（2018）运用熵值法、变异系数法、critic 法和层次分析法测算普惠金融指数水平，并测算了信度加权普惠金融发展指数。

但是，无论是运用熵值法，还是层次分析法，抑或是变异系数法，都只是基于传统普惠金融的评价指标体系进行了一些指数化变动，并不能直接运用于当今极具生命力的数字普惠金融领域。这就要求在数字普惠金融发展的大环境下，建立一套新的普惠金融发展的评估与度量指标。基于上述原因，北京大学数字金融研究中心于 2016 年、2019 年、2021 年发布了数字普惠金融指数。

2. 数字普惠金融影响居民消费水平

目前，数字普惠金融影响居民消费水平的相关研究已经取得了一定的成果。李毅等（2017）对农户普惠金融的覆盖率、可及性、用户满意度的逐步提升进行了研究。董云飞等（2019）利用省级面板数据构建数字普惠金融指数，研究了数字普惠金融对居民家庭收支的作用。何宗樾等（2020）从微观角度分析了数字金融发展对居民消费的影响，指出了数字金融发展对居民消费的影响，尤其是对生活相关的基本消费起到了重要的推动作用。数字化金融可以减少家庭面对的不确定因素，从而释放消费需求，推动消费增长。邹新月、王旺（2020）运用数理统计方法对数字普惠金融对我国的消费水平的影响进行了实证分析。研究发现，数字普惠金融通过移动支付、信贷、保险等方式，极大地提高了居民的消费水平。

3. 文献述评

通过对以上文献的整理和总结，可以看出数字普惠金融发展迅猛，尤其是在互联网、大数据和云共享等新技术的推动下，数字普惠金融的发展更加广泛和深入，对居民生活的方方面面产生了重大影响。在研究角度上，已有的文献对于数字普惠金融对居民的消费水平的作用，特别是作用机理的探讨相对较少，针对福建省进行分析阐述的更少。因此，本文将在整理、归纳已有相关文献的基础上，从福建省居民消费和数字普惠金融发展情况出发，探讨数字普惠金融发展对居民消费水平的影响，以及数字普惠金融促进消费的作用机制。本研究对于促进消费升级、普惠政策制定方面有重大的理论和现实意义。

二、福建省数字普惠金融与居民消费现状

（一）数字普惠金融的发展

近年来，我国数字普惠金融发展蒸蒸日上。2016 年，中国作为 G20 峰会主席国期间提出并制定《G20 数字普惠金融高级原则》，将数字普惠金融定义为所有使用数字金融服务开展普惠金融业务的行为，得到了 G20 各成员和各个国际组织的大力支持。伴随着传统普惠金融与数字技术的进一步融合，数字普惠金融经历了两大发展阶段。

1. 数字普惠金融第一阶段

在数字普惠金融早期阶段，传统金融机构借助互联网传递信息，在线办理业务，简化、替代市场网点及人工服务。第一代互联网技术和智能手机的普及带来移动支付的快速发展，将线下的金融服务转为线上，通过互联网平台提供交易撮合服务，通过线上的渠道实现金融服务的触达，其典型模式包括网络银行、移动支付、网络借贷等。对于普惠金融而言，一个比较大的突破是在支付领域。在以往传统的金融模式中，业务的开展会受到地理因素等的困扰。由于普惠金融的发展，许多传统的商业银行也推出了与支付宝、银联在线等第三方支付平台相结合的移动支付业务，同时还在农村设置了众多的便民金融服务站点，提供小额支付服务；一些商业银行借助电子银行平台为用户提供信贷、理财、缴费等多元全面的金融服务，使得城郊或农村住户也能享受到普惠金融发展的好处。

2. 数字普惠金融第二阶段

近年来，随着数字技术特别是互联网在银行、证券、保险行业的逐步应用，丰富了传统金融机构传递信息、办理业务的渠道和手段，降低了运营成

本，有效地扩大了金融服务的覆盖面。这种科技进步与金融服务结合使二者的界限日趋模糊，逐渐形成了新的业态。金融创新不再是简单地在传统金融业务之上加上数字化或互联网化的元素，而更多是以非金融机构为主导、以科技创新为驱动的新的金融产品设计，或金融服务商业模式的重塑。这一阶段的金融创新，主要是依托互联网或移动互联网，依托大数据云计算等技术驱动，进行金融服务创新，并满足实际场景需求，特别是满足传统金融没有覆盖或者覆盖不足的金融需求，实现普惠金融的目标。

（1）数字支付。

近年来我国现代化支付工具的发展，已跃居全球前列，我国数字支付的交易规模不断增长。不管是第三方支付机构还是传统商业银行，纷纷推出安全、便捷的数字支付产品，数字支付一方面普及了无现金支付，同时其快捷、全天候和覆盖面广的特点，弥补了传统金融服务的一些不足，能够让绝大部分人群享受到基本的金融服务。我国农村地区线上支付金额的逐年上升，也说明了农村地区的数字支付环境得到改善。数字支付另一方面推动了数字普惠金融多样化发展。随着数字支付的应用场景不断丰富，数字支付机构之间的竞争，也从用户规模转到了商业和服务模式的创新。

目前我国小额支付市场，基本被第三方支付机构占领，传统银行卡逐步退守至大额支付市场。此外中国人民银行也在加快数字货币的推出，法定数字货币可以降低现金流通成本，也可以在跨境电商的支付场景中作为可靠的交易工具，提高资金使用的安全性和效率。

数字化支付与数字普惠金融的深度融合，有利于提升金融服务可得性，促进经济发展，提高消费，普惠大众。据中国互联网信息中心数据显示，我国网络支付数量在 2015 ~ 2021 年持续快速增长，使用互联网用户的占比也在持续稳定上升。从图 1 中可以看出，2015 年数字化支付已经处于较快发展阶段，用户规模已经达到了 4. 16 亿户，使用率已经达到 60. 5% 。到了 2021 年，用户数量依旧飞速发展，达到了 9. 04 亿户，占比高达 87. 6% ，支付服务壁垒逐渐打破，互联互通进入新发展阶段。2021 年，以支付宝、微信支付为代表的第三方平台率先向云闪付等支付机构开放，在线上、线下场景，支付、服务两个层面推进更深入的互联互通。并且在全国多个城市实现了收款码互认。在线上支付场景中，美团、拼多多等互联网平台已支持众多主流支付渠道，如微信支付、支付宝、银联云闪付、Apple Pay、Mi Pay、华为 Pay、三星 Pay 等；2021 年 11 月，微信小程序支付自助开通云闪付功能正式上线，微信支付已与 12 家银行机构开展了互联互通合作。

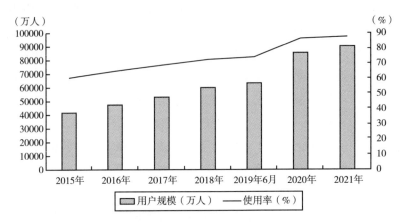

图1 数字化支付规模及网民使用率

资料来源：相关年份的《中国互联网络发展状况统计报告》。由于缺乏 2019 年底数据，故采用 2019 年 6 月数据代替。

数字支付机构不仅可以在代缴费、转账、购物、交通、医疗、养老等与百姓生活密切相关的领域开展数字支付业务，实践"普惠"使命，还可以在此类支付活动中积累大量交易数据，进而分析出客户的消费习惯和信用等，提高普惠金融服务的准确性和质量。

（2）互联网保险。

保险伴随着数字信息技术的发展也发生了新的变化。一是保险产品的销售和服务渠道数字化。随着网络销售渠道在传统保险行业中的重要性增强，传统保险行业开始改变依靠线下保险代理人推销的模式，采用多种方式建立线上的销售渠道。一种是利用互联网金融机构代销保险产品；另一种是通过自建的互联网平台直接销售保险产品，如中国人寿的"掌上国寿"。保险产品的在线营销，拓宽了保险的触达渠道，大大增加了保险的可获得性。与此同时，使用数字技术的互联网保险标准化了产品认购、核保和理赔流程，减少了保险公司的人力成本。这不仅有助于提高互联网保险公司的利润率，而且还有助于降低保险产品的保险费率，从而实现保险产品普惠消费者的目标。借助大数据分析技术，互联网平台不仅可以对用户群体进行测算与分类，并了解客户的潜在需求，从而进行精准的营销，提高保险业务的有效客户转化率；还可以结合客户信用水平的测算与分类结果，对不同客户制定符合当时信用水平的保险产品价格。这种"大数据分析＋精准营销"模式为互联网保险的创新发展提供了方向。

二是保险产品的互联网化。互联网保险的出现使得保险产品种类的多样性增加。一方面参与互联网保险产品的，不再局限于传统保险公司，而是扩展到新型互联网保险公司，经营主体数量的增长营造出一个竞争多元的互联网保险市场。互联网保险市场出现了例如运费险、互联网账户资金保障险等与网络业务相关的险种，还有手机碎屏险、骑行共享单车意外险等。这些小额、高频且与日常生活密切相关的小微险种产品不仅降低了保险门槛，使保险产品更加普惠化，而且很大程度上弥补了传统保险行业在细分领域的空白，扩大了保险的保障范围和覆盖人群。

中国保险行业协会发布的报告显示，2012～2015年，互联网保险高速发展，呈现迅猛发展的势头。2015年，互联网保险渗透率达到9.2%的高点（见图2）。往后几年增速有所放缓。根据中国保险行业协会发布的《2021年度人身险公司互联网保险业务经营情况分析报告》，2021年60家人身险公司开展互联网保险业务，累计实现互联网人身险保费收入2916.7亿元，较2020年同比增长38.2%。2021年，互联网财产保险累计实现保费收入862

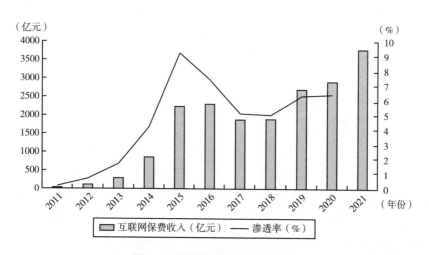

图2　互联网保险收入及渗透率

资料来源：中国保险行业协会。

亿元，同比增长 8%，较财产险行业整体保费增速高出 7 个百分点。互联网财产保险业务渗透率由 2020 年的 5.9% 上升至 6.3%，互联网保险业再次呈现快速发展势头。综上所述，互联网保险延续扩大了金融服务的范围。

（3）互联网理财。

互联网理财不仅打破了传统理财产品的高准入门槛，让中低收入群体进入市场，还拓展了金融市场的销售通道，为"长尾用户"提供了更多的选择。在过去由商业银行控制的金融系统中，多数金融机构的理财产品最低要求为 50000 元。目前很多网上理财的一次购买不到 100 元，让中低收入群体通过购买稳健、灵活的理财工具获得理财收益，从而拓展了理财的覆盖范围。与以往单一渠道购买、手续烦琐的传统基金相比，互联网理财产品打破了以往单一渠道的限制，具有简化登记和购买过程、手机终端界面简洁、操作方便等特点，提升了金融产品的可操作性，并增强了人们对金融服务的体验和应用热情。另外，部分网络金融公司通过与专业的基金公司进行合作，利用数学模型对风险进行有效的控制，降低了信用违约风险。

某互联网平台的余额宝，就是通过嵌入式自销的模式，提供低成本的理财产品，同时依托数字技术和平台的优势，进一步降低成本，强化其普惠性。余额宝产品沿着货币基金的支付功能方向，拓展了丰富的理财场景。此外余额宝也可以分析市场的消费倾向和客户理财投资的风险偏好。这类互联网小额理财产品的出现，有助于提升理财产品的普惠性，加快了中国理财市场多元化发展的步伐，也表明中国在扩大数字普惠金融服务方面取得了阶段性进步。

根据中国互联网络信息中心发布的《中国互联网络发展状况统计报告》，在新的监管方针下，资产管理人的内在活力得到了进一步的释放，2015 ～ 2021 年以来，网络用户的数量增长了两倍多。2014 ～ 2019 年，互联网理财使用率呈上升态势，从 2014 年的 12.1% 上升到 2019 年的 19.9%。但是，到 2020 年，互联网理财用户的使用比例从 2019 年的 19.9% 下滑到 17.2%，互联网理财的发展已经从高速增长向高品质发展转变，进入存量时代。2021 年上半年互联网理财用户规模出现小幅下降，从 2020 年的 16988 万户下降至 2021 年的 16623 万户，下降 2.1%（见图 3）。这主要是由于受新冠疫情的影响，居民收入不稳定，投资意愿下降。因此，互联网理财面临着市场、监管和行业三重压力，进入了低潮期。但总的来说，随着互联网理财用户数量的增长，人们对互联网理财的认识越来越深刻，使用率的提高反映居民理财观念的不断加强。这也是互联网理财快速发展的有力证据。

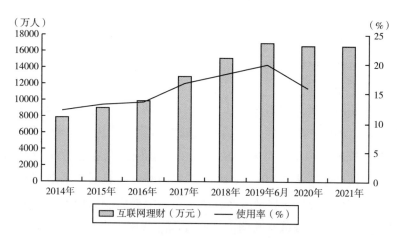

图3　互联网理财用户规模及使用率

资料来源：相关年份的《中国互联网络发展状况统计报告》。因缺乏2019年底数据，采用2019年6月的数据代替。

（4）互联网借贷。

消费金融是指金融机构通过互联网金融平台向有消费需求的消费者提供短期、无抵押的信用消费借贷，用于消费者日常生活消费。消费金融市场的机构众多，一类是以商业银行、信托公司等为主的传统金融机构，另一类是以大型电商平台为主的非传统金融机构。以大型电商平台为例，平台利用互联网技术，挖掘用户积累的交易数据，获取消费者的信息流、资金流和产品流信息，为消费者提供分期付款的小额消费贷款服务，促进居民实现跨期消费。同时利用大数据强大的信息和风险控制优势来降低整体信用风险和金融系统性风险。消费金融作为新型的金融服务工具，有助于缓解居民消费的流动性约束，实现消费效用最大化，有利于提高居民消费水平，促进经济增长。

网络借贷关注"长尾市场"的个性化需求和场景式借贷，利用数字化技术构建多机构间的信息连接，采集、整理和分析有价值的信息，并在较短时间内完成对"长尾客户"的信用评估，解决了信用信息不对称造成的信贷风险高问题。同时突破地理和时间的束缚，不仅促进了数字普惠金融的发展，还保证了商业的可持续性。

随着金融监管力度不断加大，2020年P2P网络借贷平台进入"清零模式"，全国多地全面取缔相关平台。目前，我国提供网络借贷的服务商，主要是传统商业银行以及综合性互联网金融机构。针对涉农小微企业的融资需求，除了传统金融机构专门为涉农小微企业推出的网络贷款产品之外，还有各大互联网金融机构依托数字创新科技，为涉农小微企业制定如"供应链金融"之类的新型产品。

我国互联网信贷消费主要经过三个时期：萌芽时期、高速发展时期以及强监管时期。2014～2017年，我国的互联网借贷消费快速发展，这一时期，各类消费借贷产品推出，百家齐放，不少大型科技企业也纷纷涉足信贷市场。放贷规模增速更是在2015年达到了15.783%。互联网消费信贷市场的野蛮生长，P2P平台违约数量激增，严重影响金融市场的稳定。2018年，国家推出了多项措施，规范互联网借贷，我国互联网借贷市场趋于合规。在严格的监管下，放贷规模增速开始放缓。

（二）福建省数字普惠金融发展现状

本文主要以北京大学数字金融研究中心课题组2020年发布的《北京大学数字普惠金融指数（2011—2020年）》中福建省各地级市数据为例，通过2020年福建省数字普惠金融发展的覆盖广度、覆盖深度、数字化程度三个分类层次和普惠金融总指数两个层面来分析福建省数字普惠金融发展现状。

1. 数字普惠金融发展分类指数

如图4所示，福建省数字普惠金融发展的数字化程度比较高，其次是覆盖深度，覆盖广度程度较低；从地区差距来看，福建省数字普惠金融指数地区差异较大，厦门市、泉州市等城市数字化发展水平相对较高，与三明市、南平市等城市差异较大。

随着数字化通信技术的普及推广，福建省的数字化程度较高，各城市之间差距不明显，但是覆盖深度和广度方面，不同城市间差异仍然较大，主要原因是地区经济发展水平有关，厦门市、福州市等地经济发展较好，金融和科技资源为了追求更高收益而涌向经济发展程度较高的地区。

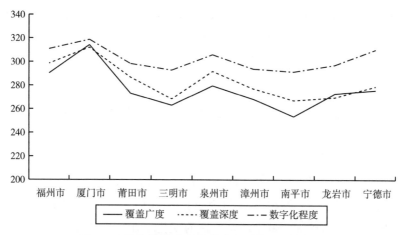

图4　2020年福建省数字普惠金融发展分类指数

资料来源：《北京大学数字普惠金融指数（2011—2020年）》。

2. 数字普惠金融发展总指数

如图5所示，从福建省数字普惠金融发展总指数可以看出：厦门市、泉州市、福州市的数字普惠金融发展水平较高，三明市、南平市等城市的数字普惠金融发展水平相对较低。由此可知，福建省各区域数字普惠金融发展水平差异较大。在沿海地区，厦门市处于领先水平，三明市、南平市数字普惠金融发展属于较低层次，说明金融资源配置不均衡。

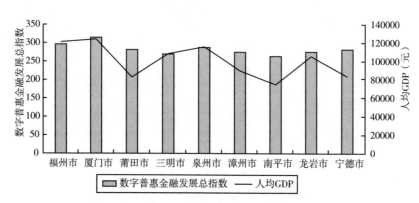

图5　2020年福建省数字普惠金融发展总指数与人均GDP对比

资料来源：《北京大学数字普惠金融指数（2011—2020年）》。

数字普惠金融发展水平较低的城市，区域金融资源较为匮乏，金融资源为了追求更高收益会选择经济基础相对良好的地区。对比数字普惠金融发展总指数与人均 GDP 可以看出，经济发展水平较高的地区数字普惠金融的发展也会更好，两者大致表现出相同的趋势，数字普惠金融与经济发展可能有相互促进、相互利好的积极作用。

（三）福建省数字普惠金融发展下的居民消费现状

1. 付款模式变化

数字化金融的出现和普及，在一定程度上影响着我们大多数居民付款方式。从图 6 可以看出，2020 年支付规模相较 2015 年已实现超越式增长，第三方支付规模不断扩大，带来消费方式的变化。在第三方支付模式发展的早期阶段，用户的消费选择以现金或信用卡为主导，而随着第三方付款技术的逐渐发展，其在消费者中所占有的比重也逐渐提高。

随着社会经济的发展，人们越来越多地选择了使用第三方支付。由于第三方支付 App 的活跃，使用第三方移动平台进行支付已经成为移动支付市场中规模最大的一环。

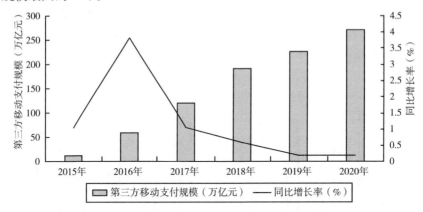

图 6　2015～2020 年第三方移动支付规模及同比增长

资料来源：国家统计局。

2. 网上购物增加

随着科技以及数字普惠金融的发展，消费者逐渐改变了消费习惯，从传统的线下购物转换为线上购物。根据国家统计局发布的数据显示，2015～2020 年我国网络购物交易规模呈现连续增长趋势，虽然 2017 年以后交易规模增长幅度逐渐减少，但增速仍然在10%以上。2020年在新冠疫情影响的背景下，网络购物的便捷性更加显现，使得我国网络购物市场规模仍然保持增长，达到了11.76万亿元，同比增长10.6%（见图7）。

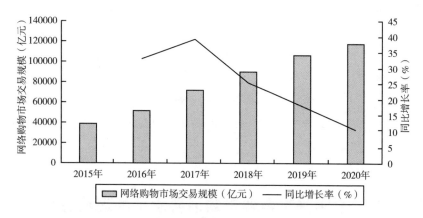

图7　2015～2020年网络购物市场交易规模及增长率

资料来源：国家统计局。

3. 消费水平提高

一般采用恩格尔系数来权衡一个国家或地区居民消费水平和消费结构的变化情况。在市场经济飞速发展的今天，经济发展和人民生活水平得到了极大的提升，同时我们的生活质量得到了进一步的提高。由图8可见，福建省2011～2019年，城镇居民恩格尔系数与农村居民恩格尔系数呈现出降低态势。

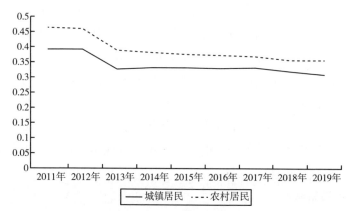

图8　2011～2019年福建省城镇居民和农村居民恩格尔系数

资料来源：福建省统计局。

第三方支付与消费金融是直接影响居民消费水平的数字普惠金融模式。第三方支付的应用，包括日常生活中的方方面面。手机扫码付款在衣食住行等生活场景的应用，大大提高了居民日常消费的便捷性，使居民日常消费更趋向品质化、高端化、娱乐化。在全球一体化的背景下，消费者的购物方式也由本土向国外拓展，为消费者提供了更多的选择。消费金融将电商平台的场景与用户进行融合，运用网络技术，在收集已有的交易资料的基础上进行分析；通过对顾客的信息流、资金流、商品流等数据的采集，可以为消费者的消费行为带来更为精确的信息，从而刺激其消费能力。因此，数字化普惠金融的持续发展对生活消费水平的影响深刻。

三、数字普惠金融影响消费水平的理论分析

（一）概念界定

1. 数字普惠金融

数字普惠金融是金融惠及民生，指依托于新科技技术，有效、全方位为社会所有阶层和群体提供服务的金融体系。到目前为止，数字金融所展示的最大优势是支持普惠金融的发展（黄益平、黄卓，2018）。数字技术为克服普惠金融的天然困难提供了一种可能的解决方案。一方面互联网平台通过建立一些诸如淘宝或者微信这样的"场景"，紧紧地黏住数千万甚至上亿的移动终端；另一方面又通过对来自社交媒体和网购平台等的大数据进行分析，并做出信用评估。数字金融就是这样在不见面的情况下降低获客与风控的成本，大大提高普惠金融发展的可行性。目前驱动金融发展的关键技术，主要包括大数据、云计算、区块链和人工智能等。关键驱动技术主要从规模、速度和准度三个维度提升数据处理能力，通过降低成本、提升风控能力和促进竞争，提升金融普惠性。

2. 居民消费水平

居民消费的两个构成部分是指居民消费水平和居民消费结构。居民消费水平是指人们生活、发展和享受生活所必须满足的程度，表现在物质产品的

数量和购买服务的质量。消费结构由生存型消费、享受型消费和发展型消费组成，反映了居民对生活品质的重视程度。在本文中，主要研究居民消费水平这一指标。

（二）消费理论

1. 绝对收入观点与持续收入观点

英国著名经济学家凯恩斯（Keynes）提出了绝对收入观点。该观点主要认为居民现期消费变动与居民现期可支配收入变动正向相关，随着居民现期可支配收入的不断增长，居民现期消费支出增加幅度会逐渐减小。另外，弗里德曼（Friedman）则提出持续收入的观点。他认为消费者的消费支出主要由持续性收入决定，而不是他的现期收入。换句话说，为了实现效用最大化，理性消费者不会根据现期的暂时性收入，而会根据持久收入即长期中能保持的收入水平，做出消费决策。持续性收入观点以长期收入来研究现期消费。

2. 流动性约束理论与预防性储蓄理论

流动性约束是指居民通过向金融机构、非金融机构、其他单位、个体发放的小额信贷实现自己的消费行为而设置的信贷限额。流动性限制说指出，当前和将来的流动性限制都会对现金支出有一定的抑制作用。如果当前有流动性约束，则会使消费者的支出程度受到制约，使其无法实现预期的支出。如果未来有流动性限制，那么消费者就会降低现金支出，把自己的财产储存起来，以预防将来发生的诸如收入短缺之类的事情。流动性约束理论认为在持久收入和生命周期假说中，消费者可以在短期内获得更少的现金，从而保持其日常支出。如果所有的客户都可以按时还款，那么借贷和存款的利息就会大致持平，并且更容易得到新的借贷。然而，目前的金融环境下，由于信贷风险高、市场流动性受限，信贷利率和存款利息难以实现真正意义上的对等。

利兰（Leland）认为，预防性储蓄的概念是：在将来的不稳定因素中，消费者会提前进行存款。这是因为未来的不确定因素，消费者会根据当前的收益而进行支出，而随着现金的下降，会提高存款，从而减少支出；与此同时，在风险增大的情况下，消费者也会更多地存钱，在短期内存得更多，将来的支出也会更多。消费存在着以下几个方面：一是由于大多数的消费者存在着避险情绪，他们的审慎心态会使他们产生更多的防范存款；二是由于金融市场的不健全，使得借贷制度和资金流动机制不健全；第三，当整个国家的经济形势不稳时，居民的所得会下降，而会使他们的现金存款进一步减少。

（三）数字普惠金融对消费水平的影响机制

现实中的收入水平、储蓄水平、经济发展水平、不同的物价水平和其他许多因素都会对消费水平产生一定的作用。因此，在探讨普惠金融对居民消费水平提升的作用时，需要探讨其作用途径与作用机理。

数字普惠金融主要从三个方面对消费水平提升和改善产生影响，如图 9 所示。

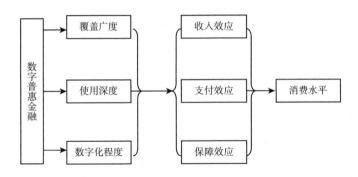

图 9　数字普惠金融影响消费水平的机制

1. 收入效应

根据收入决定理论，当前消费变化与当前可支配收入的变化呈正相关关系，而长期收入是影响居民消费的重要因素。数字普惠金融的发展对推动经济增长、产业结构改进、提高民生水平都具有重要意义。随着人民的生活水准提高，收入也随之提高，进而实现居民消费水平的提升。居民提高收入水平，我国消费结构升级，生存型消费将更多转为服务型消费，进而推动我国的消费水平。

基于以上分析，提出假设 H1：

数字普惠金融可以通过提高居民收入水平来推动居民消费水平，存在收入中介效应。

2. 支付效应

随着数码技术的普及，人们的支付方式也日益多元化，二维码支付、NFC 等技术的不断更新，为人们的支付带来了更大的方便，减少了支付费用，提高了人们支付的积极性；消费者的决定变得更为快速，推动了消费的提升。邹新月等（2020）提出，普惠金融通过收入、移动支付、消费信贷、保险等方式来推动消费。所以，普惠的数字化将会提高人们支付方式的便利程度，从而促进消费者的消费水平提高。

基于以上分析，提出假设 H2：

数字普惠金融对居民消费水平的影响可能存在支付中介效应。

3. 保障效应

根据预防存款的原理，消费者在未来的收益不确定的情况下，会降低当前的支出，增加存款，以应付将来的需要。数字普惠金融以数字金融为基础，提高产品的安全，降低潜在的危险；可以促进消费者的购物意愿，从而促进消费的发展。数字普惠金融能够起到一定的保护作用，进而提高消费者的消费能力。

基于以上分析，提出假设 H3：

数字普惠金融对居民消费水平的影响可能存在保障中介效应。

四、数字普惠金融对居民消费升级影响的实证分析

（一）数据选取与描述性统计

1. 数据选取

本文选取 2014～2020 年我国福建省 9 个地级市的面板数据，研究数字普惠金融与居民消费升级之间的联系。

（1）被解释变量。

本文的被解释变量为居民消费水平。居民消费水平（con）以居民人均消费支出表示，采用福建省各市统计年鉴中居民人均消费支出数据进行衡量。居民消费水平的口径是福建省各市城乡年末总人口的人均消费。

（2）核心解释变量。

本文的核心解释变量是数字普惠金融发展水平，使用的数据是由北京大学互联网金融研究中心编制的福建省各地级市数字普惠金融指数（$difi$），除此之外引入数字金融覆盖广度（$cover$）、数字金融使用深度（$usage$）以及普惠金融数字化程度（dig）指数作为子指数，引入计量模型并对其进行滞后一期处理。

（3）控制变量。

除了核心解释变量外，还有很多因素会影响居民消费水平，所以考虑了一些其他影响消费水平的变量，具体的控制变量如下：

城镇化水平（$urban$）：城市的城镇化发展使得农村人口的就业机会增多，所以本文用各市城镇人口占总人口的比重来代表各城市的城镇化水平。

经济发展水平（gdp）：选取福建省市级人均地区生产总值来衡量当地的经济发展水平。

就业情况（em）：失业以及非劳动力人口在一定程度上加剧了发展阻力，所以本文采用总人口与市内就业人口的比例来衡量就业情况。

传统金融发展水平（$tfin$）：数字普惠金融的发展基于当地的传统金融发展水平，本文考虑使用地区金融机构的贷款总余额与当地 GDP 比值来衡量传统金融发展水平。

交通基础设施水平（$infra$）：交通基础设施建设可以增加数字普惠金融发展覆盖广度，本文使用公路里程数与市域面积之比来衡量当地交通基础设施水平。

电信基础设施建设水平（$phone$）：电信基础设施建设为数字普惠金融发展提供了保障和基础，采用移动电话年末用户数（万数）来衡量电信基础设施水平。

2. 变量描述性统计

各变量的描述性统计分析如表 1 所示。

表 1 各变量的描述性统计

变量类型	变量名称	符号	观测值	均值	标准差	最小值	最大值
被解释变量	居民消费水平	con	63	20271.67	5447.11	12747.00	36525.54

变量类型	变量名称	符号	观测值	均值	标准差	最小值	最大值
解释变量	数字普惠金融指数	difi	63	213.841	45.414	138.570	301.466
	数字金融覆盖广度	cover	63	232.721	42.722	149.140	314.271
	数字金融使用深度	usage	63	226.413	37.324	162.09	314.037
	普惠金融数字化	dig	63	230.650	56.088	113.96	312.037
控制变量	城镇化水平	urban	63	0.635	0.103	0.521	0.894
	经济发展水平	gdp	63	68238.484	28665.503	5828.524	123962
	就业率	em	63	0.18	0.159	0.075	0.658
	传统金融发展水平	tfin	63	3.039	1.667	1.788	7.139
	交通基础设施水平	infra	63	1.026	0.346	0.575	1.647
	电信基础设施建设水平	phone	63	491.841	278.335	239	1078

被解释变量居民消费水平的均值为 20272 元，最大值与最小值分别为 36526 元和 12747 元，福建省居民消费水平整体较高，但各市级之间以及各年份之间居民消费差距较大。核心解释变量数字普惠金融指数均值为 214，标准差为 45，最大值与最小值分别为 301、139，体现出福建省各市之间数字普惠金融的发展水平参差不齐。

（二）模型设定

为了实证分析数字普惠金融对居民消费水平的影响，本文将所有变量进行对数化处理，并构建主回归模型和稳健性检验的三个回归模型：

$$lncon_{i,t} = \beta_0 + \beta_1 lndifi_{i,t-1} + \alpha_1 lnurban_{i,t} + \alpha_2 lngdp_{i,t} + \alpha_3 lnem_{i,t} + \alpha_4 lntfin_{i,t}$$
$$+ \alpha_5 lninfra_{i,t} + \alpha_6 lnphone_{i,t} + \delta_i + \theta_t + \varepsilon_{i,t} \quad (1)$$

$$lncon_{i,t} = \beta_0 + \beta_1 lncover_{i,t-1} + \alpha_1 lnurban_{i,t} + \alpha_2 lngdp_{i,t} + \alpha_3 lnem_{i,t} + \alpha_4 lntfin_{i,t}$$
$$+ \alpha_5 lninfra_{i,t} + \alpha_6 lnphone_{i,t} + \delta_i + \theta_t + c_{i,t} \quad (2)$$

$$lncon_{i,t} = \beta_0 + \beta_1 lnusage_{i,t-1} + \alpha_1 lnurban_{i,t} + \alpha_2 lngdp_{i,t} + \alpha_3 lnem_{i,t} + \alpha_4 lntfin_{i,t}$$
$$+ \alpha_5 lninfra_{i,t} + \alpha_6 lnphone_{i,t} + \delta_i + \theta_t + c_{i,t} \quad (3)$$

$$lncon_{i,t} = \beta_0 + \beta_1 lndig_{i,t-1} + \alpha_1 lnurban_{i,t} + \alpha_2 lngdp_{i,t} + \alpha_3 lnem_{i,t} + \alpha_4 lntfin_{i,t}$$
$$+ \alpha_5 lninfra_{i,t} + \alpha_6 lnphone_{i,t} + \delta_i + \theta_t + c_{i,t} \quad (4)$$

其中：i 和 t 分别表示市和年份；$con_{i,t}$ 表示被解释变量居民消费水平；$difi_{i,t-1}$ 表示滞后一期的数字普惠金融指数；$cover_{i,t-1}$ 表示滞后一期的数字金融覆盖广度；$usage_{i,t-1}$ 表示滞后一期的数字金融使用深度；$dig_{i,t-1}$ 表示滞后一期的普惠金融数字化程度；$urban_{i,t}$ 表示城镇化水平；$gdp_{i,t}$ 表示经济发展水平；$em_{i,t}$ 表示就业人口负担比；$tfin_{i,t}$ 表示传统金融发展水平；$infra_{i,t}$ 表示交通基础设施水平；$phone_{i,t}$ 表示电信基础设施建设水平；δ_i 表示市级的地区固定效应，与时间无关；θ_t 表示年份固定效应，与地区无关；$c_{i,t}$ 表示随机扰动项；β_0 表示截距项，β_1、α_1、α_2、α_3、α_4、α_5、α_6 为待估系数，本文关注 β_1 的方向，如果 β_1 大于 0，说明数字普惠金融发展对居民消费水平有正向促进作用。

（三）实证结果

1. 基于 OLS 法的基准回归

本文使用了面板混合回归和面板双向固定效应回归来进行基准回归，以探究数字普惠金融对于福建省各地级市居民消费水平的影响，回归结果如表 2 所示，同时展示了面板混合 OLS 回归的结果和面板双向固定效应 OLS 回归的结果，以方便进行对比。

表 2　　　　　　　　　　　　基准回归结果

项目	$\ln difi_{i,t-1}$	$\ln gdp_{i,t}$	$\ln urban_{i,t}$	$\ln em_{i,t}$	$\ln tfin_{i,t}$	$\ln infra_{i,t}$	$\ln phone_{i,t}$	c
混合 OLS	0. 534 *** (0. 048)	− 0. 041 *** (0. 008)	0. 575 *** (0. 178)	0. 105 ** (0. 044)	0. 023 (0. 022)	0. 082 *** (0. 026)	0. 063 *** (0. 012)	7. 560 *** (0. 236)
双向固定效应 OLS	0. 256 *** (0. 089)	0. 100 ** (0. 049)	0. 048 (0. 101)	0. 060 *** (0. 021)	0. 005 (0. 029)	0. 194 * (0. 112)	0. 008 (0. 033)	7. 519 *** (0. 718)

注：括号内数据为 t 值，*、**、*** 分别代表在 10%、5%、1% 水平上显著。

面板混合 OLS 法和面板双向固定效应 OLS 法的结果都表明，数字普惠金融发展水平对福建省各地级市居民消费水平的影响显著，且在 1% 的显著性水平上显著为正。为了缓解模型中缺失控制变量引起的内生性问题，同时控制个体和时间效应，面板双向固定效应 OLS 法通常优于面板混合 OLS。通过豪斯曼检验，发现拒绝原假设，应该选择双向固定效应面板回归模型。

分析双向固定效应面板模型的回归结果，可以看出，核心解释变量数字普惠金融水平对福建省各地级市居民消费水平的影响在 1% 的显著性水平上显著，系数的值为 0.256。说明其他条件不变的情况下，每增加 1 单位的 difi 指数，福建省各地级市居民消费水平平均而言会增加 25.6%，说明数字普惠金融的提高有利于提高居民的消费水平，促进居民消费升级。控制变量的回归结果显示，GDP 的影响系数为 0.100，在 1% 的显著性水平上显著，表明经济发展水平每增加 1 个单位，其他条件不变的情况下，福建省各地级市居民消费水平平均而言会增加 10%，说明 GDP 的提高会促进福建省各地级市居民消费水平的提高。就业人口负担比的影响系数为 0.060，在 1% 的显著性水平上显著，表明就业率的提高也对福建省各地级市居民消费水平有显著的正向促进作用。交通基础设施水平的影响系数为 0.194，但只在 10% 的显著性水平上显著；城镇化水平、传统金融发展水平、电信基础设施建设水平对福建省各地级市居民消费水平没有显著影响。

2. 稳健性检验

为了确保基准模型回归结果的可靠性，进一步通过使用替换核心变量的方法进行回归分析，在稳健性检验中，本文以数字普惠金融总指数的三个子指数来轮流替代总指数进行回归，分别是覆盖广度（*cover*）、使用深度（*usage*）和数字化程度（*dig*），回归结果如表 3 所示。

表 3　　　　　　　　　　　　基于子指数的回归结果

项目	$lncover_{i,t-1}$	$lngdp_{i,t}$	$lnurban_{i,t}$	$lnem_{i,t}$	$lntfin_{i,t}$	$lninfra_{i,t}$	$lnphone_{i,t}$	c
覆盖广度双向固定效应 OLS	0.257 ** (0.110)	0.093 * (0.051)	0.118 (0.095)	0.067 *** (0.023)	0.009 (0.030)	0.248 ** (0.117)	0.012 (0.035)	7.586 *** (0.768)
项目	$lnusage_{i,t-1}$	$lngdp_{i,t}$	$lnurban_{i,t}$	$lnem_{i,t}$	$lntfin_{i,t}$	$lninfra_{i,t}$	$lnphone_{i,t}$	c
使用深度双向固定效应 OLS	0.263 ** (0.129)	0.112 ** (0.051)	0.026 (0.127)	0.056 ** (0.022)	−0.015 (0.029)	0.200 * (0.117)	0.027 (0.033)	7.213 *** (0.942)
项目	$lndig_{i,t-1}$	$lngdp_{i,t}$	$lnurban_{i,t}$	$lnem_{i,t}$	$lntfin_{i,t}$	$lninfra_{i,t}$	$lnphone_{i,t}$	c
数字化程度双向固定效应 OLS	0.074 (0.053)	0.105 * (0.052)	0.194 ** (0.089)	0.054 ** (0.022)	−0.003 (0.031)	0.109 (0.120)	0.024 (0.036)	8.394 *** (0.668)

注：括号内数据为 t 值，*、**、*** 分别代表在 10%、5%、1% 水平上显著。

从表 3 可以看出，数字普惠金融覆盖广度的影响系数为 0.257，在 5% 的显著性水平上显著，说明数字普惠金融覆盖广度、普及程度对福建省各地级市居民消费水平有显著的正向影响，数字普惠金融覆盖广度指数每增加 1 单位，在其他条件不变的情况下，福建省各地级市居民消费水平平均而言会增加 25.7%，系数数值接近基准回归的数值。数字普惠金融使用深度的影响系数为 0.263，在 5% 的显著性水平上显著，说明数字普惠金融使用深度对福建省各地级市居民消费水平有显著的正向影响，数字普惠金融覆盖使用深度指数每增加 1 单位，在其他条件不变的情况下，福建省各地级市居民消费水平平均而言会增加 26.3%，系数数值也接近基准回归的数值。数字普惠金融数字化程度的影响系数为 0.074，但回归结果表明系数不显著。

在 5% 显著性水平上，数字普惠金融的覆盖面和深度对福建省各地级市居民消费水平有显著正向影响。随着数字普惠金融覆盖范围的扩大和居民使用数字普惠金融的程度加深，居民的消费方式变得更加便捷和智能化，而且数字普惠金融所带来的金融投资、保险服务等也带动了相关领域的发展，有利于促进居民消费的支出和升级，且不受到时间和地域的限制。然而数字普惠金融的数字化程度对福建省居民消费的影响不显著，这可能是因为智能化移动化的设备和工具已经比较普及，数字普惠金融依托着数字化程度已经很高的互联网平台和智能化设备，其数字化程度的进一步提高对消费的边际影响可能比较弱。

稳健性检验的回归结果表明，数字普惠金融总体上有利于促进福建省各地级市居民消费水平的提高，且影响系数的数值与基准回归的结果很接近，且控制变量的符号、数字以及显著性情况也与基准回归基本一致，这验证基准回归的结论，说明结论是稳健的。

五、数字普惠金融促进居民消费升级的中介效应分析

（一）收入中介效应模型设定

居民消费水平以收入水平作为上限，所以我们将考虑收入水平，探究其

是否在居民消费水平与数字普惠金融之间存在中介效应。本文以前面的实证分析结果为基础，构建中介效应模型，检验居民消费收入的影响机制。回归方程如下所示：

$$\ln con_{i,t} = \beta_0 + \beta_1 \ln difi_{i,t-1} + \alpha_1 \ln urban_{i,t} + \alpha_2 \ln gdp_{i,t} + \alpha_3 \ln em_{i,t} + \alpha_4 \ln tfin_{i,t}$$
$$+ \alpha_5 \ln infra_{i,t} + \alpha_6 \ln phone_{i,t} + \delta_i + \theta_t + c_{i,t} \tag{5}$$

$$income_{i,t} = \gamma_0 + \gamma_1 \ln difi_{i,t-1} + \alpha_1 \ln urban_{i,t} + \alpha_2 \ln gdp_{i,t} + \alpha_3 \ln em_{i,t} + \alpha_4 \ln tfin_{i,t}$$
$$+ \alpha_5 \ln infra_{i,t} + \alpha_6 \ln phone_{i,t} + \delta_i + \theta_t + \epsilon_{i,t} \tag{6}$$

$$\ln con_{i,t} = \tau_0 + \tau_1 \ln difi_{i,t-1} + \pi\, income_{i,t} + \alpha_1 \ln urban_{i,t} + \alpha_2 \ln gdp_{i,t} + \alpha_3 \ln em_{i,t}$$
$$+ \alpha_4 \ln tfin_{i,t} + \alpha_5 \ln infra_{i,t} + \alpha_6 \ln phone_{i,t} + \delta_i + \theta_t + \sigma_{i,t} \tag{7}$$

式（5）～式（7）中：$income_{i,t}$ 为中介变量，表示收入水平，用居民可支配收入来衡量；π 为中介变量系数；β_0、γ_0、τ_0 为常数项，β_1、γ_1、τ_1 为解释变量系数，$\epsilon_{i,t}$、$\sigma_{i,t}$ 为扰动项，其他变量均与前面一致。

检验中介效应时，首先，检验模型（5）中的 β_1 是否显著，若 $\beta_1 > 0$ 且显著，则通过第一步检验。然后，通过验证模型（6）中 γ_1 和模型（7）中 π 的显著性来判断中介效应是否显著。当 β_1、γ_1、τ_1、π 显著不为零时，说明存在部分中介效应。当上述条件中仅有 τ_1 不显著时，表示存在完全中介效应。

（二）数字普惠金融的其他中介效应

在收入中介效应模型的基础上，本文构建收入既定时的其他中介效应模型，具体回归方程如下：

$$\ln con_{i,t} = \beta_0 + \beta_1 \ln difi_{i,t-1} + \alpha_1 \ln urban_{i,t} + \alpha_2 \ln gdp_{i,t} + \alpha_3 \ln em_{i,t} + \alpha_4 \ln tfin_{i,t}$$
$$+ \alpha_5 \ln infra_{i,t} + \alpha_6 \ln phone_{i,t} + \delta_i + \theta_t + c_{i,t} \tag{8}$$

$$M_{i,t} = \gamma_0 + \gamma_1 \ln difi_{i,t-1} + \alpha_1 \ln urban_{i,t} + \alpha_2 \ln gdp_{i,t} + \alpha_3 \ln em_{i,t} + \alpha_4 \ln tfin_{i,t}$$
$$+ \alpha_5 \ln infra_{i,t} + \alpha_6 \ln phone_{i,t} + \delta_i + \theta_t + \epsilon_{i,t} \tag{9}$$

$$\ln con_{i,t} = \tau_0 + \tau_1 \ln difi_{i,t-1} + \pi\, M_{i,t} + \alpha_1 \ln urban_{i,t} + \alpha_2 \ln gdp_{i,t} + \alpha_3 \ln em_{i,t}$$
$$+ \alpha_4 \ln tfin_{i,t} + \alpha_5 \ln infra_{i,t} + \alpha_6 \ln phone_{i,t} + \delta_i + \theta_t + \sigma_{i,t} \tag{10}$$

式（8）～式（10）中，$M_{i,t}$ 为中介变量，包括支付便利性（$pay_{i,t}$）和数字化保障（$guarantee_{i,t}$）这两个指标，将当期收入水平加入控制变量。其余变量与前面一致。本文采用北京大学数字普惠金融指数中的支付业务指标来表示支付技术的便利性（$pay_{i,t}$）。同时，使用数字普惠金融指数中的保险业务指标来代表数字化保障（$guarantee_{i,t}$）

（三）中介效应回归结果分析

数字普惠金融对福建省各地级市居民消费升级的中介效应检验结果如表 4 所示。收入中介效应的检验回归结果显示：模型（5）的系数β_1均在 1% 的显著性水平上显著为正，模型（6）的γ_1在 1% 的显著性水平上显著为正，模型（7）的系数τ_1、π在 1% 的显著性水平上显著为正，β_1、γ_1、τ_1、π 的数值分别为 0.256、0.582、0.161、0.950，说明福建省各地级市居民收入水平在数字普惠金融对其居民消费升级的影响中存在部分的中介效应。另外，当收入水平固定时，数字普惠金融对福建省各地级市居民消费升级的支付中介效应与保障中介效应均不显著。综上所述，假设 H1 得证，假设 H2、假设 H3 不成立。

表 4　　　　　　　　　　中介效应模型的回归结果

变量	收入中介效应			支付中介效应			保障中介效应		
	$\ln con_{i,t}$	$income_{i,t}$	$\ln con_{i,t}$	$\ln con_{i,t}$	$\ln pay_{i,t}$	$\ln con_{i,t}$	$\ln con_{i,t}$	$\ln gua_{i,t}$	$\ln con_{i,t}$
$\ln difi_{i,t-1}$	0.256 ***	0.582 ***	0.161 ***	0.256 ***	0.598 ***	0.142 **	0.256 ***	0.805 *	0.173 ***
	(0.089)	(0.055)	(0.053)	(0.089)	(0.196)	(0.059)	(0.089)	(0.476)	(0.055)
$\ln gdp_{i,t}$	0.100 **	−0.009	0.037	0.100 **	0.011	0.037	0.100 **	0.170	0.039
	(0.049)	(0.009)	(0.029)	(0.049)	(0.108)	(0.030)	(0.049)	(0.264)	(0.030)
$\ln urban_{i,t}$	0.048	0.501 **	0.095	0.048	0.672 ***	0.074	0.048	−0.543	0.087
	(0.101)	(0.204)	(0.059)	(0.101)	(0.218)	(0.066)	(0.101)	(0.531)	(0.060)
$\ln em_{i,t}$	0.060 ***	0.086 *	0.024 *	0.060 ***	−0.052	0.025 *	0.060 ***	−0.193	0.021
	(0.021)	(0.051)	(0.013)	(0.021)	(0.047)	(0.013)	(0.021)	(0.115)	(0.013)
$\ln tfin_{i,t}$	0.005	−0.082 ***	−0.043 **	0.005	0.024	−0.044 **	0.005	−0.350 **	−0.048 **
	(0.029)	(0.025)	(0.017)	(0.029)	(0.064)	(0.018)	(0.029)	(0.157)	(0.019)
$\ln infra_{i,t}$	0.194 *	0.033	0.053	0.194 *	−0.716 ***	0.076	0.194 *	0.329	0.057
	(0.112)	(0.029)	(0.067)	(0.112)	(0.247)	(0.074)	(0.112)	(0.602)	(0.068)
$\ln phone_{i,t}$	0.008	0.089 ***	0.002	0.008	−0.138 *	0.006	0.008	0.374 **	0.007
	(0.033)	(0.014)	(0.019)	(0.033)	(0.071)	(0.020)	(0.033)	(0.174)	(0.021)

续表

变量	收入中介效应			支付中介效应			保障中介效应		
	$lncon_{i,t}$	$income_{i,t}$	$lncon_{i,t}$	$lncon_{i,t}$	$lnpay_{i,t}$	$lncon_{i,t}$	$lncon_{i,t}$	$lngua_{i,t}$	$lncon_{i,t}$
$income_{i,t}$			0.950 ***		0.235	0.942 ***		-0.016	0.949 ***
			(0.105)		(0.388)	(0.106)		(0.946)	(0.106)
$lnpay_{i,t}$					0.032				
					(0.043)				
$lngua_{i,t}$									-0.014
									(0.018)
_cons	7.519 ***	7.414 ***	-1.209	7.519 ***	0.820	-1.235	7.519 ***	-2.467	-1.244
	(0.718)	(0.270)	(1.053)	(0.718)	(3.888)	(1.060)	(0.718)	(9.464)	(1.059)

注：括号内数据为 t 值，*、**、*** 分别代表在 10%、5%、1% 水平上显著。

究其原因，居民的消费是由居民的当期收入以及对未来可支配收入的预期决定的，且消费支出主要由长期收入决定。福建省数字普惠金融的发展一定程度上会带动各个相关产业的发展，有利于经济增长，提高居民的普遍收入水平。居民们的收入和收入预期提高后，便会增加消费支出，实现消费水平提高。因此存在收入中介效应。当收入水平既定时，数字普惠金融对福建省各地级市居民消费水平的影响不存在支付中介效应和保障中介效应，可能是因为福建省的数字普惠金融保障手段、支付服务还没有被完全地广泛使用，普惠程度还不够高，渗透率还有待进一步提升。普通民众的普遍知识教育水平还不够高，金融素养普遍不高，导致数字普惠金融的保障手段、数字化支付服务的门槛显得较高。

六、结论和建议

（一）结论

基于 2014～2020 年福建省 9 个地级市的面板数据，本文研究了福建省数字普惠金融发展水平对居民消费水平的影响效应。通过回归分析得出以下结论：双向固定效应面板模型的回归结果显示，福建省各地级市数字普惠金融发展水平的提高，可以显著促进各地级市居民消费水平的升级，其他条件不变的情况下，每增加 1 单位的数字普惠金融（*difi*）指数，福建省各地级市居民消费水平平均而言会增加 25.6% 。且将数字普惠金融指数替换为覆盖广度（*cover*）、使用深度（*usage*）和数字化程度（*dig*）指数后，核心解释变量系数的数值接近基准回归的数值，基本结论依旧不变，说明了结论的稳健性。数字普惠金融覆盖广度、普及程度对福建省各地级市居民消费水平有显著的正向影响，但数字普惠金融数字化程度的影响效应不显著。

本文还通过引入中介效应模型，探究福建省各地级市数字普惠金融发展水平对居民消费水平可能的影响路径，发现数字普惠金融发展水平可通过促进居民可支配收入提高的路径提升整体的消费水平，即存在部分的收入中介效应。另外，在收入保持一致的情况下，还探究了可能的支付中介效应和保障中介效应，但实证结果并不显著。

（二）建议

根据上述的分析结果，本文给出以下建议。

第一，应当促进传统金融机构的数字化转型和发展，以提高数字普惠金融的覆盖广度和深度。金融机构需要不断推出创新的金融服务产品，匹配不同的社会阶层，在保证品质的前提下提供更加灵活的金融产品；并且金融机构需要通过增设线下网点的数量来扩大其服务范围，进一步通过完善存取款等日常金融服务来提高普惠性；除此之外，互联网消费信贷方面的持续发展也有助于推进银行业的数字转型升级。

第二，根据区域特点，采用因地制宜的发展战略。福建省的数字普惠金融指数排名位于全国前列，体现了其经济金融活力，所以对于福建省，需要把重心转移到提高金融服务的渗透性上来，确保福建省的弱势群体也能够享受优质的金融服务，同时注意保护好消费者的权益。

第三，从需求端入手，加大对数字普惠金融的宣传力度。我国居民的金融素养参差不齐，为了最大限度地发挥数字普惠金融对消费提升的促进作用，一方面需要充分利用互联网、新媒体等渠道来宣传基础金融知识，帮助消费者了解数字金融产品的概念，明确其优势与风险，鼓励大众尝试数字化金融业务；另一方面，当地的传统金融机构需协同地方政府组建专业的业务团队，从而发挥专业人才的作用，提高当地居民的金融素养，缩小

"数字鸿沟"。

第四，要警惕数字普惠金融带来的隐含风险，加强对相关隐含风险的监管。发展创新的金融产品必然面临着新的风险，可能会给消费者带来不必要的经济损失，所以为了确保数字普惠金融能够健康发展，需要监管部门制定更为有效的法律条例，细化相关的监管准则，严格履行市场准入制度，从源头控制相关风险；对于数字普惠金融的信息安全工作需要落实到位，拓宽信息的共享渠道，致力于解决信息不对称的问题，使得金融机构更加精确地获得客户的信用情况，同时金融机构需要做到信息公开，准确披露金融产品的相关信息；法律制度需要统管全局，查处存在金融欺诈、违法转售等行为的机构，保证维权渠道通畅，从而保障消费者的合法权益。

参考文献

[1] 陈银娥，孙琼，徐文赟. 中国普惠金融发展的分布动态与空间趋同研究 [J]. 金融经济学研究，2015，30 (6)：72 – 81.

[2] 董云飞，李倩，张璞. 我国普惠金融发展对农村居民消费升级的影响分析 [J]. 商业经济研究，2019 (20)：135 – 139.

[3] 福建银监局普惠金融课题组，陈树福. 普惠金融评估指数构建及其监管应用研究 [J]. 金融监管研究，2016 (12)：22 – 33.

[4] 何宗樾，宋旭光. 数字金融发展如何影响居民消费 [J]. 财贸经济，2020，41 (8)：65 – 79.

[5] 黄益平，黄卓. 中国的数字金融发展：现在与未来 [J]. 经济学（季刊），2018，17 (4)：1489 – 1502.

[6] 焦瑾璞，王瑱. 中国普惠金融十年再发展 [J]. 中国银行业，2015 (9)：22 – 25.

[7] 李毅，杨蓬勃. 普惠金融视角下的农资消费信贷行为和违约风险 [J]. 开发研究，2017 (2)：150 – 155.

[8] 陆凤芝，黄永兴，徐鹏. 中国普惠金融的省域差异及影响因素 [J]. 金融经济学研究，2017，32 (1)：111 – 120.

[9] 吴晓求. 互联网金融：成长的逻辑 [J]. 财贸经济，2015 (2)：5 – 15.

[10] 谢家智，吴静茹. 数字金融、信贷约束与家庭消费 [J]. 中南大学学报（社会科学版），2020，26 (2)：9 – 20.

[11] 郑海勇. 数字普惠金融发展对消费的刺激效应——基于非线性影响检验 [J].

商业经济研究, 2020 (17): 41 - 45.

[12] 中国普惠金融十年再发展 [C] //IMI 研究动态 (2015 年合辑), 2015: 1455 - 1459.

[13] 中国人民银行武汉分行金融研究处课题组, 邓亚平. 信度加权普惠金融发展指数: 编制、评价及运用——来自湖北的案例 [J]. 武汉金融, 2018 (4): 17 - 23.

[14] 邹新月, 王旺. 数字普惠金融对居民消费的影响研究——基于空间计量模型的实证分析 [J]. 金融经济学研究, 2020, 35 (4): 133 - 145.

[15] Gupte R, Venkataramani B, Gupta D. Computation of financial inclusion index for India [J]. Procedia Social & Behavioral Sciences, 2012 (1): 133 - 149.

[16] Sarma M. Index of financial inclusion [R]. Indian Council for Research on International Economic Relations, Working Paper No. 215, 2008.

专题四 福建省国家数字经济创新试验区建设研究

　　福建是贯彻落实习近平总书记关于信息化建设重要理念和重要思想的先行省份，数字福建是数字中国建设的重要思想源头和实践起点。习近平总书记 2000 年在福建工作时就高瞻远瞩地做出了建设数字福建的重大战略决策。2019 年 10 月，国家数字经济创新发展试验区启动会议发布了《国家数字经济创新发展试验区实施方案》，并向福建省、浙江省、河北省（雄安新区）、广东省、重庆市、四川省等 6 个"国家数字经济创新发展试验区"授牌，正式启动国家数字经济创新发展试验区创建工作。选择数字化转型走在前列、代表性引领性较强的浙江省、福建省等建设国家数字经济创新发展试验区，是以习近平同志为核心的党中央对数字经济发展的战略部署，也是以习近平同志为核心的党中央赋予福建省的重大责任和历史使命。2021 年 3 月，福建省人民政府印发《国家数字经济创新发展试验区（福建）工作方案》的通知，意味着福建省国家数字经济创新发展试验区建设迈出新的一步。在此背景下，从福建省经济发展及科技资源的现状条件出发，充分发挥福建省在体制机制和政策方面的先行优势，积极展开数字基础设施建设、丰富数字技术应用、发挥政策协调、完善人才培养等工作，全方位支持并推动数字经济创新发展试验区建设，成为当务之急。本文尝试围绕贯彻落实国家数字经济创新发展试验区创建工作，在《国家数字经济创新发展试验区（福建）工作方案》的基础上，探讨如何进一步加快推进福建省国家数字经济创新发展试验区建设。

一、福建省数字经济发展现状及问题

2000 年，习近平同志在福建工作时率先提出建设"数字福建"，开启了福建省的数字化转型。如今，"数字福建"已融入经济、政治、文化、社会、生态等各个方面，有力推动了福建省经济发展。2021 年，福建省数字经济增加值超 2.3 万亿元，占地区生产总值比重达 47%[①]，彰显了福建省数字经济的活力与潜力。为更好地了解福建省数字经济发展现状，本文将从以下几个方面进行阐述。

（一）数字技术基础条件

5G 是实现人机物互联的网络基础设施，同时也是数字经济发展的重要基础设施，其为数字经济发展提供了重要支撑。截至 2020 年底，福建省累计建成 5G 基站 2.2 万个，实现了县级以上区域和重点乡镇 5G 覆盖，福州、厦门、泉州主城区率先实现连续覆盖[②]。数据中心是 5G、云计算、人工智能等新一代信息通信技术的重要载体，对数字经济发展具有重要的战略意义。随着 5G、物联网、区块链等数字技术的应用和推广，数据将迎来井喷式增长，因此建设数据中心的重要性不言而喻。据《福建省信息通信业"十四五"发展规划》可知，"十三五"期间，福建省累计建成互联网数据中心机架 4.2 万个，规模适度超前。与此同时，福建省建成 IPv6 网络"高速公路"，全面完成网络基础设施 IPv6 升级改造，基本完成应用基础设施 IPv6 升级改造。IPv6 的使用不仅解决了网络地址资源数量的问题，同时也解决了多种接入设备连入互联网的障碍，更重要的是其提高了安全性。

---

① 言实平. 打造数字经济发展的新高地［EB/OL］.（2022 – 05 – 13）［2022 – 07 – 03］. http://www.fujian.gov.cn/zwgk/ztzl/11ddh/fxpl/202205/t20220513_5910447.htm.

② 福建省信息通信业"十四五"发展规划［EB/OL］.（2021 – 11 – 16）［2022 – 07 – 03］. https://fjca.miit.gov.cn/zwgk/xxtxfz/art/2021/art_7a8f8e99892841fcb520487f819e9c5c.html.

（二）数字技术创新现状

随着互联网的快速发展，大数据已成为当今人们生产生活中不可或缺的一部分。福建省大数据公司是全国率先成立的省级国有全资大数据企业，旨在探索出一条从数据汇聚到数据治理，再到数据开放开发的成熟路径，并率先在全国打造出一批有影响力的数据开发利用示范应用。数字福建云计算中心的飞速发展，正是数字福建建设成就的一个缩影。此前，工信部发布了《国家新型数据中心典型案例名单（2021年)》，数字福建云计算数据中心成功入选。云计算的发展可有效支撑福建省数字化转型，为福建省数字经济发展注入新动能。此外，福建省高度重视区块链技术发展，BSN福建省区块链主干网是全国首个省级BSN主干网，在节点数量、上链应用数、举办区块链会议场数、服务上链用链企业数等方面，均位列全国首位①。

由数字技术派生出来的数字孪生技术，将物理世界的动态，通过传感器精准、实时地反馈到数字世界，从根本上改变了科学研究、生产制造的范式，极大提高了企业创新创造能力。当前，位于福州的海盛磐基科学城正在加速崛起，其已与多家高校、科研机构展开深度合作，数字孪生应用研究院、福建省科技创新产业研究院闽侯分院等已落户该园区，构筑了政产学研用新高地。

（三）数字产业化与产业数字化发展现状

1. 数字产业化

"十三五"期间，福建省移动物联网终端连接数达3574万个，物联网产业呈现出快速发展的态势。2020年，福建物联网产业产值约650亿元②。作为全国第四个、福建唯一的国家级物联网产业示范基地，福州马尾是福建

---

① 游笑春.福建BSN主干网建设成果全国领先［EB/OL］.（2021-12-20）［2022-07-04］.https：//baijiahao.baidu.com/s? id =1719680292956761512&wfr = spider&for = pc.

② 福州物联网开放实验室：聚焦万物互联 助力数字福建［EB/OL］.（2022-01-04）［2022-07-04］.https：//swt.fujian.gov.cn/xxgk/jgzn/jgcs/zmsyqzcyjs/zmzcc_gzdt/202201/t20220106_5808691.htm.

省物联网产业最具竞争力的发展高地。2017 年，福州物联网开放实验室落户于此，其面向物联网产业，开展测试认证、标准测定与推行、一站式技术服务、培训与孵化服务等工作，将共性技术与知识广泛赋能物联网企业。

截至 2021 年 1 月，福建省共有区块链注册企业近 5500 家①。与此同时，海峡区块链产业生态公共服务平台正式启动建设，该平台立足福建省区块链产业建设基础，拟提供一体化产业生态服务，旨在为区块链企业提供一个开放、共生、创新的发展环境。

近年来，福建省高度重视人工智能产业发展，加快布局打造人工智能产业集群。福州软件园、厦门软件园、福州高新区等已成为人工智能产业集聚发展的重点区域，同时，福州、泉州、漳州等地相继建设人工智能产业园区。人工智能产业园区的建设有利于促进企业交流，系统推进人工智能产业链整合，进一步推动福建省人工智能产业发展。

2. 产业数字化

（1）数字农业。数字农业指的是大数据、物联网、人工智能等数字技术与传统农业的深度融合。近年来，福建省着力推动数字农业"四个一"建设，即建设"一工程"、打造"一朵云"、创建"一批园"、培育"一批人"，至此，福建省数字农业发展驶入快车道。截至 2020 年 11 月，福建省已建设省级现代农业智慧园 50 个、农业物联网应用基地 700 个，辐射带动各类新型农业经营主体 1000 多家开展农业信息化改造提升②。此外，福建省通过多举措促进农村电商发展，并取得一定成效，2021 年福建全省农村网络零售额达 3259 亿元，全国排名第三③。

（2）智能制造。"十三五"以来，福建省通过大力发展数字经济，深化新一代信息技术创新应用，有力推动制造业数字化、网络化、智能化转型升级，全省通过国家两化融合管理体系贯标的企业数 2000 多家，居全国第 2

---

① 游笑春．福建区块链注册企业超 5000 家［EB/OL］．（2021 – 01 – 07）［2022 – 07 – 04］．ht-tp：//fujian. gov. cn/xwdt/fjw/202101/t20210117_5518343. htm.

② 农民日报．福建数字农业发展驶入快车道［EB/OL］．（2020 – 11 – 12）［2022 – 07 – 04］．http：//nynct. fujian. gov. cn/xxgk/gzdt/xxkd/202011/t20201112_5432996. htm.

③ 朱丽萍．2021 年福建农村网络零售额全国排名第三［EB/OL］．（2022 – 02 – 19）［2022 – 07 – 04］．https：//baijiahao. baidu. com/s? id = 1725152944319489618&wfr = spider&for = pc.

位，上云企业数超过 4.7 万家①。工业互联网是智能制造的关键综合基础设施，随着数字经济和数字技术的发展，工业互联网的应用场景不断拓展。其中，九牧通过行业首创 C2F 智慧制造，从设计、技术、品质、收款、交期，实现物联数字化，用户数据直达工厂、直达供应链，实现了"1 小时设计好，24 小时制造好"的极致效率提升；由中核集团与中国移动合作，在福清市开展的 5G + 核电建设项目中，通过 5G 专网 + AR 等技术，解决了技术专家无法到项目现场等问题，有力推动了专家资源共享和辅助装配效率的提升。

（3）智能化服务业。在数字经济快速发展的背景下，文化产业正迈向"数智技术驱动产业进化"的新阶段。2022 年 5 月，以福建省文博文旅为主题的数字创新平台"元屿"正式上线。该平台通过"元宇宙"概念，发展数字化文化消费新场景，构建数字文化新生态，助力福建省文博文旅产业转型升级。此外，由福建省旅游发展集团开发及运营的"一部手机全福游"App，为游客带来了全新的智慧文旅体验。该 App 依托大数据、互联网、人工智能等数字技术，整合福建省内优质的文旅资源、建设省内统一的景区分时预约管理系统、承接省内城市站点的开发运营，深化了"互联网 + 旅游"新业态的发展。

（4）智慧城市。近年来，福州秉持"数字福建"建设理念，以智慧城市建设为着力点构建现代化治理方式，不断提升城市管理科学化、智能化水平。福州通过全国首个城市级水系科学调度系统，实现了智慧水系治理，依托该系统，可对福州城区 1000 多个库、湖、池、河、闸、站实现智慧、精准管控。"e 福州"App 作为福州市统一移动互联网入口，采用大数据、互联网、人工智能等数字技术，打造了乘车出行、看病就医、政务服务、教育缴费等九大应用场景，是福州在智慧城市建设方面最具代表性成果之一。此外，福州将通过 5G + 智慧城市数字运营项目建设智慧城市平台，围绕产业发展、城市管理两条链，建设智慧社区、智慧停车、智慧灯杆、智慧工地等多个应用场景。

作为全国首个信息共享无障碍城市，厦门以数据汇聚、数据共享为核心

---

① 融合发展，向现代化数字强省进发 [EB/OL]. (2021 – 12 – 03) [2022 – 07 – 04]. https：// gxt. fujian. cn/xw/jxyw/202112/t20211203_5786866. htm.

推动智慧城市的建设与发展。为实现政务数据的汇集，厦门搭建了跨部门、跨层级的政务信息共享协同平台，"i 厦门"平台是智慧便民服务的重要载体，整合了医社保、交通、医疗、公共事业缴费等功能，构建了政务服务、生活服务和住区服务相结合的智慧城市体系。

（5）智慧海洋。福建省地处东南沿海，海洋经济是福建经济的重要组成部分。2022 年 6 月，福建在宁德成功落地全国首个 5G 智慧海洋精品网络样板点，实现 50 公里海域 5G 全覆盖，并形成了基线化的 5G 智慧海洋解决方案，为沿海智慧渔村建设、捕鱼养殖作业、渔民村民数字化生活提供了有力的网络保障。此外，福建省已成立智慧海洋平台，该平台依托"数字福建"卫星通信与海洋监测物联网实验室、集美大学 – 南威智慧海洋研究院、智慧海洋工程技术研究中心，构筑了产研学体系，致力于推动福建省智慧海洋建设。

（四）数字经济发展相关政策及体制机制现状

当前，为统筹推进福建省数字经济建设，福建省已相继出台《福建省"十四五"数字福建专项规划的通知》《福建省做大做强做优数字经济行动计划（2022—2025 年)》等政策，为福建省数字经济的发展制定了总体行动方案。同时，也出台了《福建省加快 5G 产业发展实施意见》《加快全省工业数字经济创新发展的意见》《关于深化"互联网＋先进制造业"发展工业互联网的实施意见》《关于加快线上经济发展的若干措施》《福建省促进电竞产业发展行动方案（2021—2023 年)》等政策文件，为福建省具体产业的发展提供了行动规划，以增强产业竞争优势。从以上政策来看，福建省数字经济政策部署，不仅包括总体布局，也涵盖专项政策，呈现出省级政策部署全面的特点。

为深入实施数字经济企业培优扶强专项行动，福建省每年度都会公开征集遴选一批数字经济核心产业领域"独角兽""未来独角兽""瞪羚"创新企业清单，并在政府扶持、要素保障、跟踪服务等方面对入选企业给予支持。这不仅可以让优质数字经济企业得到政府的支持与帮助，还可以对相关企业起到激励作用，令其深耕于数字经济核心产业领域。与此同时，为推动数字技术与各产业深度融合、在各领域广泛应用，福建省每年度都会举行数字技术创新应用场景征集遴选活动，并对入选应用场景建设典型案例以及优秀数字技术、产品和解决方案进行宣传报道，促进项目、场景、技术有效对接落地。无论是数字经济企业还是创新应用场景建设，福建省都给予了充分的关注与支持，亦激励了市场主体的创新创造精神。

（五）福建省国家数字经济创新发展试验区建设进展

为加快建设国家数字经济创新发展试验区，2021 年 3 月，福建省正式发布《国家数字经济创新发展试验区（福建）工作方案》。该方案围绕数字产业化、产业数字化、数据资源开发利用、"数字丝路"、数字新基建五个方面，提出了重点建设任务。

在数字产业化方面，福建省已设立福建数字经济产业研究院、数字福建大数据研究院等高水平创新平台，构筑了产、学、研新高地。为加快培育未来领军型创新企业，福建省现已公开征集遴选数字经济领域创新企业名单，在 2021 年公示的名单中，共 295 家企业在列，这些企业总体呈现发展速度快、科技含量高等特点。此外，福建省通过公开征集遴选数字技术创新应用场景，将符合条件的纳入省级数字应用场景滚动推进项目库进行跟踪管理，从而充实了省级数字应用场景滚动推进项目库。

在数据资源开发利用方面，福建省现已建成省市两级"1 + 10"公共数据汇聚共享平台，汇聚了 500 多亿条有效数据记录，构建了全省统一汇聚、按需共享的数据模式①。

作为"21 世纪海上丝绸之路"核心区、国家数字经济创新发展试验区，福建省当前正着力建设"数字丝路"。"丝路海运"是共商港航合作的平台，截至 2022 年 5 月，"丝路海运"联盟成员单位已增至 259 家。福建省现已启动建设"丝路海运"信息化平台，力争通过汇聚关、港、航、贸等多维度数据资源，优化航运物流要素配置，提升航运物流效率。

在数字新基建方面，《国家数字经济创新发展试验区（福建）实施方案》明确指出深化工业互联网建设。截至 2022 年 5 月，福建省已培育 1 个

---

① 福建省已建成省市两级"1 + 10"公共数据汇聚共享平台［EB/OL］.（2022 – 07 – 07）［2022 – 07 – 08］. https：//baijiahao. baidu. com/s？id = 1737625249054940322&wfr = spider&for = pc.

国家级跨行业跨领域工业互联网平台，3个国家级特色专业型平台，22个省级工业互联网示范平台，107家标杆企业，32个典型应用案例，推动一批制造业企业转型升级，福建省的工业互联网建设已取得初步成效①。

（六）存在的问题与困难

第一，核心技术掌握不足。在数字经济时代下，数字技术创新是推动数字经济发展的核心力量。2020年福建省R&D经费投入占GDP的1.92%②，而全国R&D经费投入占GDP的比重达2.4%③，由此可见，福建省的创新投入低于全国平均水平。创新投入不足将进一步导致福建数字技术自主创新动能不足。当前，福建省在高端芯片、高精度传感器、控制器等核心技术方面仍存在短板，无法实现自给自足。电子信息产业是福建省的主导产业，然而绝大多数高端芯片仍高度依赖进口或国内其他省市，这无疑给福建省该行业的发展带来了风险和挑战。核心技术的缺乏亦会在一定程度上阻碍人工智能、云计算等数字产业的发展。

第二，数字技术的应用场景仍不够丰富。尽管福建省已经加快数字技术在多个场景开展应用示范，但成效仍然不是很明显。当前，福建省推广的应用场景主要集中在政务服务、医保、交通的"一卡通、一码通"等领域，智慧商业、设施互通、养老一体化等场景仍有待进一步探索，且数字人民币的应用场景也仍未充分开发。

第三，与实体经济的深度融合发展存在不足。数字经济与实体经济融合的关键步骤是打破各种数据之间的壁垒，让数据成为生产资料。目前，福建省数字经济与实体经济的融合大多处于低层次、小领域阶段，缺乏能够带动全省数字经济发展、数字技术创新应用的龙头企业与示范地区。一方面，大

---

①　福建省工业和信息化厅举办全省工信系统工业互联网培训［EB/OL］．（2022－05－16）［2000－07－08］．http：//gxt.fj.gov.cn/xw/jxyw/202205/t20220516_5911446.htm.

②　福建省统计局关于2020年福建省科技发展主要指标情况的通知［EB/OL］．（2021－11－17）［2022－07－08］．http：//kjt.fujian.gov.cn/xxgk/zfxxgkzl/zfxxgkml/yzdgkdqtxx/202111/t20211117_5775970.htm.

③　中国经济网．国家统计局：2020年R&D经费支出24426亿元，占GDP2.4%［EB/OL］．（2021－02－28）［2022－07－08］．https：//baijiahao.baidu.com/s? id＝1692924653087268210&wfr＝spider&for＝pc.

多数企业间及企业内部缺乏数据互通的有效机制；另一方面，面对企业智能化、数字转型的需求，相关的数字服务提供商能力仍存在欠缺。

第四，专业人才供给不足。数字经济与实体经济的融合发展，使得各行各业对数字经济人才、复合型人才的需求越来越多。当前，福建省的大部分企业仍缺乏精通数字技术与生产制造的复合型人才，专业人才供给不足将成为制约福建省数字经济发展的瓶颈。

二、战略方向与主要任务

福建省国家数字经济创新发展试验区要坚持新发展理念，坚持推动高质量发展，坚持以深化供给侧结构性改革为主线，结合各自优势和结构转型特点，在数字要素流通机制、新型生产关系、要素资源配置、产业集聚发展模式等方面开展大胆探索，充分释放新动能。按照《国家数字经济创新发展试验区（福建）实施方案》（2021 年 3 月发布）的总体部署，重点总结推广"数字福建"20 年建设经验，深化政务数据与社会数据融合应用，围绕"数字丝路"、智慧海洋、卫星应用等方面组织开展区域特色试验，加快实施数字经济领跑行动，大胆探索创新，勇于先行先试，大力推进数字产业化、产业数字化，着力打造创新驱动新引擎，全面提升有效供给新能力，健全完善服务体系激发新需求，积极营造发展保障新环境，努力将福建省建成数字经济发展高地和数字中国建设的样板区、示范区；到 2022 年末，福建省数字经济增加值将达 2.6 万亿元以上，占 GDP 的比重达 50% 以上，建成数字中国样板区、数字经济发展新高地、智慧海洋和卫星应用产业集聚区、"数字丝路"核心区。

（一）战略方向

福建省国家数字经济创新发展试验区建设应该考虑从以下六个战略方向加速推进。

（1）融入福建省开放型经济发展。从全球和区域发展视角出发，以数字经济促进亚太区域乃至全球经济创新发展、变革与完善为背景，确立福建省国家数字经济发展试验区建设的总体思路和方向。当今世界正在经历更大范围、更深层次的科技革命和产业变革。习近平总书记在出席亚太经合组织领导人非正式会议时曾高瞻远瞩地指出"数字经济是亚太乃至全球未来的发展方向"。因此，在数字经济时代，立足于"一带一路"区域经济合作大平台，借助 RCEP 生效、金砖国家合作机制等国际经济一体化进程的力量，以高质量推进福建省国家数字经济创新试验区建设，是福建省数字经济创新发展的必由之路。

（2）构建科技领域双循环新发展格局。从统筹中华民族伟大复兴战略全局和世界百年未有之大变局的高度、构建国内国际双循环新发展格局的视角出发，将数字经济看作重组全球要素资源、重塑全球经济结构、改变全球竞争格局的关键力量，在科技发展领域构建双循环新发展格局，将福建省国家数字经济创新发展试验区建设成为国内国外科技资源汇聚的高地、国际科技合作与国内科技合作连接的纽带。

（3）对接国家战略，发挥政策叠加效应。提升福建省承担的一系列国家战略的统筹和对接，发挥政策叠加效应，推进福建省建设国家数字经济创新发展试验区建设。依托福建省显著的政策优势、产业优势、区位优势和人文优势，有效促进福建省国家数字经济创新发展试验区、国家自主创新试验区、金砖合作机制、金砖创新基地与"一带一路"倡议对接中的功能发挥。在夯实数字经济发展基础、培育数字经济发展生态、释放数字经济发展活力与提供数字经济发展保障的基础上，将福建省国家数字经济创新发展融入金砖合作和"一带一路"建设，依靠创新驱动引领经济发展，并逐步辐射至其他地区。

（4）紧跟新工业革命前沿技术。从新工业革命前沿技术创新领域出发，重视大数据、人工智能和区块链等新科技创新，坚持以产业数字化与数字产业化为主线，深化新时代数字福建建设。推进数字经济的发展与实体经济进行深度融合，在催生新产业和新业态模式的基础上做强福建省数字经济。

（5）立足福建省情，寻求关键核心技术突破。从省市发展与功能定位角度，对福建省建设国家数字经济创新发展试验区的条件展开分析，进一步明确福建省及各市的主要任务。着力推进福建省突破关键核心技术、打造特色优势产业、创新数字发展新机制，明确工作计划、主要任务和重点项目清单。

（6）持续推进体制机制创新，助力数字经济发展。努力探索有利于福建省数字经济发展的体制机制，作为全国复制推广的样板。在"一带一路"核心区、福建省自由贸易试验区等战略背景和政策条件下，把握先机，努力形成可复制、可推广的经验，着力打造我国数字经济创新发展的标杆，做大做强福建省数字经济，有力支撑高质量发展。

（二）重点任务

（1）加快提升数字产业化，培育新产业、新业态、新模式。加快建设一批数字经济领域工程研究中心、企业技术中心和新型研发机构等高水平创新平台。每年遴选公布一批数字龙头企业、高新技术企业、"瞪羚"企业等创新企业清单，编制数字经济产业图谱。实施电子信息及数字产业"保链稳链"行动，实施数字经济园区提升行动。建设省级数字技术应用场景，滚动推进项目库。实施"海上丝路"空间信息港工程。

（2）加快推进产业数字化，赋能实体经济转型升级。提出实施"互联网＋现代农业"行动，创建一批省级现代农业智慧园。深入实施"上云用数赋智"行动，实施"5G＋工业互联网"创新工程。实施"互联网＋社会服务"行动，加快实现福建全省看病就医"一码通行"。建立城市综合管理服务平台，实施智慧社区工程。建设智慧海洋大数据中心（一期）和监管服务平台。

（3）推动数据资源开发利用，建立健全数据要素市场。建设完善人口、法人、社会信用、自然资源和空间地理等基础数据资源库、电子证照等重点资源库、行业（主题）数据库。依法有序向社会开放与民生紧密相关、社会迫切需要、产业发展急需的重点领域公共数据资源。成立市场化、公司化运作的省级公共数据资源一级开发机构。依法依规开展数据交易，培育数据开发市场主体。

（4）加快建设"数字丝路"，打造数字经济开放合作核心区。提出加快建设厦门金砖国家新工业革命伙伴关系创新基地，推进"丝路海运"信息化平台建设。打造福州全球数字教育资源生产基地，建设南平人工智能产教融合基地。推进厦门、泉州打造海峡两岸集成电路产业合作试验区，建设数字

"第一家园"对台一体化服务平台。

（5）加快推进数字新基建，增强数字经济发展支撑能力。提出扎实推进 5G 网络建设，深化工业互联网网络、平台、安全三大体系建设，争取国家一体化大数据中心区域分中心在福建省布局。实施智慧交通、智慧能源、智慧水利、智慧教育、智慧医疗、智慧生态、智慧海洋、智慧广电等基础设施建设工程。构建全省统一的网络安全监测预警、应急处置平台。

三、数字技术创新与数字产业的培育和发展

（一）数字基础设施建设

加快 5G 网络规模部署。5G 基站建设是数字基础设施建设的重要内容，福建省应全面加快 5G 基站建设步伐，在实现县级以上区域和重点乡镇 5G 覆盖的基础上实现乡镇全覆盖、建制村基本覆盖，同时确保重点应用区域和场景实现连片优质覆盖。

加快超级计算中心的布局与建设。目前，福建省已在福州建设省超算中心一期和省超算中心二期，两期项目综合计算能力达到 3200 万亿次/秒①，但与国内先进超算水平相比仍有一定差距。随着数字经济的快速发展，未来数字经济的应用场景更加丰富多元、产业需求更加复杂多样，对高性能计算的需求将呈现爆发性增长。因此，福建省应不断加大对省超算中心二期的投入，争取加入国家超算序列，建设国家超算福州中心，抢占数字经济发展制高点。

加快数据中心的布局与建设。首先，以福建数字云计算数据中心为核心，在福州市集约化布局数据中心集聚区。其次，在厦门、泉州等市建设城市数据中心，并在重点应用场景按需部署集网络、存储、计算于一体的边缘数据中心节点。基于此，福建省可形成包含数据中心集群、城市数据中心、边缘数据中心等层次的数据中心空间布局结构。

---

① 林侃. 福建：超算，算出发展超级"马力"［EB/OL］.（2021－09－24）［2022－07－11］. https：//baijiahao. baidu. com/s？id＝1711740810835316292&wfr＝spider&for＝pc.

（二）数据资源开发利用与数据要素市场建设

加快培育数据要素市场。首先，应对数据采集、加工、脱敏等产业链的各环节制定相应的法律法规，明确数据的产权和使用权。其次，应统一数据的标准、格式、交易等规则，不仅要降低数据交易的成本和难度，也应确保数据交易的安全性。最后，要扩大可交易数据的来源，同时鼓励各行各业充分挖掘数据价值，一方面应积极推动福建省内企业数字化转型，另一方面可推动政府部门数据的开放共享。

推动跨境数据交易。福建省可依托省内厦门自贸片区、福州自贸片区先行先试的制度优势，在自贸区内尝试放宽数据要素交易和跨境数据业务等相关领域市场准入，在严控质量、具备可行业务模式前提下，审慎研究设立数据要素交易场所，加快数据要素在厦门自贸片区、福州自贸片区的集聚与流通。

推动数据资源的开发利用。数据资源的充分开发是数据要素市场发育成长的关键，因此，福建省应推动大数据与实体经济发展深度融合，强化大数据在生产制造、物流运输、公共管理等领域的运用。2021 年，福建省共有四个大数据项目入选工信部"大数据产业发展试点示范项目清单"①。福建省应充分发挥这些示范项目的引领作用，形成可复制、可推广、可借鉴的经验，引导省内企业积极探索大数据的深度应用，同时提升数据管理能力。

（三）数字技术研发与创新

完善人才培养与引进制度。科技人才是数字技术研发与创新的关键要素之一。福建省拥有丰富的科教资源，可大力推动校企联合，鼓励校企合作进行人才培养。福建省可探索建设"人才定制实验室"，鼓励省内高校和企业合作，从企业层面了解其对数字技术人才的要求，高校则以相关要求为标准，对人才进行定制化培养。此外，可探索建立"首席数字官"制度，推动

---

① 福建四项目入选大数据产业发展试点示范项目名单 [EB/OL]. (2021 - 09 - 04) [2022 - 07 - 13]. https：//view. inews. qq. com/a/20210904A01OKS00.

福建省数字技术应用场景不断开发创新。鼓励和引导企业积极参与工信部推出的"企业数字官"（corporate digital officer，CDO）培训认证，以提高企业数字化高级管理人才的能力。

培育高新技术企业。企业是创新的主体，福建省应加快壮大以高新技术企业为主体的数字领域创新型企业集群，设立培育资金和福建省高新企业培育库，完善推进高新技术企业高质量发展的政策。为鼓励高新企业的研发活动，可建立发明专利产业化评价体系，实施与转化绩效挂钩的奖励制度，每年推动若干个授权发明专利产业化。

（四）数字技术转化与数字产业发展

构建数字技术创新成果转化平台。福建省可以从面向市场需求、金融支撑、资源优化配置三个方面构建数字技术创新成果转化平台。第一，重点解决技术与市场脱节问题。鼓励企业和高校面向市场需求，共建优势互补、利益共享的数字技术创新与成果转化平台，进一步落实产学研合作政策支持机制。第二，重点解决科技型企业"融资难"问题。福建省可以设立政府引导基金，在此基础之上与社会资本、金融资本、专业股权投资机构以及大中型企业合作，共同发起设立多种形式的子基金，充分发挥市场资源配置作用和财政资金引导放大作用，从而补充现有金融体系内的融资渠道，为企业在数字技术创新与数字技术转化方面提供资金支持。第三，重点解决科技创新资源"孤岛"问题。利用数字技术创新成果转化平台，整合现有资源，汇聚人才、资金、信息等各类创新要素，为企业进行数字技术转化提供相应的支持，加速数字技术转化。

推进人工智能产业发展。第一，联合福建省内高校和人工智能领军企业，集体攻破人工智能核心技术，聚焦发展芯片、传感器、基础软件等具有自主知识产权的核心软硬件；第二，支持人工智能产业园、科技企业孵化器等产业载体建设；第三，围绕人工智能产业链设立专项基金，集聚投资产业链要素资源和企业项目，推动产业链壮大发展。

推进区块链产业发展。第一，加快区块链产业园建设，积极引进从上游芯片到底层技术平台的相关企业，让区块链产业园呈现全产业链发展态势；第二，建立区块链研究中心，重点加快隐私保护、安全智能合约、链上链下高效协同、跨链互联互通等核心技术的研究突破；第三，积极探索区块链应用场景，深化区块链应用的深度及广度。

（五）产业数字化

推进"智慧工厂＋产业创新"融合发展。鼓励制造业企业采用数字化生产装备，如数控机床、自动生产线、工业机器人等，并且在数字技术的支持下，积极探索满足用户定制化需求的生产模式，推广基于数字技术的大规模定制化生产，打造集数字化设计、智能化生产、个性化定制于一体的智慧工厂。为更好地推动制造业企业进行智能化升级改造，福建省可以借鉴"新昌模式"，开展企业智能制造技改总包工程，破解中小企业没有能力进行智慧化改造难题，进而推动省内企业实现低成本、高效益的智能化升级。

推动企业深度上云。完善企业上云、用云标准体系，推广工业企业设备联网上云、数据集成上云等深度用云模式。同时打造电子信息制造业、石化、纺织、服装等重点产业工业云平台，通过工业云平台监管整个工业生产的流程，打破生产连接壁垒，充分挖掘企业数据价值，提高企业运营管理水平。

推进虚拟技术与服务业融合发展。服务业具有无形性的特点，重在感知体验，而虚拟技术可以打破时空壁垒，让人身临其境，将现实场景虚拟化，给身处异地的用户带来近似的感知体验。福建省应围绕教育、文化、旅游等领域，深挖具备潜在商业推广能力的创新应用，推动虚拟现实技术规模化发展。同时加快建设虚拟现实服务业创新中心、产业特色基地等创新载体，打造虚拟现实产业集群。

推动数字贸易发展。福建省应加快传统贸易转型升级，着力发展数字贸易，突出数字技术、数字金融、数字文化等特色领域。在数字技术方面，深化制造企业和外包企业合作，拓展工业互联网外包服务链条；在数字金融方面，建设数字金融平台，推动人民币国际化发展，鼓励企业采用数字人民币作为支付方式；在数字文化方面，福建省可以通过工业化、数字化、标准化、国际化和融合化等"五大体系"打造文化产业园，集聚动漫、影视、出版业等文化产业，引入数字文化技术、内容、贸易等相关创新型企业，形成集数字技术研发、数字内容创作、数字文化出口于一体的数字文化产业和贸易生态链。

四、构筑创新要素国内国际双循环数字经济发展格局

在构建双循环新发展格局的过程中，数字经济可以畅通国内大循环，释放国内消费需求，以产业数字化转型的方式来打通生产、消费、分配与流通环节。数字经济也是未来经济发展的主要趋势，有助于推进国外经济大循环持续优化，实现国内大循环和国外循环的有机结合，两者相互促进。

（一）加强国内国际数字技术创新合作

优化数字技术发展的区域布局，加强对创新资源要素的合理应用，拓展多维数字经济发展空间，推动国内国际数字技术创新合作。福建应发挥"一带一路"核心区建设的龙头示范作用，协商共建区域互联互通的数据基础设施，加快物联、数联、智联布局，探索建立区域性数字技术合作平台，加快推动创新资源的合理利用。聚焦科技、教育、医疗、社保、交通、政务服务等领域，推进数字技术创新合作的标准规范体系建设。制定资源共享责任清单，加强数字资源跨地区间、跨部门共享交换。探索建立统一规范的数据管理制度，打破"数据信息孤岛"，汇集各个公共领域的数据，形成跨区域统一的大数据平台，进一步促进跨部门、跨行业、跨地域的数据广泛共享、融通。

加强数字技术国际合作，推进全球价值链升级。鼓励福建省数字经济龙头企业跨境合作，输出国内先进数字技术，提升数字经济领域的话语权。积极加强数字监管，聚焦人工智能、生物医药、金融、能源等重点领域，建立健全区域一体化的数据资源产权、交易流通、跨境传输和安全保护等基础制度和标准体系，规范数据管理和使用，营造良好的数字经济发展环境，保障区域内数字技术创新合作高质量发展。

（二）构筑数字经济创新要素汇聚和转化的枢纽

目前区域内创新系统存在大量创新要素分散化、碎片化的现象，以及产

学研关联性质量不高等情况，难以充分整合利用创新要素，制约着区域创新协同水平和创新效率的提升。数字经济能够渗透到区域创新系统的各个方面，推动创新要素的变革，产生创新要素高效联通、溢出扩散等驱动作用，进而推动区域协同创新水平和质量的提升。因此，构筑数字经济创新要素汇聚和转化的枢纽不仅是数字经济发展的内在逻辑，也是数字化创新发展的必然选择。

数据作为创新要素具有可复用性、数据传输即时性、数据低边际成本等特性，能有效降低创新要素在流动过程中的交易成本，促进创新要素的数字化渗透，产生高效联通、溢出扩散等驱动作用，推动创新要素高效流动与协同。线上分享手段能够实现技术和知识等要素的自由流动，实现创新资源在区域内的快速结合，进一步提高创新要素配置效率，加快创新要素流动和扩散，促进分散创新主体之间、部门之间、区域之间的协同创新。

清晰的区域经济创新要素汇聚和转化体系作为双循环新发展格局可持续发展的根本，有利于数字经济与创新要素双向融合。要加快数字产业集聚发展，建设形成一批具有强吸引力的数字创新要素汇聚的产业园区，汇聚周边数字创新要素、人力资本。在园区内部，整合各类数字经济创新要素，培育具备国际竞争力与比较力的特色数字型产业，强化数字经济发展能力。

（三）积极培育和承接各个层面的国际技术创新合作项目

国际技术创新合作与开放型经济发展有效衔接，是新发展格局下对国际技术合作提出的具体要求。应结合福建省承担的若干重大国家战略，推动国际技术创新合作，加大国际技术创新合作力度，设立国际合作专项基金，积极参与国际大科学、大工程计划。用政策推动国际技术创新合作的参与度，不断增加与其他国家和地区合作论文和专利的数量，拓宽合作领域和学科范围。

构建跨境数字技术创新合作网络，形成数字技术产业合作联盟，培植数字产业园区，打造国际性合作平台。以数字技术为驱动，加强各类数字资源要素共享，助力国际合作迈向更广空间。加强国际技术创新合作的管理，及时总结国际技术创新合作的成功模式，通过技术合作改善有关发展中国家的基础设施条件和质量，推动技术创新的跨国流动与共享。

（四）构建多边合作机制下的数字科技园和技术企业孵化器网络

福建省应以落实《区域全面经济伙伴关系协定》（RCEP）为契机，紧密对接数字经济和数字产业发展需求，加快构建"一带一路"倡议、RCEP、金砖合作机制等多边合作机制下的数字科技园和技术企业孵化器网络。以数字产业化为导向，强化数据资源的开发利用和优化配置，充分释放和发挥数据作为新生产要素的重要作用。推进政府数据开放共享，提升社会数据资源价值，丰富数据产品和服务。共建多边合作机制下互联互通的数据基础设施，加快物联、数联、智联布局，探索建立区域性数字技术创新平台，发挥技术创新平台作用，加快项目建设和科技研发速度，尽快推动一批科技成果在福建产业化。加快数字化平台建设，推动数字化赋能企业发展，将数字技术创新成果尽快转化和产业化。

对标现有厦门火炬物联网专业孵化器、莆田高新区科技孵化器、博思创业园，进一步开发建设若干集企业成长孵化器、科技创新综合体、数字产业集聚区和未来产业策源地于一体的平台和载体，在体制机制创新、技术创新合作、企业孵化等方面做出探索。为适应新一轮科技革命和产业变革下数字技术创新的新模式、新特点，需要更高的企业孵化器发展水平，对此地方政府应当遵循"政府引导、市场化运作"的原则，引导和鼓励孵化器市场化、专业化、品牌化发展，充分发挥市场在创新资源配置中的作用，推动技术创新快速发展。

引导和支持社会力量关注和参与孵化器建设，支持孵化器为创业企业提供专业服务，支持孵化器开展全链条孵化，打造科技企业全流程的服务链条；聚集优势资源，推动科技企业孵化网络建设；引导和支持孵化器聚集国际资源，提升国际化发展水平，依托双边或多边科技合作，支持孵化器通过合作共建、资源共享等多种方式建设国际企业孵化器，鼓励并支持有条件的孵化器在海外建设分支机构，提升孵化器吸纳全球高端创业项目和团队的能力；支持各类孵化器功能实体倡导成立相关的国际性合作组织；鼓励相关实体参加亚洲企业孵化器协会等国际组织，承办或参与相关活动，通过国际交流进一步提升孵化器发展水平；支持创业者、创业企业积极参与国际先进孵化机构的训练营、展示会，通过在国际化平台上的竞争和学习，提升创业者和创业企业的发展水平。

五、借力区域经济一体化进程推进国家数字经济创新发展试验区建设

"一带一路"倡议提出以来，我国强调"引进来"和"走出去"并重，在政策沟通、设施联通、贸易畅通、资金融通、民心相通等方面取得显著成果。当前，福建省已积累了许多"一带一路"沿线国家和地区关于数字贸易、数字技术研发合作、数字基础设施共建共享等数字经济领域合作共赢的案例，东盟、金砖、二十国集团等国际合作组织也都将数字经济作为合作发展的重要领域。福建应借力区域经济一体化进程，发挥区位和产业优势寻求数字经济发展新突破，建设国家数字经济创新发展试验区。

（一）海上丝绸之路与数字丝路建设

"21世纪海上丝绸之路"是具有现代意义的通道，其基本定位是保障"货物自由贸易、要素自由流动"，本质上是构建区域经济一体化的平台和通道。大数据时代下，"数字丝绸之路"的建设必须依靠先进的信息技术和丰富的信息资源，加快和提升跨境合作的效率和水平，培育区域发展新的经济增长点，支撑区域可持续发展。随着中国与"一带一路"沿线国家和地区数字经济发展合作不断深入，数字交通走廊和跨境光缆信息通道加快建设，中国—东盟信息港、中阿网上丝路全面推进，"数字丝路地球大数据平台"实现多语言数据共享，蓬勃发展的电子商务与"一带一路"沿线国家和地区的融合越来越紧密。福建省数字丝绸之路建设应着重从以下领域推进：加强与"21世纪海上丝绸之路"沿线国家和地区信息基础设施的互联互通，进一步加强与沿线国家和地区的数字经济和数字技术的合作与交流；加快制造业的数字化转型，在沿线国家和地区开展数字技术应用及传统产业数字化转型等方面的合作；加强政策沟通，推进国际技术和产业的交流与合作。

（二）金砖国家合作与数字技术研发及数字产业发展

2022 年 6 月 23 日，中国国家主席习近平在北京以视频方式主持金砖国家领导人第十四次会晤，并对金砖国家数字合作发表意见，指出：要达成数字经济伙伴关系框架，发布制造业数字化转型合作倡议，为满足数字人才需要，建立职业教育联盟，为加强创新创业合作打造人才库。福建省应以厦门建设金砖国家新工业革命伙伴关系创新基地为契机，不断提升福建省与金砖国家间数字基础设施合作，推进互联互通，推动相互间的数字产业与数字化转型方面的合作。探索金砖国家合作机制框架下的监管框架，确保数据隐私、保护数据安全。协商尝试构建统一的数字技术标准体系，并联合金砖国家新开发银行、丝路基金、亚洲基础设施投资银行及金砖各国的政策性银行和商业银行设立数字经济产业基金，向符合数字技术标准的企业提供低息和无息贷款，引导和扶持数字产业发展。

（三）RCEP 与数字产业发展

数字经济通过数字技术与实体经济的深度融合，正在重塑全球生产网络及其利益分配体系。福建省要抓住我国已正式核定《区域全面经济伙伴关系协定》（RCEP）的机遇，助推产业链区域化、数字化发展，积极融入亚太区域循环，实现内外循环有效链接。对于数字产业链重构主要关注两方面。一是围绕产业链部署创新链，激活数字产业价值链的创新源头。要坚持自主创新与开放创新相结合，统筹推进数字产业核心技术攻关，集中力量重点突破"卡脖子"问题，实现数字产业关键技术、关键领域与关键环节的自主可控，加大数字贸易创新供给能力。二是以信息通信类数字贸易为抓手重构 RCEP 域内价值链。要立足福建省科技资源禀赋和数字产业基础，加强与 RCEP 成员在相关数字技术研发环节的创新合作，以及在相关数字产业的贸易投资联系，发展信息通信类数字贸易，在稳定产业链供应链的同时，促进亚太区域数字技术价值链的重构升级。

在产业链数字化赋能方面，推动数字技术与制造业生产、流通各环节的深度融合，以数字技术引领制造业全链条的数字化、智能化转型升级。鼓励与 RCEP 成员合作共建智慧产业园区、数字经济园区，提升区域内的数字化协同集合能力，深化上下游产业链国际合作。在流通环节，统筹国内外物流通道网络布局，构建数字化跨境商品流通体系。加快商贸流通企业数字化应用和商业模式创新，引导传统流通企业向供应链服务企业转型。

六、总结及结论

在我国构建双循环新发展格局、推进经济高质量发展的新时代背景下，福建省既是"一带一路"建设核心区，也是自由贸易试验区，福建省厦门市还是金砖国家新工业革命伙伴关系创新基地，福建省的发展定位极具战略性，其自身的政策优势、产业优势、区位优势和人文优势为福建省国家数字经济创新发展试验区建设奠定了坚实的基础。本文以此为基础条件，立足全球化及区域经济一体化发展和福建省开放型经济的发展及新体制的构建，聚焦以技术创新和体制机制创新为抓手推进福建省数字经济创新发展试验区建设，提出以下三个方面的发展思路：第一，依托福建省国家数字经济试验区建设和福建自由贸易试验区数字化转型，着力于福建省数字技术创新能力的培育和提升，突破关键数字核心技术、打造特色数字优势产业；第二，在数字科技发展领域构建双循环新发展格局，将福建省建设成为国内国外数字科技资源汇聚的高地、国际数字科技合作与国内数字科技合作连接的纽带；第三，借势国际经济一体化的数字经济发展机遇，加快"一带一路"核心区建设，抓住 RCEP 正式生效、金砖国家合作机制的数字化发展机遇，推动福建省的数字贸易、服务贸易数字化以及跨境电商发展，以及推进有利于数字经济发展的福建开放型经济新一轮体制机制创新。

在未来发展方向上，福建省应进一步加强数字经济发展的顶层设计，将福建国家数字经济创新发展试验区建设的工作有机融入福建省数字经济整体发展之中，使之成为福建省数字经济发展的体制机制创新高地；借力福建省"21 世纪海上丝绸之路"核心区建设的优势，打造智慧海洋、"数字丝路"等数字经济特色产业和项目；有效发挥福建省及辖区内各城市互联互通平台功能，以基础设施建设、数字化治理为重点建设数字经济多元协同治理体系；促进数字经济与传统经济融合，以及通过数字产业化与产业数字化推动整体经济高质量发展；探索中心城市带动区域数字经济均衡发展的模式，中心城市率先发展，并最大限度地发挥中心城市的示范辐射功能，带动福建全域整体数字经济均衡发展。

参考文献

［1］陈万灵，何传添．海上丝绸之路的各方博弈及其经贸定位［J］．改革，2014（3）：74-83．

［2］陈伟光．论21世纪海上丝绸之路合作机制的联动［J］．国际经贸探索，2015，31（3）：72-82．

［3］董晶．中国-东盟共建"数字丝绸之路"：机遇、挑战与路径选择［J］．独秀论丛，2020（2）：171-185．

［4］方芳．"数字丝绸之路"建设：国际环境与路径选择［J］．国际论坛，2019，21（2）：56-75，156-157．

［5］黄黎洪．中国建设数字丝绸之路与数字化时代全球治理的变革研究［J］．电子政务，2019（10）：56-67．

［6］李向阳．论海上丝绸之路的多元化合作机制［J］．世界经济与政治，2014（11）：4-17，155．

［7］李永杰．数字技术赋能社会治理创新［N］．中国社会科学报，2022-06-17（001）．

［8］刘锦前，孙晓．金砖国家数字经济合作现状与前景［J］．现代国际关系，2022（1）：44-52，62．

［9］刘璇．数字经济助力双循环新发展格局：核心机理与创新建议［J］．青海社会科学，2021（5）：98-105．

［10］马志云，刘云．金砖国家间科研合作及对"一带一路"国家的影响［J］．科学学研究，2018，36（11）：1953-1962，1985．

［11］毛艳华，杨思维．21世纪海上丝绸之路贸易便利化合作与能力建设［J］．国际经贸探索，2015，31（4）：101-112．

［12］彭德雷，张子琳．RCEP核心数字贸易规则及其影响［J］．中国流通经济，2021，35（8）：18-29．

［13］彭影．数字经济下创新要素综合配置与产业结构调整［J］．当代经济管理，2022，44（3）：48-58．

［14］师军利，王庭东．RCEP区域双循环构想——基于数字技术扩散视角的实证研究［J］．经济与管理评论，2022，38（4）：91-103．

［15］苏敏，夏杰长．数字经济赋能双循环的机理和路径［J］．开放导报，2020（6）：71－75．

［16］王海梅．高质量实施 RCEP 大力发展数字贸易［J］．江南论坛，2022（3）：18－21．

［17］王梦然．汇聚创新要素打好数字技术攻坚战［N］．新华日报，2022－06－21（003）．

［18］俞伯阳．数字经济、要素市场化配置与区域创新能力［J］．经济与管理，2022，36（2）：36－42．

［19］张慧，易金彪，徐建新．数字经济对区域创新效率的空间溢出效应研究——基于要素市场化配置视角［J/OL］．证券市场导报：1－10［2022－07－18］．http：//kns. cnki. net/kcms/detail/44. 1343. F. 20220621. 1758. 002. html．

［20］张静．数字经济助力双循环新发展格局的现实困境与创新路径［J］．西南金融，2022（6）：93－104．

［21］诸云强，孙九林，董锁成，王末，赵红伟，罗侃，郭春霞．关于制定"数字'丝绸之路经济带'与信息化基础设施建设科技支撑计划"的思考［J］．中国科学院院刊，2015，30（1）：53－60．

海峡西岸繁荣带发展
研究报告2022

板块三 产业发展

专题五 厦门"大招商、招大商"促发展的现状、面临的瓶颈问题及破解对策研究

厦门作为中国东南最有经济活力的城市，在经济新常态、国内外经济政治变化的"百年未有之大变局"背景下，化比较优势为竞争优势，优化招商引资方式，对促进厦门"大招商、招大商"具有重要的理论和实践意义。

一、厦门市招商引资的现状分析

截至 2020 年底，厦门市累计新生成招商项目 17859 个、计划总投资 4.2 万亿元，新增落地项目 8411 个，总投资 1.64 万亿元人民币。实际使用外资增长 23.8%，增幅和规模均居福建省首位，一批百亿量级项目落地。[①]

厦门市在克服了市域面积最小、人口少、资本总量小、经济总量小等 9 大挑战的情况下，"大招商、招大商"取得了一定成效，主要原因有以下几点。

（一）厦门市党政领导高度重视

厦门市历届党委和政府领导高度重视招商引资工作，多次在工作会议中

[①] 招商引资力度只能加强不能有任何削弱！开工第一天，赵龙主持召开市招商引资工作领导小组会议 [N]. 厦门日报，2021 – 02 – 19.

强调招商引资力度只能加强，不能有任何削弱，要在精准招商、科学招商上下更大功夫。具体表现在：

（1）2019 年 4 月 28 日，厦门市委市政府印发了《关于加强全链条全周期立体化招商引资工作的意见》，并成立由市委主要领导挂帅的招商引资工作领导小组，有力加强了对全市招商引资工作的统筹领导。

（2）厦门市委、市政府将 2020 年确定为"招商引资与项目建设攻坚年"，并且厦门市委市政府领导带头赴北京、上海、深圳、广州、南京等重点城市对接大型央企、知名民企，市区领导赴外地开展小分队招商 500 多次，成效显著。

（3）厦门市各级政府进一步完善招商引资考核体系，厦门市对各区招商引资进行排名和精准考核，并且市委市政府对各区招商引资有公开透明的奖励和惩罚机制，有利于调动各级政府部门和人员的招商引资积极性和主动性。

（二）招商引资队伍精干强劲

2019 年厦门市成立由市委主要领导挂帅的招商引资工作领导小组，下设市招商办、四个产业招商组、要素保障组、全周期绩评组"一办六组"，依托市人大、市政协成立 14 个专业招商小组。这套为招商引资量身打造的队伍行之有效。2019 年厦门市人民政府正式批准设立了厦门市投资促进中心（以下简称投促中心），全力探索市场化、专业化招商方式，配齐建强专业招商团队，切实做好市级重大招商项目引进，有效强化产业链招商，全面提升厦门市重大产业链群整体发展水平和核心竞争力。投促中心的岗位实行高薪市场化招聘，采用灵活的薪酬激励机制和"事业机构 + 工作团队"的运行模式。市投促中心采用团队工作模式，首批公开招聘 16 位招商人才，分为招商专才 4 位和招商专员 12 位。招商引资工作人员既要懂企业的业务、需求与困难；也要懂产业瞬息万变的发展，预知预判形势；还要能和企业家交心，做朋友；更要知道厦门的产业、财税、规划、人才等投资知识。笔者在调研过程中发现厦门市招商人才多才好学精干，非常有利于招商引资。

（三）招商引资方式灵活多样，招商对象精准

在创新招商引资方式方面，2020 年厦门市大力开展"云招商"和在线服务，举办多场集中云端签约活动，借助各产业大会同步开展招商签约活动；2020 年开展云招商 1000 余次；累计签约外资项目 29 个、计划总投资328 亿元，"云招商"被作为典型经验向福建全省推广。①

厦门市全面拓展招商渠道，充分利用厦洽会、第三届进博会等招商平台，加强与国际组织、知名商（协）会等的对接联系。同时，加强投资促进软服务，形成招商引资的强大合力。此外，厦门市不断强化项目跟踪，提高招商引资工作实效，促进外资企业增资扩产。

厦门市招商引资目标精准。厦门市委市政府多次强调要聚焦 12 个千亿产业链，做好数字经济、智能制造、新能源新材料、软件与信息服务、金融投资、文化旅游等产业方向进行招商引资。

（四）厦门市有国内较好的城市品牌度和优异的营商环境

1. 国内外较好的城市品牌度和市场美誉度

2017 年，在厦门的金砖国家峰会上，习近平总书记曾称赞厦门市是高素质的创新创业之城、高颜值的生态花园之城②。厦门市荣获全国文明城市"六连冠"，蝉联全国双拥模范城、法治政府建设典范城市、全国营商环境"标杆城市"、联合国人居奖、国际花园城市、中国宜居城市、国家森林城市、国家旅游休闲示范城市、国家生态园林城市、国家创新型城市、福厦泉国家自主创新示范区（厦门片区）、世界银行投资环境"金牌城市"、全国营商环境标杆城市。

2. 完善的营商环境

（1）厦门有优越的营商硬环境。第一，厦门是国家四大国际航运中心之

---

① 2020 年厦门利用外资成绩单出炉："总成绩"全省第一 ［EB/OL］. （2021 – 02 – 02）［2022 – 11 – 04］. https：//fdi. swt. fujian. gov. cn/show – 9715. html.

② 把习总书记的点赞化为强大动力——访全国政协委员、厦门市政协主席张健 ［N］. 人民政协报，2018 – 03 – 08.

一、港口型国家物流枢纽、东南区域物流中心城市、"丝路海运"联盟。厦门海港航线通达全球 44 个国家和地区的 138 个港口。厦门海港集装箱航线 157 条，国家航线 99 条，2021 年集装箱运货量排名全球 14 位，国内第 7 位。① 第二，厦门空港优势明显。厦门空港是国内 6 大口岸空港之一，截至 2020 年底厦门空港已开通运营城市航线 175 条，含国际（地区）航线 36 条。② 第三，高效的陆路枢纽。厦门通过沈海、厦蓉、厦沙等高速公路以及福厦、厦深、龙厦高铁等，把厦门和全国各地联系起来。

（2）厦门营商软环境名列前茅。厦门历届市委市政府不断打造市场化、法治化、国际化的营商环境。在《中国营商环境报告 2020》中，厦门以突出综合表现与北京、上海等共同跻身全国 15 个标杆城市行列。2020 年，工信部中小企业发展促进中心发布了《2020 年度中小企业发展环境评估报告》，厦门综合得分排在第 7 名。2021 年 1 月，《中国地方政府效率研究报告（2020）》中，地方政府效率"百高市"厦门全国第五。2021 年 2 月，中国科学院在北京发布《中国宜居城市研究报告》，厦门排名全国城市第 8 位。2021 年 4 月，北京联合大学和社会科学文献出版社联合发布《中国城市休闲和旅游竞争力报告（2020）》，厦门在城市休闲和旅游竞争力方面位列全国第 9 名。

（3）厦门市开办企业实现"一日办、一窗办、一网办、零费用"；在福建省率先上线企业开办"一网通"平台和"大审批"信息化平台，商事登记电子化率居福建省首位；行政许可事项 100% 实现"一趟不用跑"，平均承诺时限压缩到法定时限的 1/5，达到全国领先水平。

（五）厦门地缘优势

1. 对台优势

厦门和我国台湾地区有"地缘近、血缘亲、文缘深、商缘广、法缘久"的"五缘"优势，是祖国大陆构建对台交流合作最重要的前沿平台。具体表

---

① 厦门市 2021 年国民经济和社会发展统计公报［N］. 厦门日报，2022 – 03 – 22.

② 厦门市 2020 年国民经济和社会发展统计公报［N］. 厦门日报，2021 – 03 – 17。2021 年由于疫情影响较为严重，所以采用 2020 年数据。

现为：首先，地理上厦门市是祖国大陆距离台湾地区最近的城市。其次，厦门最早开通与台湾地区金门县的直接往来，厦门设立了20多个对台交流合作基地。最后，台湾居民中有80%祖籍来自福建，其中最多的就是闽南人和客家人。因此，厦门充分发挥对台的"五缘"优势，出台了大量政策吸引台商台资，如厦门"惠台60条"、厦门"融合发展45条"、惠台"26条措施"，努力把厦门打造成台胞台企登陆祖国大陆的第一家园。

2. 毗邻港澳地区和东南亚的地缘和血缘优势

福建省海外华侨超千万人，主要分布在我国香港和澳门以及东南亚等地，他们对厦门认可度非常好。厦门市侨办（以及华侨联合会）联合厦门市招商办等部门，2020年促成35个侨资项目签约，计划投资额达524亿元，其中合同类项目13个，计划投资额为82亿元；协议类项目22个，计划投资额为442亿元①。签约项目数和投资额在福建省位于前列，其中协议类项目居福建省第一。

（六）较好的产业基础、产业园区基础和较为完整的产业链，有利于厦门"招大商、大招商"

截至2021年底，厦门市已经实现了11个千亿产业链。厦门的软件园（1~3期）、厦门的湖里火炬园、同翔火炬园区、海沧生物制药园区、临空产业园区等发展基础都很好，非常有利于"招大商、大招商"。

厦门还拥有：经济特区、台商投资区、保税区、副省级计划单列市、两岸交流合作综合配套改革试验区、自贸区、海丝核心区战略支点城市、福厦泉国家自主创新示范区、国家海洋经济发展示范区等多区叠加的政策优势；很好的经济发展质量（单位土地产出率很高、财政实力不错）；相对丰富的人力资源总量和合理的年龄结构等。

正是由于以上各种因素的综合作用，厦门招商引资和"招大商、大招商"工作进展顺利，这些年招商引资的成绩名列福建省第一位。

---

① 新华网. 助力高质量发展 中国侨商投资（福建）大会在福建举行［EB/OL］.（2021 - 09 - 06）［2022 - 11 - 04］. http：//www. xinhuanet. com/house/20210906/26d1f2bc6cec4baa90dc5646a99c430b/c. html.

二、厦门"大招商、招大商"促发展面临九大瓶颈

（一）城市规模较小，房价较高，一定程度上制约"大招商、招大商"

1. 厦门市域面积狭小

厦门市市域面积为1700.61平方公里，是我国副省级以上城市中面积最小的，也是五个计划单列市市域面积最小的（见表1）。

表1 　　　　　　　　　2021年五个计划单列市市域面积 　　　　单位：平方公里

城市	深圳	厦门	宁波	青岛	大连
面积	1997.47	1700.61	9816	11293	12573.85

资料来源：根据2021年各城市统计年鉴数据整理获得。

厦门是典型的海湾型城市，可利用土地资源十分有限。在笔者的调研过程中[1]得知，原来的宁德时代想在厦门投资，但需要2000亩土地，由于当时要地过多，未来的风险和收益不确定性，就被拒绝了。厦门全市的土地资源稀缺已成为厦门良性招商引资的薄弱环节。

2. 高房价、房价收入比高

根据上海易居房地产研究院发布的《2019年全国50城房价收入比报告》，2019年，50城房价收入比均值为13.3，深圳以35.2的房价收入比遥遥领先，上海房价收入比为25.1，北京房价收入比为23.9，广州房价收入比为16.5，厦门房价收入比为22.8。

另外，厦门房价租售比也不理想。厦门2020年月平均租金水平为47.51元/平方米，房价已经达到46335元/平方米的水平，厦门以1∶975成为租售比最低城市，成为仅次于深圳、上海、北京的第四大高房价城市。[2] 相对过

---

① 本文根据笔者对以下单位的调研资料撰写而成：厦门市火炬高新技术园区招商部；厦门市同安区政府及其发改局、商务局；厦门市集美电子城国际创新中心；厦门中合众科技有限公司。

② 50城房租报告：租金房价差距拉大 平均租金回报率不足2%［N］. 第一财经，2020－12－17.

高的房价一定程度上制约了厦门"大招商、招大商"的各类人才。

在调研过程中发现,部分年轻人离开厦门,既流失了人才和购买力,也流失了产业。比如厦门弘信电子因研发团队的人才流失、人才招聘难,将研发基地布局到外省城市。美亚柏科因为大数据人才的长期缺编,只好把研发中心设在深圳、西安。

(二)城市人口规模不利于"大招商、招大商"

根据第七次全国人口普查结果,城市常住人口数量前十位的分别是重庆(包括农村)、上海、北京、广州、深圳、天津、西安、苏州、郑州。2021年厦门常住人口为 528 万人,位居全国各大城市的第 87 位(见表 2)。相对较少的人口总量一定程度上不利于厦门市"大招商、招大商"。

表 2 　　　　　　　　　　2021 年我国城市人口总量排名 　　　　　单位:万人

排名	城市	人口规模
1	重庆	3212.4
2	上海	2489.43
3	北京	2188.6
4	成都	2119.2
5	广州	1881.06
6	深圳	1768.16
87	厦门	528

资料来源:笔者根据 2021 年全国各个省市经济和社会发展统计公报汇总。

(三)厦门市经济总量不大,一定程度上制约了"大招商、招大商"

经济规模涉及城市或区域的 GDP 总量、区域内的消费总量(以社会商品零售总额为代表)、区域的资本总量限制等因素。

1. 厦门城市经济总量有巨大提升空间

厦门 2021 年 GDP 总量 7034 亿元,居全国第 34 位(见表 3),但远逊于北上广深等一线城市，在五个计划单列市也暂处于末位，在全国副省级城市中仅高于哈尔滨市。但厦门市经济增速很快、经济发展的质量很好等一定程度上弥补了其经济总量的不足。

表3   2021 年我国城市 GDP 总量排名

排名	城市	GDP（亿元）	实际增速（%）
1	上海	43215	8.1
2	北京	40270	8.5
3	深圳	30665	6.7
12	宁波	14595	8.2
13	青岛	14136	8.3
29	大连	7826	8.2
34	厦门	7034	8.1

资料来源：笔者根据各个城市的 2021 年统计公报整理所得。

2. 厦门市消费市场总量有巨大的提高空间

2021 年厦门市社会商品零售总额为 2584.07 亿元，居全国城市的第 38 位（见表4）。五个计划单列市深圳最高为 9498.12 亿元，青岛为 5975.4 亿元，宁波 4649.10 亿元。厦门是我国五个计划单列市中社会商品零售总额相对较少的城市，一定程度上也制约了厦门招商引资。

表4   2021 年全国部分城市社会商品零售总额及在国内的排名

排名	城市	社会商品零售总额（亿元）	增速（%）
1	上海	18079.30	13.5
2	北京	14867.70	11.0
3	重庆	13967.67	18.5
5	深圳	9498.12	9.6
11	青岛	5975.40	14.8
18	宁波	4649.10	9.7
38	厦门	2584.07	22.3

资料来源：笔者根据各个城市的 2021 年统计公报整理所得。

3. 厦门市城市资金总量有巨大改善空间

资金的流动与变化是区域经济、产业结构发展变迁的映射。其中，城市

"金融机构各项存款余额",又叫"资金总量",反映了一个城市对资金的吸附能力。截至2021年末,资金总量前10的城市分别是北京、上海、深圳、广州、杭州、成都、重庆、南京、苏州和天津。而厦门2021年资金总量15316.67亿元,排在全国第34位(见表5),这一点制约了厦门市区域性金融中心的发展,制约了厦门现代生产性服务业招大商,这说明厦门的现代金融(银行、证券、保险)业有巨大的提高空间。

表5   2021年我国部分主要城市的资金总量

排名	城市	资金总量(亿元)	增速(%)
1	北京	199741.5	6.2
2	上海	175831.08	12.8
3	深圳	112545.17	10.4
15	宁波	27228.9	13.5
18	青岛	22374.9	13.3
26	大连	16003.8	9.1
34	厦门	15316.67	14.1

资料来源:笔者根据各个城市的2021年统计公报汇总所得。

(四)厦门市教育资源和医疗资源供给不足等民生短板制约了"大招商、招大商"

厦门的教育资源和医疗资源相对于厦门人口总量严重不足。笔者调研发现厦门火炬高新园区大企业的高层次人才的子女教育都能解决,但是大量的中低层人才的子女教育严重受困于厦门优质教育资源的匮乏。

新冠疫情暴露了厦门的医疗资源就人口总量相对而言缺乏,三甲医院总共才11家,远逊色于上海、广州、杭州、深圳和福州,厦门市每千人床位仅3.84张,[①] 这些民生短板也一定程度上制约厦门"大招商、招大商"所需要的大量人才。

---

① 2021年厦门市卫生健康事业基本情况[EB/OL].(2022 - 04 - 08)[2022 - 11 - 04].https://hfpc.xm.gov.cn/zfxxgk/ml/04/202204/t20220408_2653365.htm.

（五）国内外兄弟城市和区域的招商引资竞争

厦门处于粤闽浙沿海城市群，受到北部的长江三角洲和南部的珠江三角洲经济区的竞争。这两大区域经济板块是中国经济最活跃的地区，它们也在大力招商引资。比如长三角经济区上海、杭州、宁波、南京也在"大招商、招大商"，珠三角经济区则是背靠港澳地区承接了大量香港溢出的资金、技术、产业、人才、市场经济制度等，使得珠三角成为我国市场经济最活跃的地区。在福建省内厦门面临着福州、泉州、漳州等兄弟城市招商引资的竞争。

进入 21 世纪以来，闽商房地产公司如世茂、阳光城、旭辉控股、正荣集团、融信集团、宝龙地产等闽企，受制于福建省内福州、厦门等地的资金、人才、城市知名度等各类资源的限制，为了寻求更大，更高、更好的平台，将总部转移至上海，谋求以上海为基点，辐射长三角地区，进而推行企业全国化扩张政策。在对这些企业的厦门分公司调研中发现，上海等城市比厦门拥有更便利的财税优惠、土地优惠，更好的融资条件和人才资源，这些条件更有利于企业的发展，并提高企业在全国的品牌度和市场知名度。

另外，由于土地成本、劳动力成本、物流成本、水电成本、税赋成本等各类成本的增长，有不少外资企业把资本转出中国。这也对厦门"大招商、招大商"产生了巨大的挑战。

（六）厦门市"大招商、招大商"的人才存量和增量有待提升

由于厦门市的经济总量、城市规模、人口规模、产业链以及房价问题，厦门对中高端人才的吸引中规中矩。比如厦门市只有厦门大学属于"985"高校。《厦门大学 2019 届毕业生就业质量年度报告》表明，厦门大学 2019 届毕业生中只有 22.5% 留在厦门工作。由此可见，厦门对于人才的吸引有巨大的改善空间。

与周边兄弟城市相比，厦门的经济总量偏小，人才发展空间受到约

束,而满足高层次人才发展需求的政策又面临着缺失,对留住和引进人才来厦门创业形成了障碍。根据智联招聘 2020 年 20 城市人才吸引力分布看,厦门人才吸引力位居全国第 17 位,其中硕士及以上人才流入占 0.8%,高层次人才发展需求得不到满足,不利于厦门市发展 12 个千亿产业链①的人才需求。

相对于上海、杭州、广州、深圳、福州等城市,厦门市发展新经济的科创环境有巨大改善空间。2021 年厦门市有 16 所大学,数量高于深圳的 14 所,但质量上如城市所在的全职院士数量、国际专利申请量、高新技术企业数量等方面,和周边城市相比还有较大改善空间(见表 6)。

表 6　　　　　　　　2021 年我国部分城市科创环境比较

项目	深圳	厦门	广州	上海	杭州	福州
大学数量(所)	14	16	83	64	40	38
大学生量(万人)	14.52	19.98	155.83	54.87	58.5	46.95
高新技术企业(家)	21000	2801	11435	20000	10222	2767
国际专利申请量(件)	17400	483	1785	4830	2062	136
全职院士(人)	574	15	57	183	65	6

资料来源:笔者根据各个城市的 2021 年统计公报汇总所得。

(七)外部宏观经济政治环境一定程度上影响厦门产业链招商

由于我国经济进入新常态,人口红利逐渐退出,转型时期的土地、劳动力成本比较高。笔者调研发现有些企业用工时存在两难选择:如果给予员工较高工资,企业利润下滑;不给予企业员工较高的薪水,又招不到员工。中美贸易摩擦以及 2020 年以来的新冠疫情都一定程度地影响了厦门作为高度外向型城市的大招商。毕竟厦门市约 70% 的工业产值、60% 的经济增长、40% 的进出口、40% 的就业和 30% 的税收收入由外资企业创造。② 比如,由于中美贸易摩擦等外部因素,厦门产业链招商中的半导体和集成电路招商就

---

① 厦门从"十三五"规划到"十四五"规划是要大力发展 12 个千亿产业链,截至 2021 年已经实现了 11 个千亿产业链。

② 吴广宁.厦门构建全方位对外开放格局 [N].国际商报,2018-10-25.

受到较大影响。

（八）产业链规模相对较小不利于产业链"大招商、招大商"

2021 年厦门市实现了 11 个千亿产业链，有巨大的发展。但是相对于国内一线和部分二线城市，厦门这 11 个千亿产业链（包括平板显示、计算机与通信设备、半导体与集成电路、机械装备、旅游会展、金融服务、软件信息、航运物流、文化创意、现代都市农业、新材料）没有一个超过 5000 亿元或以上的产业链，说明厦门市产业集群内产业链条较短；产业集群创新能力不强，与参与国内外竞争的要求不适应。这需要进一步强链、扩链、补链，注重引进产业链内部上下游渠道商，让更多产业链聚集在厦门，从而促进厦门"大招商、招大商"发展。

（九）具体的招商方式制约"招大商、大招商"

厦门市招商的奖励和补贴优惠力度相比较一线城市而言较弱。很多企业项目落地时最需要资金、技术、人才，而厦门市采取的是企业投资落地产生效益后再补贴，这样会错失一些项目落地的机会。例如，厦门市在招商引资中接触到某汽车制造企业，对方要求厦门融资数十亿元，由于风险较大，最后放弃了该项目的招商。一些新兴产业发展的不确定性以及企业要求优惠和配套过高，均会导致招商引资困难。

另外，厦门虽然有相关的招商队伍奖励机制，但是由于很多是行政队伍的团队招商，所以难以厘清是否是职务行为，行政的奖励力度有限，一定程度上制约了招商队伍的积极性、主动性和创造性。

三、厦门市"大招商、招大商"的破解对策

借鉴国内外如珠三角、长三角、京津冀、新加坡等地"大招商、招大商"的成功经验，结合厦门市经济社会发展的实际和招商引资的成功实践，本文提出厦门"大招商、招大商"的破解对策。

（一）建立六个"一"来"大招商、招大商"

1. 创建一个优异的营商环境，以降低招商引资的制度性交易成本，促进"大招商、招大商"

好的营商环境是生产力，也是竞争力。良好的营商环境是经济软实力的重要体现，也是城市区域招商引资的关键因素，体现了区域核心竞争力水平。"大招商、招大商"的企业所需要的国际化、法治化、市场化、便利化的营商环境，以及高效廉洁高水平的行政服务管理，为企业投资经营节省了时间和成本，降低了制度性交易成本。

近年来，厦门不断打造市场化、国际化、法治化的营商环境。对标新加坡等发达经济体和国内领先城市优秀做法，厦门市逐年提出改革目标和任务清单。我国营商环境评价领域的首部国家报告《中国营商环境报告 2020》中，厦门以突出综合表现与北京、上海等共同跻身全国 15 个标杆城市行列。软环境指数有人才吸引力、投资吸引力、创新活跃度和市场监管四个大类，采用等权重。数据显示，2020 年软环境最好的前五名是深圳、厦门、杭州、西安、北京。每千人的市场主体数和企业数，是创新创业活跃度的最主要指标，厦门位居第三，说明厦门创新创业活跃，而且创新的质量也高。

2021 年厦门市委和市政府聚焦基础性和具有重大牵引性作用的改革举措，在重要领域和关键环节改革上精准发力，57 项年度重点改革任务和 55 项重点突破事项扎实推进，系统部署新时代加快完善社会主义市场经济体制、构建更加完善的要素市场化配置体制机制等改革，不断打造国际一流营商环境，取得优异成绩。2021 年 8 月，厦门把每年"9·8"投洽会设立为"厦门营商环境日"，2021 年 9 月 8 日，厦门市委市政府公布了《厦门市包容普惠创新专项提升实施方案》。不断改善营商环境，有力地促进厦门"大招商、招大商"。

从笔者对厦门市部分企业调研的反馈来看，厦门市"大招商、招大商"进来的中高级人才的子女教育问题基本能妥善解决，但是普通人才的子女教育问题还有待完善，为降低厦门的营商成本，引进和留住各类人才，笔者建议在厦门建立 15 年义务教育制度，降低各类人才留厦成本，以利于优化厦门市人口结构，促进厦门市经济社会的可持续发展。另外，应加大对厦门高校建设的财政投入，为厦门"大招商、招大商"和 12 个千亿产业链培养人才。

优异的营商环境非常有利于以商招商。通过已成功引进厦门市的跨国企业、央企和民企的宣传、示范和推介，吸引更多的资本来厦门投资。一些企业在厦门投资获利巨大，体会到厦门市优越的营商环境，并在厦门全面投资扩产。比如厦门正新轮胎、翔鹭石化、友达光电持续不断地在厦门增加投资，也是"大招商、招大商"的方式。

建立各类市场化激励手段，促进全民参与"大招商、招大商"。我们反对行政命令式的招商方式，但是支持建立各类市场化激励的大招商手段。比如《厦门市关于鼓励招商引资奖励暂行办法》以及厦门市各区对招商引资尤其是对"招大商、大招商"的中介和个人、单位等给予一定的经济奖励是非常好的，这便于形成人人参与招商引资、人人关心招商引资、人人支持招商引资的氛围。另外，2021 年 8 月厦门市相关部门修改了《厦门市荣誉市民称号授予办法》，扩大了荣誉市民授予对象的范围。招商引资贡献突出可授予厦门市荣誉市民称号，这能激励更多厦门以外其他城市人士积极投身厦门市的城市建设与发展事业，有效发挥荣誉市民促进厦门市"大招商、招大商"。

总之，优异的营商环境有利于降低招商引资的制度性成本，有利于亲情招商（即以商招商），有利于激发厦门市各界人士参与"大招商、招大商"。

2. 构建一支熟悉厦门 12 个千亿产业链和厦门比较优势的高效精干的招商引资队伍和专门机构

目前国内很多城市成立招商局、投资促进局、招商引资办公室、经济合作办公室或投资促进中心等，确保专业性和持续性，提升地区的品牌和旗帜，塑造当地形象。厦门市目前成立了招商中心（隶属市商务局），定期和不定期发布厦门市招商引资信息，进行对接跟踪服务。

专业招商队伍要熟悉厦门市的土地、税务、城市建设规划、人才、产业经济布局和产业链等，由具有各类知识的人才构成。笔者调研中发现，目前，全国各地都在招商引资，仅仅依靠优惠的政策，远远不够。因此，招商队伍的构成需要多元化的专门人才，在招商前做足相关产业的知识储备；招商后的服务也要跟上。

3. 建立一套高效的招商引资领导和决策机制

厦门市成立了由市委书记或市长挂帅的市招商引资工作领导小组，统筹对全市招商引资重大决策、重大项目和重大问题的领导、会商、协调和督查,从顶层设计上保障招商引资工作的高效决策和便捷服务。为吸引更多外资项目落地厦门,由厦门市主要领导亲自带队组成招商团队出访日本、韩国、英国、爱尔兰和丹麦等国家和地区招商引资。截至2021年已有法国施耐德、日本电气硝子、欧米克生物等知名跨国公司增资扩产,众库信息技术、金圆统一证券、SM新生活广场商业项目等一批优质外资项目落地。

目前厦门创新构建"1+3+1"决策机制,通过厦门市城市规划委员会、市招商引资领导工作小组、市重大片区开发建设工作领导小组、市加快推进重要项目落地建设工作领导小组、市土地资源管理委员会的联动协同,实现了空间规划、土地供应、片区建设、重要项目落地建设和招商引资的无缝衔接与推进落实。

4. 全力利用好一个平台品牌进行线上和线下"大招商、招大商"

通过"9·8"投洽会进行线上和线下宣传厦门的营商环境、政策、区位、基础设施、产业链、产业目录等,为厦门"大招商、招大商"服务。利用"9·8"投洽会线下平台,在拓展招商渠道方面,充分利用投洽会、进博会、高交会等招商平台,加强与国际组织、知名商(协)会等的对接联系。同时,加强投资促进软服务,形成招商引资的强大合力。据厦门市商务局的统计,2021年厦门实际使用外资186.36亿元,同比增长12.2%。[①]

利用互联网进行云招商云洽谈云签约。厦门建立线上"9·8"云上投洽会,全球客商通过"云上投洽会",全面采用了3D、AI、云计算、大数据等技术,推出云展示、云对接、云洽谈、云研讨、云签约。新开发的"云上投洽"微信小程序,促进了厦门市"大招商、招大商"。2020年初,为应对新冠疫情,厦门市利用计算机技术、大数据等,建立了"云招商",实现了"云洽谈""云签约",促进了厦门招商引资。厦门市新冠疫情防控期间创新的招商方式被福建省商务厅作为典型经验向福建全省推介。"云招商"方式更加灵活便捷,内容更加丰富,被打造为永不落幕的"招大商、大招商"的平台。"云上投洽会"的多元矩阵提供了365天项目展示和跨区域的对接洽谈服务,持续打造集投资信息发布、投资趋势研讨、项目对接洽谈于一体的数字化、常态化的双向投资促进服务平台。

---

① 厦门市2021年国民经济和社会发展统计公报[N].厦门日报,2022-03-22.

厦门通过云招商，2020 年新增高能级项目 722 个，计划总投资 7591 亿元，分别是 2019 年新增高能级项目数的 2 倍、1.5 倍；实现落地高能级项目 232 个，总投资 2187 亿元，提前完成全年高能级项目招商引资的目标。ABB、施耐德、丰田通商、中远、中化、华为等世界 500 强企业的 123 个高能级项目实现落地，总投资达 1615 亿元；京东、紫金矿业、新希望、华侨城等中国 500 强企业的 118 个项目实现落地，总投资达 1462 亿元。①

5. 建立一个市场，即资本市场，实现内生性招商引资

上市招商即企业到国内外证券市场上市融资，企业用融到的资金开发建设新项目，同样起到招商引资的效果。为此，要鼓励厦门各类企业上市，要适当采取措施整合重组厦门企业，制定促进厦门各类企业上市的战略规划。

因此，厦门市应通过金融办和工信局、科技局等合作，给予适当的经济税费奖励，引导和鼓励一批企业上市招商，并且储备一批企业，进行专业辅导，逐渐上市，从而利用资本市场招大商。近年来，厦门持续加大扶持力度，推动厦门优质企业加快登陆资本市场。2020 年 4 月，厦门印发《进一步推动厦门市上市公司培育和质量提升三年行动计划》，从融资支持、培训支持、人才支持、监管服务等方面支持上市公司发展。2019 年以来，上海证券交易所、深圳证券交易所、北京证券交易所资本市场服务厦门基地相继成立。

截至 2022 年 8 月，厦门已有 27 家国家重点专精特新"小巨人"企业，144 家国家级专精特新"小巨人"企业。124 家省级"专精特新"企业，622 家市级"专精特新"中小企业②。这些企业应利用国内三大证券交易所上市融资。通过内生式中小企业的上市融资，发展成为国内外行业翘楚，也是世界各国大招商的主要方式。

转变观念，变资产为资本的产权"招大商、大招商"。即通过股权出让，获得外部优质的资本入驻，例如，厦门银鹭出售给雀巢公司，厦门银行引入我国台湾地区的富邦金控为第二大股东。目前也可以通过适当拆分厦门市的大型企业集团中部分板块上市，实现招大商。

---

① 今年厦门招商引资成绩亮眼新增项目 7007 个［EB/OL］.（2020 - 09 - 09）［2022 - 11 - 04］. http://www. mofcom. gov. cn/article/resume/n/202009/20200902999797. shtml.

② 杨晓辉，钟榕华. 厦门已有 144 家国家级"小巨人"企业［N］. 海峡导报，2022 - 08 - 11.

6. 坚持"活、留、招相结合"大招商这一原则

"活"即搞活办好当地现有企业,"留"即尽可能留住当地的项目和资金,"招"即在以上两点基础上尽最大努力从区域外大招商。这三个方面都要兼顾。就厦门市实际而言,首先应尽可能搞活厦门市本地企业。对于厦门原来的一些国有或集体企业可以尝试通过股份制改革或其他产权改革等方式使得它们重新焕发活力。其次通过多方沟通留住已经落地厦门的企业和资金。厦门在企业的融资、税费、人才和城市知名度、品牌度等方面和一些超大城市相比还有所欠缺,应该想方设法尽可能留住已经在厦门发展的企业。最后在搞活和留住厦门企业的基础上,通过各类举措如发挥税收、区域、产业或政策等优势去"大招商、招大商"。

(二)利用两大集群和两大平台"大招商、招大商"

1. 利用厦门 12 个千亿产业链集群"招大商、大招商"

产业链招商是指围绕本区域具有一定基础的某个产业的上下游行业招商,是一种新的招商方式。每一个企业都属于产业链一环,一系列相互关联项目构成产业链。厦门市要研究和分析国内外产业发展和转移规律,准备和推出一批招商项目材料。要筛选出本区域内的产业需要补齐的上、中、下游产业,研究国内外相关的产业转移消息,然后进行产业规划;利用本区域的产业链或区位对其"大招商、招大商"。国内江苏省昆山市以及重庆市对我国台湾地区的笔记本产业链招大商,然后扩大到全球笔记本产业链的大招商;21 世纪初,重庆市汽车产业链"招大商、大招商";北京的现代生产性服务业如金融、证券、保险等产业链"招大商、大招商";等等;这些都非常成功。

建立厦门需要招大商的产业企业目录库,进行敲门式重点"招大商、大招商"。厦门的招商引资队伍和机构要研究和分析国内外产业发展和转移规律,要紧紧围绕已有的 12 条千亿产业链,跟踪全球这些产业全球和国内产业或企业巨头,实现招大商。

2. 利用厦门 16 个大学构成的大学集群"大招商、招大商"

教育招商在国内就是举办大学城、大学园、教育园、大学迁入、大学生公寓;教育招商好处是引来和为本区域培养大量的人才,提高本地的知名度，有利于本地房地产、旅游、购物等产业的发展，高水平大学的引入为本区域未来的产业发展、科技创新做了人才准备。厦门集美区的大学城引进了华侨大学、四川大学华西医学院，整合厦门多个学院组建集美大学；翔安区设立厦门大学翔安校区；这些都促进了本区域经济的发展。旨在支持厦门大学校友回厦门创业兴业的"南强兴鹭"计划，自2020年9月筹备开始至2021年4月5日，共入库校友招商项目511个，计划总投资额1647.24亿元；涉及新材料、生物医药、半导体、人工智能、数字经济、金融等新兴重点产业。[①]

3. 利用厦门各大园区平台"筑巢引凤"

通过改善园区内的水电路等"九通一平"，以及相关优惠政策等，兴办工业园、科技园、农业园等，建好平台，构筑企业发展空间进行"招大商、大招商"。厦门的软件园区1~3期，已经吸引大量的软件企业入驻。由象屿保税区、保税物流园区、东渡港区、航空港工业与物流园区等组成的现代物流园区，依托毗邻海港、空港的便利条件及保税区、保税物流园区的特殊政策优势，实现了海陆空铁联动，发展了保税与非保税物流，国际物流与区域物流互动的现代物流产业，形成了以保税物流、对台商贸、出口加工、专业市场四大特色产业为支撑的区域性物流商贸产业区。厦门未来科技城、两岸金融中心、两大火炬园区、厦门留学人员创业园、厦门台湾科技企业育成中心、机械工业集中区、海沧生物与新医药园区、厦门科技创新园、临空产业区等也正在进行园区大招商。

4. 利用新城区"招大商、大招商"

厦门集美新城、翔安南部新城、马銮湾新城、同安新城等都拥有较为广阔的土地，有利于新产业新企业的布局，应全力招商引资。

（三）利用厦门四大比较优势进行"大招商、招大商"

1. 利用各类优惠政策尤其是多区叠加的政策优势和区位优势

（1）目前世界各国最为普遍、效果比较好的招商做法就是政府制定优惠政策，在税收、土地价格等方面承诺给客商以优惠，通过政策的大力宣传和

---

① 厦门厦大联手启动"南强兴鹭"计划［EB/OL］. （2021 – 04 – 08）［2022 – 11 – 04］. https：//baijiahao. baidu. com/s？id = 1696452402986057030&wfr = spider&for = pc.

推介，吸引客商特别是外商投资。比如国际著名的几个金融离岸中心均给予当地企业巨大的税收优惠。中国香港的企业所得税是按法团或法团以外人士的税率纳税：法人的税率为 16.5％；法人以外人士的税率则为 15％；另外，企业支付的股息无需交纳预扣税；企业收取的股息也可豁免利得税，亦不征收资本增值税①。新加坡企业和个人有巨大的所得税优惠。目前，新加坡企业所得税的标准税率为 17％，但有部分优惠抵扣；居民个人应税收入可适用多种税前扣除和减免，免征额为年应税所得 2 万新加坡元，适用 2％ ~22％超额累进税率②。越南对所认定的投资区域、高新技术企业等给予优惠税率，比如，2 ~4 年的免税，后几年减半③。

　　笔者调研中，企业家和政府工作人员都认为优惠政策是招商引资最好最快捷的手段之一。比如土地出让的优惠、企业所得税的优惠、个人（人才）所得税的优惠、人才房或人才公寓、财税返还等。因此，建议根据厦门市财政实力和产业布局需要，继续完善厦门市级和区级"大招商、招大商"的各项涉及财税优惠（企业所得税和个人所得税）、土地政策、人才的认定及子女教育、出入境管理等方面的鼓励政策或法规，促进厦门招商引资发展。

　　（2）厦门拥有经济特区、台商投资区、保税区、两岸交流合作综合配套改革试验区、自贸区、"海上丝路"核心区战略支点城市、福厦泉国家自主创新示范区、国家海洋经济发展示范区等多区叠加的政策优势和区位优势，厦门可以利用这些优势，依靠我国超大规模市场，建立厦门国际医疗旅游中心，促进厦门市"大招商、招大商"。

　　首先，建议发挥两岸的资源优势和厦门的政策优势。全力引进我国台湾的医疗技术、资金和人才等医疗机构资源，通过各类政策优惠，引进国内外较好的医疗教育机构如国内好的医学院。建议按照中央有关部门的规划要求，把岛内东渡港的集装箱业务全部转到海沧东南国际航运中心，将两岸贸易中心核心区全部优化为两岸医疗旅游自贸区园区，把象屿保税物流园区、象屿保税区等和海沧保税区合并；然后在这里兴建适合医疗旅游的大型医疗建筑，全力

---

① 香港企业的所得税是如何缴纳的？ ［EB/OL］. （2022 - 12 - 02）［2022 - 12 - 20］. http：//www. canet. com. cn/shiwu/794632. html.

② 新加坡：税收优惠引外资 优越地缘助营商 ［N］. 中国税务报，2022 - 05 - 12.

③ RCEP 国别投资系列之越南篇（四）［EB/OL］. （2022 - 08 - 16）［2022 - 12 - 20］. https：//swt. fujian. gov. cn/xxgk/jgzn/jgcs/dwtzyjjhzc/gzdt_ 505/202208/t20220816_ 5976820. htm.

招进医疗旅游的相关产业和企业,建立厦门国际医疗旅游中心,促进岛内大提升。

其次,将厦门国际医疗旅游中心定位为:国际整形美容中心、心脏搭桥医疗中心、特色体检中心、不孕不育医疗中心、肿瘤药物研发和治疗的特色医疗中心。

最后,利用厦门多区叠加的政策优势,引进包括莆田系资本在内的闽商资本,依靠祖国巨大的市场需求、厦门的优良政策,全力建设厦门国际医疗旅游中心,将厦门打造成为互联网医疗中心。

(3)利用厦门的区域和政策优势纵向招商,即争取各类央企到厦门投资。在2020年9月8日,2020厦洽会央地合作项目签约仪式举行,包括中国电科、中航油厦门新机场基地、中国诚通东方鹭岛城市基地、中电建绿色生态城市治理、国投维尔利智能化建筑垃圾处理及资源化利用综合示范基地等11家央企与厦门牵手,共签约项目13个,总投资额约654亿元[1]。2021年华润准备在同安投资130亿元啤酒生产工厂,也是纵向招商的成功典范[2]。

2. 总部经济"大招商、招大商"

厦门市区两级规划厦门观音山国际商务营运中心、会展北片区、五缘湾商务营运中心、滨北超级总部经济区、岛外的杏林湾国际商务运营区、厦门新站营运中心、环东海域营运中心、马銮湾片区进行总部经济大招商。

2020年,厦门市共有总部性质的企业(企业集团)127家,共设立商事主体1057家,2020年纳税总额181.5亿元,实现利润总额占全市企业利润总额的47.8%,为厦门市提供了约21万个就业岗位,积极促进产业结构优化升级,已经成为拉动厦门市经济发展的重要引擎。[3]

在厦门调研过程中,笔者发现,厦门市"大招商、招大商"在岛内面临最大的挑战就是土地资源稀缺,岛外大招商最大短板却是民生资源相对短缺。因此,建议厦门市委市政府搬迁到岛外的翔安区,促进厦门市区域经济社会均衡发展,优化岛内外区域资源,促进厦门市更好"招大商、大招商"。

---

① 郭睿.厦门与11家央企签约[EB/OL].(2020-09-09)[2022-12-20].https://m.gmw.cn/baijia/2020-09/09/1301541845.html.

② 同安投资数据来自厦门市招商中心的调研。

③ 詹文,陈诗祺.厦门现有总部性质企业127家!初步形成总部经济集聚效应[N].厦门日报,2021-08-30.

3. 重点发挥闽籍企业家和闽籍华侨企业家的优势

（1）在全国各地投资的闽商是国内最重要的企业家队伍之一，福建商人在东北、华北、武汉、上海、广州、深圳等拥有数万亿元的投资。厦门可以利用国内优越的营商环境、国内外较好的城市知名度和市场美誉度，通过厦门在外地的各个商会组织，阐述厦门"大招商、招大商"的政策，对接12个千亿产业链。字节跳动区域总部引入滨北超级总部经济区，宁德时代在厦门火炬高新区（翔安）成立"厦门时代新能源科技有限公司"，三安光电、新华都、观音山总部经济区引进的泉商总部经济，等等，都是亲情招商的成果。

（2）利用厦门和港澳台及东南亚华人的血缘滴灌关系"大招商、招大商"。首先，厦门市拥有对台的"地缘近、血缘亲、文缘深、商缘广、法缘久"的"五缘"优势，是大陆构建对台交流合作的最重要的前沿平台。厦门本身就是因台湾设立的经济特区和两岸交流合作综合配套改革试验区；祖国大陆又有"惠台31条""惠台26条""惠台11条""农林22条"等政策措施逐步落实。厦门拥有最早的集美、杏林、海沧台商投资区，是我国台湾地区最大的图书、热带水果、酒类、茶叶等的进口集散地。厦门正在打造台商台企台胞登入祖国的第一家园。

其次，福建乡亲是我国香港特别行政区的第二大族群，人数达百余万。厦门市和我国香港、澳门经贸联系密切，香港也是厦门吸收投资的最主要来源地。截至2019年9月，香港累计在厦投资项目共4955个，合同外资382.0亿美元，累计实际利用港资200.1亿美元，约占全市实际利用外资总量的50.9%①。

最后，厦门市和东南亚各国政治经贸关系紧密。菲律宾、新加坡和泰国在厦门均设立了领事馆。厦门市是福建人尤其是闽南人联系东南亚最紧密的城市。东南亚各国首富很多是福建人；这些富豪绝大多数是从厦门港出发去东南亚各国的。因此，厦门市招商中心可以向这些企业家或商会或老乡会发送厦门相关投资环境、产业、区位、政策优势等，欢迎这些企业家来厦门参观，通过多措并举，促使他们来厦门投资兴业。

（3）利用厦门在国内外的商会、行业协会、律师事务所、会计师事务

---

① 薛志伟. 闽港"一带一路"高峰研讨会在厦门召开［N］. 经济日报，2019－11－04.

所、各国领事馆等，委托他们宣传厦门的投资环境、区位、优惠政策和产业链，进行有偿代理招商引资。

4. 重点发挥厦门完善的陆海空交通基础设施优势

（1）海港资源优势。厦门是全国性综合交通物流枢纽、国际性综合交通枢纽。改革开放以来，厦门港历经 40 多年发展，如今的厦门港已具备接待全球最大集装箱、国际豪华邮轮的能力，世界知名航商悉数进驻，航线通达全球 44 个国家和地区的 138 个港口。截至 2021 年底，厦门港现有生产性泊位 182 个（含漳州），其中，万吨级以上泊位 79 个；全年港口货物吞吐量 2.28 亿吨，港口集装箱吞吐量 1204.64 万标箱。①

厦门"十四五"规划将厦门定位于"国际贸易中心和国际航运中心"，2021 年厦门国际贸易竞争力排名全国第 7 位，集装箱吞吐量排名全球第 14 位，国内第 7 位。② 厦门拥有交通基础设施、区位和政策优势。厦门利用海港优势建立的现代物流园区内已有厦门空港集团、厦门港务集团、象屿集团、美光半导体（MICRON）、贝莱胜电子（PLEXUS）、全球物流（DB SCHENKER）、中海物流、速传物流、日通物流等物流、贸易和加工类企业近 1400 家。

（2）厦门空港优势明显。截至 2020 年底，厦门空港已开通运营城市航线 175 条，含国际（地区）航线 36 条，其中洲际航线 13 条，联结北美洲、大洋洲、欧洲、东盟等。在厦门机场通航运营的外国（地区）航空公司 11 家，与 17 个境外城市通航；空港旅客吞吐量 1671.02 万人次，居全国第 13 位，国际旅客中转流量居全国第 5 位。③

目前正在修建的厦门翔安国际机场，总投资约 1300 亿元，规划建设 50 平方公里的临空产业园区，这里聚集了太古、新科宇航、豪富太古等知名航空维修相关企业，形成了以飞机结构大修为龙头，以客改货、公务机整装、发动机维修、部附件制造与维修、航空技术培训等为辅助的一站式航空维修产业格局。

总之，厦门要发挥多区叠加的政策优势、区位优势、交通优势、营商环

---

① ② 厦门市 2021 年国民经济和社会发展统计公报［N］. 厦门日报，2022 – 03 – 22.
③ 厦门市 2021 年国民经济和社会发展统计公报。这里是 2020 年数据，2021 年疫情影响比较严重。

境优势等比较优势，进行"大招商、招大商"。

参考文献

薛志伟. 闽港"一带一路"高峰研讨会在厦门召开［N］. 经济日报，2019 – 11 – 04.

专题六 福建省文化产业发展与共同富裕

一、共同富裕与福建省文化产业背景

习近平总书记在 2021 年中央财经委员会第十次会议上指出，要"在高质量发展中促进共同富裕，正确处理效率和公平的关系"①，共同富裕在新时代背景下被赋予了新的内涵和任务。与此同时，福建省文化产业作为新兴产业的代表，也正乘后起之风，对福建省经济发展和科技进步产生愈发重要的影响。文化产业作为福建省一大支柱性产业，肩负着传播和发扬福建省优秀本土文化的职责，必然对共同富裕等社会发展目标产生独特影响。

（一）共同富裕发展背景

共同富裕，是马克思主义的一个基本目标，也是自古以来我国人民的一个基本理想。孔子早在《论语·季氏篇》中便曾提到"不患寡而患不均，不患贫而患不安"，体现了古人思想中分配公平的重要性，财富分配问题也是历朝历代人民所关注的焦点。新中国成立以来，我们党便一直在理论和实践上探索共同富裕的道路。1985 年中国共产党全国代表大会上，邓小平同志指出："鼓励一部分地区、一部分人先富裕起来，也正是为了带动越来越多

---

① 习近平主持召开中央财经委员会第十次会议［EB/OL］.（2021 – 08 – 17）［2022 – 10 – 15］. http：//www. gov. cn/xinwen/2021 – 08/17/content_5631780. htm.

的人富裕起来，达到共同富裕的目的"①。2020 年党的十九届五中全会中明确提出，到 2035 年"全体人民共同富裕取得更为明显的实质性进展"②，更加明确了这一目标。

关于共同富裕的内涵，在中央财经委员会第十次会议上习近平总书记作出明确回答："共同富裕是全体人民共同富裕，是人民群众物质生活和精神生活都富裕，不是少数人的富裕，也不是整齐划一的平均主义"。因此，理解共同富裕可以从共同和富裕两个维度来看。共同的释义是属于大家的，是对富裕的共享，这种共享不是平均主义，更不是两极分化的分配，而是一种有差别的、合理的共享。富裕并不是简单意义上的物质富裕，同时还应包含精神富裕。实现共同富裕不是采取简单再分配的方式，而是在实现权利平等、机会均等基础上，人人参与共建共享发展的过程中达到富裕社会。随着中国特色社会主义进入新时代，我国社会主要矛盾已经转化为人民日益增长的美好生活需要和不平衡不充分的发展之间的矛盾。在第一个百年奋斗目标完成之后，正如习近平总书记在庆祝中国共产党成立 100 周年大会上所提到的，我们要"着力解决发展不平衡不充分问题和人民群众急难愁盼问题，推动人的全面发展、全体人民共同富裕取得更为明显的实质性进展"③。因此，实现共同富裕的目标与解决现阶段我国社会主要矛盾相契合。

在实现共同富裕的道路上，我们有着一定的发展基础，但同时也面临着巨大挑战。从经济发展基础来看，自改革开放以来，中国经济保持持续高速增长。根据国家统计局数据显示，2021 年中国实现国内生产总值突破 110 万亿元大关，以不变价格计算，相当于 1978 年的 43.4 倍，人均 GDP 首破 1.2万美元，已经接近世界银行高收入国家的门槛；全国居民人均可支配收入达到 35128 元，扣除价格因素实际增长 8.1%，居民收入翻番的目标如期实现；全国居民恩格尔系数为 29.8%，比上年降低 0.4 个百分点，消费结构已达到富裕型。预计 2020~2035 年，我国中长期经济增速为 5% 左右，到 2035 年

①　我的一贯主张是，让一部分人、一部分地区先富起来，大原则是共同富裕。一部分地区发展快一点，带动大部分地区，这是加速发展、达到共同富裕的捷径 [EB/OL]. (2019 - 08 - 09) [2022 - 10 - 15]. http：//cpc. people. com. cn/n1/2019/0809/c69113 - 31285996. html.

②　向实现全体人民共同富裕不断迈进——论学习贯彻党的十九届五中全会精神 [EB/OL]. (2020 - 11 - 01) [2022 - 10 - 15]. http：//www. gov. cn/xinwen/2020 - 11/01/content_5556424. html.

③　习近平. 在庆祝中国共产党成立 100 周年大会上的讲话 [M]. 北京：人民出版社，2021：12.

我国 GDP 总量将比 2020 年翻一番。随着"蛋糕"不断做大,我国实现全体人民共同富裕的经济发展基础正在不断筑牢。

但同时,实现共同富裕仍然面临着重重挑战,这主要表现在我国不平衡不充分的发展上。2011～2020 年我国居民人均可支配收入基尼系数维持在 0.46～0.47 的水平(见图 1),高于 0.4 的国际警戒线,在世界排名也比较靠前。而我国的实际基尼系数可能要大于基于住户抽样调查所估计的基尼系数水平,说明我国收入差距仍处于一个非常高的水平。虽然我国已经全面建成了小康社会,历史性地解决了绝对贫困问题,但我国中等收入群体比重依然偏低,我国已脱贫的 7000 万农村贫困人口仍是需要提高收入水平的重点困难人群。国家统计局相关数据显示,2021 年我国中等收入群体占全部人口的比重仅为 27.9%。反观发达国家的中等收入群体比重基本都达到了 50% 以上,因此如何缩小低收入人口群体,扩大中等收入人口群体成为摆在实现共同富裕道路上的一只拦路虎。

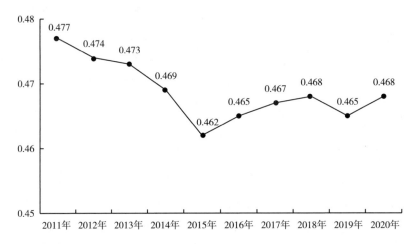

图 1　2011～2020 年中国居民人均可支配收入基尼系数

资料来源:国家统计局。

(二) 福建省文化产业概况

2003 年文化部发布的《关于支持和促进文化产业发展的若干意见》中将文化产业明确定义为"从事文化产品生产和提供文化服务的经营性行业"。

经济与文化发展相互交融，经济发展为文化孕育提供物质条件和生活源泉，文化又能支撑和促进经济的发展。文化产业领域中有诸多产品带有"公共产品"的性质，有较强的正外部性，能够促进社会风气的淳化和文明的积累。因而文化产业是一个能产生巨大价值、蓬勃发展的朝阳行业。要实现共同富裕的目标也离不开文化产业的高质量发展。通过推进文化产业高质量跨越式发展，能够将满足人民文化需求和增强人民精神力量相统一，推动社会主义文化繁荣兴盛，全面赋能共同富裕。

"十三五"规划以来，福建省文化产业蓬勃发展，呈现稳步增长、实力增强、规模扩大的总体态势，初步形成了行业门类较为齐全、产业链比较完整、特色产业优势明显的文化产业体系。从数据来看，首先，福建省文化产业增加值不断提升。根据《中国文化及相关产业统计年鉴》数据显示，2018年，福建省实现文化产业增加值 2055.1 亿元，占地区生产总值比重为5.31%；2019年，福建省实现文化产业增加值 2161 亿元，占地区生产总值比重达 5.1%，同年福建省文化产业拥有资产 5775.97 亿元，比 2013 年末增长 116.59%，经营性文化产业全年实现营业收入 7549.24 亿元，比 2013 年增长 148.53%，文化产业逐渐成为福建省国民经济支柱性产业，其中工业美术业、印刷业、动漫游戏业、文化创意设计业综合实力更是位居全国前列。2014 年福州、厦门入选国家级文化和科技融合示范基地，2021 年中国（厦门）智能视听产业基地获批设立，"清新福建""全福游、有全福"品牌全面打响。其次，文化细分产业体系日益完备，公共服务体系持续完善。福建省已初步形成省、市、县、乡、村五级文化设施网络，全省 80% 的县级及以上图书馆、文化馆达到国家三级馆以上标准，城乡基层文化设施基本完成功能整合。福建省统计局公布的数据显示，截至 2020 年末，全省艺术表演团体 558 个，艺术表演从业人员 15523 人，全年演出场次 9.77 万场，公共图书馆 97 座，公共图书馆图书总藏量 4606.3 万册，博物馆 132 座，广播综合人口覆盖率和电视综合人口覆盖率分别达到了 99.82% 和 99.85%。

与此同时，福建与台湾地区及"一带一路"沿线国家与地区的文化交流日益增多，文化展示平台的影响也日益扩大，积极助力文化产业"走出去"，主动占据国内外文化市场。海上丝绸之路国际艺术节、海上丝绸之路（福州）国际旅游节、海峡两岸图书交易会、海峡影视季、两岸青年网络视听优秀作品展、"福建文化宝岛行"等活动的多次成功举办为福建省文化产业国内外交流提供了诸多机会和平台。2008～2019年，福建省已经连续11年举办海峡两岸文化产业博览会。2019年11月2日召开的第十二届海峡两岸文化产业博览交易会紧扣"一脉传承·创意未来"主题，大力推进两岸交流、交往、交易，突出文旅融合特色，注重创意、创新、创造，取得了丰硕成果；文化和旅游部披露的数据显示，此次博览交易会主会场展位3512个，参展企业1211家，遍布全市28个分会场141个专项文化旅游活动。大会期间，签约文化和旅游投资项目103个，总签约507.22亿元；现场交易额50.62亿元，订单额49.75亿元。此外，文旅部产业项目服务平台精品项目对接会和"全福游、有全福"文化旅游投融资合作暨重大项目推介专场活动成效显著，共有32个文化旅游投融资在现场集中签约，投资总额184.97亿元。在"一带一路"倡议下，福建省挖掘海丝文化、闽侨文化、闽台文化等资源，建设福建文化海外传播平台，助力文化"走出去"。这些文化交流平台无疑都大大促进提升了福建省的文化产业竞争力。

从顶层制度设计来看，福建省文化产业发展面临着巨大的机遇。党的十九届五中全会提出到2035年建成文化强国的战略目标，为深刻认识新时代文化建设新使命、创造中华文化新辉煌明确了前进方向，是新时代繁荣发展社会主义先进文化的"航向标"和"路线图"。习近平总书记在马栏山视频文创产业园考察时指出，文化产业"既是一个迅速发展的产业，也是一个巨大的人才蓄水池"①，必须格外重视。《中华人民共和国文化产业促进法》即将正式颁布并成为我国文化产业首部统领性、基础性法律，文化产业在国民经济中的地位进一步凸显。新政策、新需求、新技术、新业态、新产品、新投资，整体更新迭代，文化产业迎来加快发展的"黄金期"。福建省委十届十次全会明确了推动文化软实力超越的重要任务，省委十届十一次、十二次全会明确了加快建设文化强省和全域生态旅游省的发展愿景，提出了发展文化优势产业、旅游主导产业的具体举措，指明了全省文化和旅游高质量发展的路径和方向。2021年发布的《福建省"十四五"文化和旅游改革发展专项规划》中明确提出福建省文化建设和旅游发展"十四五"时期和2035年中长期目标：到2025年，文化强省建设和全域生态旅游省建设取得重大成

---

① 习近平赴湖南考察调研［EB/OL］.（2020－09－17）［2022－10－15］. https：//www.12371.cn/2020/09/17/ARTI1600299294061658.shtml？from = groupmessage.

果，文化和旅游领域高质量发展超越迈出重要步伐，宣传思想工作、文化事业、文化产业和旅游业高质量发展机制基本形成，文化产业和旅游产业在全国的位次明显提升，福建作为我国重要的自然和文化旅游中心、21世纪海上丝绸之路旅游核心区、世界知名旅游目的地的地位更加凸显；预计到2025年，全省文化产业增加值将达到3800亿元，力争占全省地区生产总值6%以上，两项指标继续保持全国前列。

（三）共同富裕背景下福建省文化产业发展新要求

共同富裕是全体人民的富裕，是人民群众物质生活和精神生活都富裕。在高质量发展中推动共同富裕，文化是重要支点；满足人民日益增长的美好生活需要，文化是重要因素。因此，促进人民精神生活共同富裕，要坚持满足人民文化需求和增强人民精神力量相统一，推动社会主义文化繁荣兴盛，在推动社会主义文化强国建设中厚植共同富裕的文化氛围。新时代背景下，共同富裕的战略目标势必对文化产业的转型与发展提出更多的新要求，进而形成诸多新特点。

首先是文化产业领域治理体系与市场体系的现代化。当今世界正经历百年未有之大变局，在应对错综复杂的国际环境变化时，应紧扣以国内大循环为主体、国内国际双循环相互促进的新发展格局。文化产业在努力打通国际循环的同时，也要进一步畅通国内大循环，积极统筹国际与国内两个市场。在市场主体的培育上，逐渐深化简政放权、放管结合，不断优化服务改革，同时鼓励中小微文化企业走专业化、特色化、创新型发展模式，以兼并、重组的形式做优做强。各级政府部门积极加大对城乡文化公共基础设施的投入，大力兴建各类现代性的文化场所和载体，厚植文化公共事业和文化产业土壤，同时增加公共财政在文化消费上的支出，以提高社会民众对文化产品和文化服务的消费能力，扩大文化市场容量，带动文化产业发展。

其次是文化产品供给模式的创新化与文化供给层次的丰富化。从供给侧角度来看，随着经济从高速增长逐渐转向高质量发展，文化产业结构性问题凸显，大量低端文化供给充斥着消费市场，因此文化产业要实现高质量发展亟须解决供给侧结构性问题。福建历史悠久，历史绵远流长，拥有非常丰富的文化传统，红色文化、海丝文化、朱子文化、闽南文化、客家文化、妈祖文化、闽都文化等八闽文化交相辉映。在传统文化的熏陶下，有中国气派、时代特征、海峡特色、八闽特点的文化精品创作愈发繁荣，一大批在国内外有标志性影响力的大师巨匠、研究成果不断涌现。"福建戏剧""八闽丹青""闽版图书""视听福建"等成为中华文化走向世界的重要载体和文化品牌，"清新福建""全福游、有全福"等品牌知名度美誉度进一步提升，文化走出去成效更加凸显。同时应发挥好福建传统戏曲大省优势，推动福建戏曲精品创作走在全国前列。大力推动文学创作生产，着力提升长篇小说等作品创作质量，繁荣发展闽派诗歌、闽派批评、闽派翻译等品牌。文化产业的发展愈发强调精准把握新发展阶段人民对精神文化的新追求，分析人民群众对文化需求呈现出的品质化、个性化、网络化、国际化等新特点和新趋势，从而在供给端精准对接文化多元需求，持续强化对文化资源的挖掘与整合，将创意融入演艺、影视、综艺、舞台艺术等文化产品和服务中心，打造更具有核心竞争力的文化内容，满足新时代人民的多样化文化需求，保障人民的精神富裕。

最后是文化产业地域发展均衡化。目前福建省内文化产业区域断层化问题逐渐显现，全省除了福州、厦门、泉州和莆田已经展现出了文化产业的集聚优势外，其他城市仍尚未建立起较为完整的文化产业链。导致这种发展不平衡的原因既与福建省不同区域间文化资源总体配置不平衡的因素有关，也与不同区域间文化产业规划和产业布局倾斜有关。宁德、龙岩和南平等区域虽然文化产业对 GDP 贡献率较低，但这些地区也都开始结合自身特色文化和优势着手发展产业文化。例如，南平在武夷山建立的创业产业园区；龙岩依托古田会议旧址群、长汀革命旧址群、才溪乡调查会址等打造的红色文化旅游路线；宁德设立的畲族文化生态保护试验区等。因此，福建省各地区在未来文化产业发展中，可以依托自身的文化特点与优势，建立跨区域联动机制，实现区域间文化产业的互补与联动。通过结对帮扶，建立联盟等形式，构筑科学合理的文化产业链，优化整合福建文化资源，提高文化产业发展整体水平。

二、福建省文化产业发展对共同富裕的影响路径分析

实现精神富有是实现共同富裕的重要内容，而发展文化产业则不仅是实现精神富有的重要途径，更是实现共同富裕的应有之义。文化产业作为一种

新兴的产业形态，是现代经济的重要组成部分，涉及文艺、演出、电影、电视、图书、音像、出版发行、文化娱乐、文物博物等多个方面，与人民群众的生活密切相关。文化产业的高质量发展不仅在满足人民群众文化需求、实现精神富有中发挥越来越重要的功能，在推动经济结构的调整、转变经济发展方式、培育新的经济增长点、缩小贫富差距方面也越来越发挥着重要的作用。根据福建省统计局公布的数据，"十三五"时期，福建省地区生产总值接连跃上 3 万亿元、4 万亿元台阶，经济总量实现赶超目标，人均地区生产总值突破 10 万元，居民人均可支配收入达 3.72 万元，人民生活水平更为殷实富足。同时，随着人民群众文化素养的日益提高，文化需求内容不断更新，人们对文化产品和服务的质量要求也越来越高，这为文化产业的发展提供了日益扩张的空间和时间，也对文化产业更快更高质量的发展提出了新的诉求。近年来，福建省文化产业在高质量发展下呈现稳步增长、实力增强、规模扩大的总体态势，文化产业结构不断优化。

（一）文化产业的发展促进居民消费，进而带动地区经济发展

当前，福建省正处于工业化提升期、数字化融合期、城市化转型期、市场化深化期、基本公共服务均等化提质期，内生动力强，潜力空间大。但同时我们也要清醒地看到文化产业的发展仍存在一些短板弱项：科技创新能力还不适应高质量发展要求、产业结构不优、产业链发展水平不高、基本公共服务供给任重道远。与此同时，随着人民生活水平的不断提升，消费能力持续增强，人民日益增长的美好生活的需求越来越多，对代表美好生活的精神文化娱乐消费品的需求与发展不平衡不充分之间的矛盾越来越突出。在此背景之下，《中共福建省委关于制定福建省国民经济和社会发展第十四个五年规划和二〇三五年远景目标的建议》明确提出，要推动文化繁荣兴盛，加快建设文化强省，更好满足人民文化需求，同时，也要不断提升公共文化服务水平，增加高品质文化供给，健全现代文化产业体系，积极发展新兴文化企业、文化业态、文化消费模式。此外，近些年来，福建省政府更是陆续出台了《关于积极稳妥推进省属国有文艺院团改革发展意见》《闽台（福州）文化产业园战略规划任务分工方案》《福建省人民政府关于推进文化创意和设计服务与相关产业融合发展八条措施的通知》等多项政策，支持和促进文化

产业繁荣发展。

在当前高质量推进共同富裕背景下，实现人民的精神富有与物质富有共同发展更是题中要义。文化产业的繁荣发展将为人民提供更多更优质的文化消费产品，刺激居民消费增长与升级，而居民消费的提速提质又反过来继续推动文化产业的生产转型，形成良性循环。

从供给侧来看，文化产业的发展将带动整条文化产业生态链的共同发展。文化产业与其他产业在经济、技术、工业上深度渗透，整个产业链相互融合，周边价值相互附加。例如 2019 年，福建省打造的"全福游、有全福"品牌文化产业活动直接促进了旅游业发展，进一步推动了文化和旅游的深度融合①。因此，文化产业的不断发展能够促进各相关行业的快速发展，拉动居民消费，带动整体经济的发展。

从需求侧来看，一方面，文化产业的发展提升了居民消费意愿。文化产业固有的经济属性是模糊文化产业的边界，从而有利于文化产业与其他产业之间的融合，例如与科技的融合、与经济的融合，产生出新的文化发展状态，衍生出新型文化产品、与文化相关的新技术、新的关于文化产业发展的想法、新的文化产业发展商业模式等，从而建立起融合性文化产业新业态，由此使文化相关产品和服务呈现出新的发展方式，为居民消费提供更多新的选择。近年来，福建数字动漫、数字电视、数字出版、网络广播影视等新兴文化业态快速发展，文化创意产业不断涌现，逐步拓展了文化商品的交易种类：福建日报社利用报纸发行队伍和物流体系，建立文化电商平台；福建新华书店发行集团建立新华书店 O2O 平台，实现线上文化商品交易和线下文化体验等。通过挖掘和创造新的消费需求可以刺激消费，提升居民消费意愿，而消费意愿又是影响消费行为的重要因素。因此，文化产业的发展在给居民带来消费意愿提升的基础上，还会增加居民对于文化产品及服务消费的选择。反过来，居民消费的提升也不断带动文化相关产品的消费，进而促进文化产业的发展。另一方面，文化产业的发展促进了居民消费结构的升级。文化产业的发展体现在产业规模的扩大和消费者认可度的提高。其中，当产业规模扩大到一定程度，规模经济的优势逐步体现时，产业生产效率将提

---

① 福建举行"全福游、有全福"品牌建设情况新闻发布会 [EB/OL]. (2020 – 01 – 21) [2022 – 10 – 15]. http：//www. scio. gov. cn/xwfbh/gssxwfbh/xwfbh/fujian/Document/1672473/1672473. htm.

高，生产平均成本将下降，进而将通过价格传导机制降低文化产品的价格。在居民收入不变的前提下，文化产品价格的下降会使居民对消费品的选择产生替代效应，增加其对文化产品的消费，提高对文化产品的认可度，从而改变居民消费结构。大多数学术研究以居民消费结构和消费量为基础对其效用福利进行衡量，因此，当文化产品价格降低到中、低收入者都能接受的范围时，其消费结构将得到进一步升级，居民消费结构的升级调整也体现着居民福利差距的不断变化。此外，文化产业具有形态意识，是价值观、思想等文化意识的载体。文化产业的发展是思想及观念的传播过程，通过意识形态的流通，不断改变着消费观念及消费结构实现的。同时，文化消费作为文化产业发展的重要引擎，居民文化消费结构的升级也势必会倒逼文化产业的发展，二者相辅相成，相得益彰。

综上，无论从供给侧，还是需求侧来看，文化产业的发展均在一定程度上提升了居民消费能力，这主要是通过提升居民消费意愿和调整居民消费结构实现的。同时，居民消费能力的提升，也进一步倒逼文化产业不断发展，滋生了文化产业新业态、新模式，以满足居民日益增长的精神文化需求。

（二）文化产业的发展有助于缩小城乡贫富差距

文化产业作为 21 世纪的新兴产业，在国民经济中的贡献率越来越大，成为各国新的经济增长点和提升经济、文化竞争力的一支重要力量。"十三五"期间，福建省文化产业实现质的飞跃，福建省"十四五"文化和旅游改革发展专项规划显示，2019 年全省文化产业实现增加值 2161 亿元，占地区生产总值比重达 5.1%，由此可见，福建省已成为继北京、上海、浙江、广东之后，以文化产业作为国民经济支柱性产业的城市。

一方面，文化产业种类繁多，具有强大的就业接纳能力，为大量农村剩余劳动力的转移提供了新的空间。文化产业主要包括：新闻出版业；广播影视音像业；文化艺术业；旅游业；体育；娱乐业；造纸及纸制品业；印刷业和记录媒介的复制业；文教体育用品制造、家用视听设备制造业；文化、办公用机械制造业；工艺品及其他制造业；等等。文化产业的不断发展为低收入者提供了大量的就业机会，增加其收入，促使其进入中等收入人群，有效解决了城镇下岗、待业人员的就业问题，并为大量农村剩余劳动力开拓非农产业的就业空间，通过文化产业缓解失业矛盾，开辟新的就业空间，是一条可行且高效的道路。

另一方面，文化产业发展为乡村经济增长提供了独特的发展平台和路径，将进一步推进乡村文化振兴。福建有着丰富的历史文化资源，闽南文化、客家文化、红土地文化、船政文化、妈祖文化、朱子文化、畲族文化等地方文化都具有鲜明的特色。文化产业的发展既是对这些历史文物的保护和再生，更是各个城市经济发展的一条高效的渠道。发挥地方文化特色，开发历史文化资源，创建旅游文化产业，以民俗文化为载体，组织文化产品的生产、出口，新建特色文化市场，提供民俗文化服务等都是乡村经济增长和农村人民创收的新兴途径，都能为活跃繁荣农村文化市场，丰富农村文化业态提供新的思路。

（三）文化产业发展助推产业结构升级

文化产业对经济增长的直接影响表现为其经济贡献率，但其间接影响同样不容忽视，即文化产业的发展可以带动产业结构优化，通过结构优化与调整促进整个经济的发展。文化产业推动产业结构调整的机制主要表现在渗透机制、转换机制和提升机制。具体来看，文化产业的发展促进文化理念渗透到传统产业的设计、生产、营销、品牌和经营管理等环节，从而改变传统产业的价值创造链条，使传统产业提供的产品更加富有文化含量、文化品位。随着文化产业的发展，资源逐步从传统产业流入文化产业，并由此加剧传统产业之间的竞争，使传统产业融入更多的文化元素，从而促进传统产业的结构调整。文化产业通过提升工业、服务业的文化含量与经济价值，提升整个社会经济的质量，进而促进经济增长方式的转变。文化产业通过提升传统产业的文化含量与经济价值，改变传统产业的价值链，创造新的增值空间，形成新的价值分配链条，从而促进传统产业的结构调整，提升整个社会经济的质量。譬如 2021 年中国网络游戏出版产业的实际销售收入为 2965.13 亿元，其中自主研发游戏国内销售收入达到 2558.19 亿元[①]，科学技术升级加速游

[①] 《2021 年中国游戏产业报告》发布——防沉迷新规落地，用户结构渐趋合理［EB/OL］.（2021 - 12 - 17）［2022 - 10 - 15］. https：//www.nppa. gov. cn/nppa/contents/280/102451. shtml.

戏业态变革，产业发展又助益着科技创新。文化产业还可以广泛渗透于其他产业，与其他产业相结合，带动其他产业成长，提升这些产业的素质和水平。《闽商蓝皮书·闽商发展报告（2022）》指出，福建文旅经济虽然具有文化资源与区位优势，但也存在着重硬件轻软件、重自然轻文化等问题，这也在一定程度上制约着文旅经济发展，进而影响地区经济发展和共同富裕。因此，未来福建应继续加大文化产业投入，发挥文化产业的经济结构调整作用，助推福建经济高质量发展。

（四）文化产业发展助力乡村振兴

乡村振兴，离不开文化振兴。习近平总书记曾强调：“乡村振兴既要塑形，也要铸魂”[①]，乡村的“魂”与其及精神文明发展息息相关，只有根植于深厚的文化中，乡村才能真正富有生机活力。而乡村振兴的出发点和落脚点就是通过解决发展不平衡不充分的问题，增进人民福祉、促进人的全面发展，稳步迈向共同富裕。一方面，文化产业促进了乡村产业提升。如福建省延平区通过发挥中国百合之乡的特色产业优势，挖掘百合文化底蕴，通过文创提升农业产业项目的文化内涵，打造集农文旅于一体的王台百合特色文创小镇，每年文化产值可达 3 亿元，极大提升了乡村产业发展[②]。另一方面，文化产业的发展促进多元业态延伸。福建有着丰富的历史文化资源，随着文化产业的发展，不断推进传统村落保护与文化、旅游、农业、民宿、商贸等不同业态的跨界融合，培育了诸如旅居养生、研学旅行、艺术空间、生态农业、餐馆民宿等乡村新兴营业主体。近年来，福建各地区以实施乡村振兴战略为契机，在文化建设中不断进行实践总结，创新地方特色活动、乡村文旅融合、文化创意发展的新路径，推进了乡村文化建设枝繁叶茂，助推了高质量乡村振兴，促进了共同富裕。

---

① 文化振兴为乡村振兴“铸魂”［EB/OL］．（2019 – 11 – 27）［2022 – 10 – 15］．http：//m. cnr. cn/news/20191127/t20191127_524875283. html.

② 激活乡村“沉睡”资产，打造乡村文化振兴的“延平范本”［EB/OL］．（2020 – 11 – 16）［2022 – 10 – 15］．http：//fujiansannong. com/info/56120.

三、福建省文化产业投入的共同富裕效率核算

为进一步验证福建省文化产业发展对共同富裕和经济增长等社会目标的促进作用，本文从现实数据出发，利用非参数检验方法核算福建省文化产业投入对促进共同富裕和经济增长的效率。

（一）模型选取

非参数"数据包络分析法"（data envelopment analyse，DEA）是根据相同类型部门的多个输入变量和输出变量，确定有效生产前沿面，并根据各生产单元与有效生产前沿面的距离确定其是否有效。使用 DEA 对决策单元进行评价，可以得到较多有用的管理信息，使得不同地区文化产业投入效率之间进行比较成为可能，而且如果核算结果显示某些地区文化产业投入对促进地区公平不是有效率的，还可以进一步地分析原因，有助于提高地区决策的导向性。因此本文将福建省视为一个将文化产业发展投入转化为若干产出的系统，利用 DEA 对福建省 9 个市的文化产业发展投入效率指标进行测算。

相比 DEA 中的其他模型，DEA-Malmquist 指数法更倾向于对决策单元进行动态变化分析，其将全要素生产率（Tfpch）分解为综合技术效率变化指数（Effch）和技术变化指数（Techch），并进一步将 Effch 分解为纯技术效率（Pech）和规模收益变动（Sech）：

$$\text{Malmquist 指数} = \text{Tfpch} = \text{Effch} \times \text{Techch}$$

$$\text{Effch} = \text{Pech} \times \text{Sech}$$

一般我们又可以从产出导向和投入导向衡量效率水平。产出导向是指在一定投入组合下，以实际产出与最大产出比进行估计，追求输出的增加；投入导向是指在一定产出下，以最小投入和实际投入之比进行估计，追求投入的减少。在规模报酬不变（constant returns to scale，CRS）的情况下，两个角度得到的效率值是相同的。但在规模报酬可变（variable returns to scale，VRS）的情况下，结果可能不相等。本文中研究的是 2015～2020 年福建省 9

个市级文化产业发展投入效率情况，一般而言，各市在时间序列里都是规模报酬可变的，因此本文选择 VRS 模型。

（二）指标构建与数据处理

本文参照以往研究指标体系，结合福建省实际，以《国家基本公共服务体系"十二五"规划》为指导原则，根据数据的可得性，选取了 5 类一级指标，12 个二级指标。其中 2 类投入一级指标包括需求端投入和公共文化投入，其下包含 4 个二级指标；3 类产出一级指标包括经济性、共同度和富裕度，并据此分类设立了 8 个二级指标。具体评价指标体系见表 1。

表 1　　　　福建省文化产业投入效率的投入产出指标体系

项目	一级指标	二级指标	指标性质
投入	需求端投入	居民人均教育文化娱乐消费支出	正指标
		政府文化旅游体育与传媒支出	正指标
	公共文化投入	博物馆数量	正指标
		百人拥有公共图书馆藏量	正指标
产出	经济性	人均 GDP	正指标
		全社会劳动生产率	正指标
	共同度	城乡居民收入倍差	负指标
		城乡居民消费倍差	负指标
		城镇化率	正指标
	富裕度	居民人均可支配收入	正指标
		居民人均消费支出	正指标
		恩格尔系数	负指标

以上指标资料来源于 2016～2021 年的福建省统计年鉴、福建各地市统计年鉴、中国县域统计年鉴。

考虑到各指标数量级之间存在差距，在测算前先对单项指标进行无量纲化处理。本文采取区间极值标准化方法，并将区间设置在 0.1～1.1，之所以采用这种方法，是因为它可以使各单项指标转化为指定数值区间的数据，并且它所依据的原始数据信息比较少。由于代表公共服务的各单项指标中有正指标与逆指标之分（正指标的值越大越好，逆指标越小越好），因此对于正指标和逆指标的无量纲化的具体方法还是有区别的：

正指标：$z_i = 0.1 + (1.1 - 0.1) \times \dfrac{x_i - \min(x_i)}{\max(x_i) - \min(x_i)}$

逆指标：$z_i = 0.1 + (1.1 - 0.1) \times \left(1 - \dfrac{x_i - \min(x_i)}{\max(x_i) - \min(x_i)}\right)$

$\qquad\qquad = 0.1 + (1.1 - 0.1) \times \dfrac{\max(x_i) - x_i}{\max(x_i) - \min(x_i)}$

其中，x_i 代表各项指标的具体取值，$\max(x_i)$ 和 $\min(x_i)$ 是 x_i 在 2015~2020 年不同地区单项指标中的最大值和最小值。

（三）DEA 方法的文化产业发展投入效率核算结果

本文基于投入导向和可变规模报酬的假定，利用 2015~2020 年福建省各市居民及政府文化娱乐消费投入、公共文化基础建设投入以及我们构建的经济性、富裕度、共同度三类综合产出指标，通过 deap2.1 对福建省文化产业发展投入的效率进行系统核算，分别测得 2015~2020 年福建省各市的文化产业投入对促进经济发展和居民共同富裕的效率值。

1. 社会综合效率

社会综合效率测算以福建省各市的人均 GDP、全社会劳动生产率、城乡居民收入倍差、城乡居民消费倍差、城镇化率、居民人均可支配收入、居民人均消费支出和恩格尔系数作为地区社会综合效率的产出数据，时间跨度为 2015~2020 年，分别从动态面板角度和区域发展角度测算福建各市文化产业发展投入对带动全区综合社会发展的效率变化情况。

如表 2 所示，从福建市级文化产业投入综合效率的时间动态变化趋势来看，2015~2020 年，Malmquist 指数变化不断波动，但指数的总体均值大于 1，为 1.059，表明福建各市文化产业投入的社会综合效率在此期间总体提高，但效率改善过程中还存在一些不稳定因素。从分解指数的角度看，福建各市的综合技术效率年平均值为 1.003，其中 2016~2017 年和 2018~2019 年两个时间段的综合技术效率小幅度衰退；对综合技术效率指数进一步分解，发现纯技术效率和规模收益的上升均推动了综合技术效率的提高；在技术变化方面，总的技术变化平均值仅为 1.056，其中，2016～2017 年、2017～2018 年和 2019～2020 年三个时间段的技术变化小于 1，且技术效率随时间动态变化走向与 Malmquist 综合指数保持一致，这表明福建省各市文化产业发展投入的社会综合 Malmquist 指数先下降后增加的主要原因是技术变化指数的变化。因此有针对性地吸收科技成果对提高文化产业投入的产出效率来说十分重要，要注重将技术进步更深入地融合到文化产业中，推动文化产业的广沿边际发展。

表 2　　　2015～2020 年福建市级文化产业发展的经济效率及其分解

期间	Effch	Techch	Pech	Sech	Tfpch
2015～2016 年	1.013	1.813	1.006	1.007	1.837
2016～2017 年	0.998	0.733	1.000	0.998	0.731
2017～2018 年	1.002	0.985	1.000	1.002	0.988
2018～2019 年	0.999	1.101	1.000	0.999	1.100
2019～2020 年	1.001	0.912	1.000	1.001	0.913
平均值	1.003	1.056	1.001	1.001	1.059

对福建各市文化产业投入的社会综合效率进行横向对比可以发现（见表 3），样本 9 个市的文化产业投入总体有效，平均 Malmquist 指数为 1.059，其中，莆田市和宁德市两个地区为弱有效单元，平均 Malmquist 指数是分别为 0.907 和 0.967，而其他各市为有效单元，Malmquist 指数均超过 1。进一步的指标分解分析发现，在地区层面，技术变化指数也同样决定着 Malmquist 综合指数变化，数据结果上体现在只有莆田市和宁德市的技术变化指数小于 1，直接造成其综合指数小于 1。因此，莆田市和宁德市应当注重技术进步对文化产业投入效率的影响。在 Malmquist 综合指数排位中排在前三位的分别为厦门市、龙岩市和福州市，表明这三个地区文化产业投入的配置效率较为合理。

表 3　　　福建省各市社会综合效率平均 Malmquist 效率指数及其分解

地区	Effch	Techch	Pech	Sech	Tfpch	排名
福州市	1.000	1.119	1.000	1.000	1.119	3
厦门市	1.000	1.163	1.000	1.000	1.163	1

续表

地区	Effch	Techch	Pech	Sech	Tfpch	排名
莆田市	1.000	0.907	1.000	1.000	0.907	9
三明市	1.000	1.089	1.000	1.000	1.089	4
泉州市	1.000	1.085	1.000	1.000	1.085	5
漳州市	1.000	1.079	1.000	1.000	1.079	6
南平市	1.024	1.003	1.011	1.013	1.027	7
龙岩市	1.000	1.120	1.000	1.000	1.120	2
宁德市	1.000	0.967	1.000	1.000	0.967	8
平均值	1.003	1.056	1.001	1.001	1.059	

2. 经济性

经济性的效率核算以福建省各市的人均 GDP、全社会劳动生产率和人均可支配收入三个方面数据作为地区经济发展的产出数据，时间跨度为 2015～2020 年，分别从动态角度和区域发展角度考察福建各市的文化产业发展投入拉动地区经济的效率变化情况。

如表 4 所示，从福建市级文化产业投入经济效率的时间动态变化趋势来看，2015～2020 年，除 2016～2017 年外（0.867），总体经济效率变化均大于 1，出现不同程度的进步，且整体呈现先下降后上升的趋势。Malmquist 指数的年平均值为 1.168，这表明福建各市文化产业投入效率在 2015～2020 年之间基本是在逐步提高的。对指数进行分解可以看到，福建各市的综合技术效率变化年均增长 1.2%，其中 2016～2017 年和 2018～2019 年两个时间段的综合技术效率出现了衰退，2015～2016 年、2017～2018 年和 2019～2020 年三个时间段的综合技术效率则在提高。对综合技术效率指数进一步分解，发现年均综合技术效率上升的主要原因主要来自规模收益的 1.6% 年均增长，其抵消了纯技术效率 0.03% 的年均下降。这说明在以经济效率为导向时，福建省文化产业投入的配置效率和技术提升应该予以重视。另外，技术变化年平均值为 1.154，6 年中有 5 年的技术变化大于 1，其中在 2016～2017 年下降幅度骤增，达 -11.5%，之后三年不断提高。这表明福建省各市文化产业发展投入的经济 Malmquist 指数先下降后增加的主要原因是技术变化指数的变动。

表 4   2015～2020 年福建市级文化产业发展的经济效率及其分解

期间	Effch	Techch	Pech	Sech	Tfpch
2015～2016 年	1.073	1.698	1.010	1.062	1.822
2016～2017 年	0.979	0.885	1.002	0.977	0.867
2017～2018 年	1.006	1.063	1.000	1.006	1.069
2018～2019 年	0.989	1.271	0.982	1.007	1.257
2019～2020 年	1.018	1.006	0.989	1.030	1.024
平均值	1.012	1.154	0.997	1.016	1.168

对福建各市文化产业投入的经济效率进行横向对比可以发现（见表 5），各市文化产业投入的总体经济效率均为有效，且地区间效率分布较为均衡。具体数据结果显示，样本 9 个市的平均 Malmquist 指数均大于 1，且平均值为 1.168。进一步的指标分解看出，构成 Malmquist 指数中的两个指数，综合技术效率（Effch）和技术变化（Techch）中，技术变化指数在全省 9 个市中全都大于 1；而综合技术效率指数（Sech）只有在三明市的效率值小于 1，为弱有效单元，且其主要源于规模效率，因此三明市在注重经济发展的同时也应当注重规模经济效应，充分发挥文化产业规模效应对经济发展的促进作用。在 Malmquist 综合指数排位中，南平市、福州市、漳州市占据了前三名，厦门市、三明市、泉州市、宁德市分别处于最后四名。

表 5   福建省各市经济性平均 Malmquist 效率指数及其分解

地区	Effch	Techch	Pech	Sech	Tfpch	排名
福州市	1.033	1.176	1.000	1.033	1.215	2
厦门市	1.000	1.152	1.000	1.000	1.152	6
莆田市	1.000	1.188	1.000	1.000	1.188	4
三明市	0.999	1.152	1.000	0.999	1.152	6
泉州市	1.000	1.145	1.000	1.000	1.145	8
漳州市	1.052	1.140	1.011	1.040	1.200	3
南平市	1.026	1.188	0.961	1.068	1.219	1
龙岩市	1.000	1.157	1.000	1.000	1.157	5
宁德市	1.002	1.087	0.997	1.005	1.089	9
平均值	1.012	1.154	0.997	1.016	1.168	

另外，从省级效率平均值来看，综合技术效率在地区间分布浮动不大，总体处于上升状态，对其进行分解后的结果显示，规模收益的平均值为1.016，而纯技术效率则仅为0.997，纯技术效率小于 1 主要来源于宁德市和南平市。这表明，综合技术效率值的增加主要是由于规模收益 1.6% 的平均增长率，其完全抵消了纯技术效率的衰退（该结论与指标动态变化分析类似），且宁德市和南平市的纯技术效率值小于 1 表明两市更应当加强文化产业投入的技术提升。

3. 共同度

共同度的效率核算以福建省各市的城乡居民收入倍差、城乡居民消费倍差、城镇化率三个方面数据作为地区城乡居民共同富裕的产出数据，时间跨度为 2015～2020 年，分别从动态角度和区域发展角度考察福建各市的文化产业发展投入促进城乡居民共同富裕的效率变化情况。

如表 6 所示，从福建市级文化产业投入共同度效率指标的时间动态变化趋势来看，2015～2020 年，Malmquist 效率指数变化率总体呈先下降后上升趋势，指数的总体平均值为 1.044，其中，2015～2016 年和 2019～2020 年的Malmquist 指数大于 1，2017～2019 年的 Malmquist 指数小于 1。这表明福建各市文化产业发展投入在促进共同富裕方面的效率在 2017～2019 年呈现负增长趋势。对指数进行分解可以看到，福建各市的综合技术效率均值为1.009，其中前三年的综合技术效率是在不断提高的，而后两年的效率则是下降；对综合技术效率指数进一步分解，发现年平均综合技术效率以 0.9%上升，其中，纯技术效率贡献了 0.5%，规模收益贡献了 0.4%，且纯技术效率变动与总效率指数的变动趋势较为一致；另外，技术变化效率指标的变化趋势于 Malmquist 总体效率指标保持一致，先下降上升。由此可见文化产业发展投入对共同度的 Malmquist 效率指数变化主要来源于技术变化指数的波动，共同度的提高普遍受到技术进步的限制。因此，以共同度为标的，要求福建省文化产业投入需要注重提高发展效率和技术水平，合理运用居民消费结构和市场调节机制在文化产业投入转化中的作用，通过寻求新的更有效率的投入方式提高文化产业发展对共同度的促进效率。

表6　　　2015～2020年福建市级文化产业发展的共同度效率及其分解

期间	Effch	Techch	Pech	Sech	Tfpch
2015～2016年	1.016	1.686	1.017	0.998	1.712
2016～2017年	1.024	0.703	0.999	1.025	0.720
2017～2018年	1.043	0.849	1.045	0.998	0.886
2018～2019年	0.985	0.986	0.982	1.003	0.971
2019～2020年	0.976	1.196	0.981	0.995	1.168
平均值	1.009	1.035	1.005	1.004	1.044

对福建各市文化产业投入的共同度效率指数进行横向对比可以发现（见表7），样本9个市的文化产业投入总体有效，平均Malmquist指数为1.044，其中，莆田市、南平市两个地区为弱有效单元，平均Malmquist指数是分别为0.925和0.994，而其他各市均为有效单元，Malmquist指数均超过1。究其原因，构成Malmquist指数中的两个指数，综合技术效率（Effch）和技术变化（Techch）中，莆田市的技术变化小于1，南平市的综合技术效率小于1，而其他市的综合技术效率和技术变化都大于1。进一步的指标分解可以看出南平市的综合技术效率无效主要是由于纯技术效率小于1。在Malmquist综合指数排位中，三明市、厦门市、龙岩市占据了前三名，莆田市、南平市、宁德市分别处于最后三名。因此，综上可以看出，福建省文化产业投入在促进居民公平上存在区域内部和区域间的不均衡性，以共同度为标的，福建省文化产业发展投入应当更关注各市之间不同的特点和需求，因地制宜地制定文化产业发展策略和计划，在以文化产业为支柱促增长的同时，充分挖掘其对缩小地区内部差距和城乡居民福利差异的作用，为稳增长提供更全面的保障。

表7　　　福建省各市共同度平均Malmquist效率指数及其分解

地区	Effch	Techch	Pech	Sech	Tfpch	排名
福州市	1.021	1.031	1.019	1.001	1.052	5
厦门市	1.000	1.120	1.000	1.000	1.120	2
莆田市	1.000	0.925	1.000	1.000	0.925	9
三明市	1.037	1.094	1.036	1.001	1.135	1
泉州市	1.005	1.039	0.999	1.005	1.044	6

续表

地区	Effch	Techch	Pech	Sech	Tfpch	排名
漳州市	1.003	1.059	1.000	1.003	1.063	4
南平市	0.972	1.023	0.962	1.011	0.994	8
龙岩市	1.040	1.033	1.027	1.012	1.074	3
宁德市	1.000	1.003	1.000	1.000	1.003	7
平均值	1.009	1.035	1.005	1.004	1.044	

另外，从省级效率平均值来看，效率指数总体呈现良好趋势，各效率指数均大于1，在分解平均 Malmquist 生产率指数中，我们可以看出，对2015～2020年福建各市平均共同度效率值增长率的影响中，技术进步贡献了3.5%的增长率，而平均综合技术效率只贡献了0.9%的增长率。进一步分析发现，9个样本市中有8个市的平均综合技术效率值大于1，说明在综合技术效率方面，福建各市基本都是处于上升状态。对其进行分解后的结果显示，规模收益的平均值为1.004，纯技术效率为1.005，这表明，综合技术效率值的增加主要是由于规模收益0.4%的年增长率和纯技术效率0.5%的年增长率。因此，福建省各市文化产业投入在共同度方面的效率上，要更关注综合技术效率的提高。

4. 富裕度

富裕度的效率核算以福建省各市的城乡居民人均可支配收入、城乡居民人均消费支出、恩格尔系数三个方面的数据作为地区居民生活水平的产出数据，时间跨度为2015～2020年，分别从动态角度和区域发展角度考察福建各市的文化产业发展投入促进居民生活水平提高的效率变化情况。

如表8所示，从福建市级文化产业投入的富裕度效率指数时间动态变化趋势来看，2015～2020年，Malmquist 效率指数变化率走势并无规律，但指数的总体平均值为1.097，表明2015～2020年文化产业投入对居民生活富裕度总体是不断改善的。具体年份上看，这6年内只有2016～2017年和2019～2020年的 Malmquist 指数小于1，分别为0.755和0.808，而2015～2016年的 Malmquist 指数最高，达到2.609。对指数进行分解可以看到，2016～2017年"富裕度"非效率主要源于技术变化非效率，且其反向覆盖了综合技术效率的效率结果，而2019～2020年的富裕度非效率则主要源于规模收益和技术变化非效率，表明福建省文化产业投入的富裕度效率指标在不同年份会受到不同因素的影响，但技术变化指数的变化是最为主要的影响因素。因此以富裕度为目标，仍要求福建省文化产业提高投入质量和创新发展投入路径。

表 8　　　　2015～2020 年福建市级文化产业发展的富裕度效率及其分解

期间	Effch	Teachch	Pech	Sech	Tfpch
2015～2016 年	1.096	1.887	0.979	1.119	2.609
2016～2017 年	1.112	0.679	1.045	1.063	0.755
2017～2018 年	0.954	1.197	1.005	0.950	1.143
2018～2019 年	1.022	1.077	0.996	1.026	1.101
2019～2020 年	0.985	0.820	1.002	0.983	0.808
平均值	1.032	1.063	1.005	1.027	1.097

对福建各市文化产业投入的富裕度效率指数进行横向对比可以发现（见表 9），全省 9 个地级市单位均为有效决策单元，Malmquist 指数均大于 1，也就是说福建各城市文化产业投入的"富裕度"效率均有不同幅度的提升。分解指标数据，我们发现构成 Malmquist 指数中的两个指数，综合技术效率（Effch）和技术变化（Teachch）中，福建省 9 个城市的综合技术效率均大于 1，平均效率值为 1.032；技术变化指标除南平市（0.988）外，其他 8 个城市也都大于等于 1，平均效率达到 1.063；与此同时宁德市在纯技术进步效率指标上也略小于 1。在 Malmquist 综合指数排位中，漳州位于首位且福州、厦门、莆田、三明、泉州等 5 个城市共同位列第 5。总体而言，在促进居民生活水平富裕度上，福建省各市文化产业投入均达到了比较好的效率结果，其原因可能在于文化产业发展投入针对性地满足了居民日益增长的物质文化需求和精神文化需求，为居民生活质量和消费层次的提高提供了更广阔的释放空间，进而极大地增强了居民富裕度。

表 9　　　　福建各市"富裕度"平均 Malmquist 效率指数及其分解

地区	Effch	Teachch	Pech	Sech	Tfpch	排位
福州市	1.000	1.082	1.000	1.000	1.082	5
厦门市	1.000	1.187	1.000	1.000	1.187	5
莆田市	1.000	1.041	1.000	1.000	1.041	5

地区	Effch	Teachch	Pech	Sech	Tfpch	排位
三明市	1.000	1.035	1.000	1.000	1.035	5
泉州市	1.000	1.088	1.000	1.000	1.088	5
漳州市	1.132	1.069	1.029	1.100	1.211	1
南平市	1.116	0.988	1.011	1.104	1.102	2
龙岩市	1.013	1.079	1.011	1.002	1.093	4
宁德市	1.037	1.008	0.997	1.040	1.045	3
平均值	1.032	1.063	1.005	1.027	1.097	

另外，从省级效率平均值来看，全省 9 个城市的平均综合技术效率均大于 1，说明在综合技术效率方面，福建各市均处于上升状态。在对平均综合技术效率的分解中，我们发现规模收益的平均值为 1.027，纯技术效率为 1.005，表明综合技术效率值的增加主要是源于规模收益。

（四）小结

对 DEA 效率核算结果进行总结，我们发现，福建省文化产业投入对地区"经济发展"和居民"共同度"指标的效率结果主要受到了技术进步的限制。因此，福建省文化产业的发展投入应当更加注重配置效率和技术水平的提升，合理运用居民消费结构和市场调节机制在文化产业投入转化中的作用，通过寻求新的更有效率的投入方式充分发挥文化产业发展对经济发展和共同富裕的促进作用。

另外，在福建省区域公平方面，文化产业投入对"共同度"的效率结果体现出区域内部和区域间的不平衡性，因此福建省文化产业发展投入更应当关注各市之间不同的特点和需求，因地制宜地制定文化产业发展策略和计划，在以文化产业为支柱促增长的同时，充分挖掘其对缩小地区内部差距和城乡居民福利差异的作用，为稳增长提供更全面的保障。

最后，福建省文化产业发展投入对居民生活水平提高（富裕度）起到了明显的促进效果，其原因可能在于文化产业发展投入针对性地满足了居民日益增长的物质文化需求，为居民生活质量和消费层次的提高提供了更广阔的释放空间，进而极大地增强了居民富裕度。

四、以文化产业高质量发展赋能共同富裕

共同富裕是社会主义的本质要求，是人民群众的共同期盼。习近平总书记在《扎实推进共同富裕》一文中指出，"共同富裕是社会主义的本质要求，是中国式现代化的重要特征。我们说的共同富裕是全体人民共同富裕，是人民群众物质生活和精神生活都富裕"①。强调统筹推进"五位一体"总体布局、协调推进"四个全面"战略布局，文化是重要内容；推动高质量发展，文化是重要支点；满足人民日益增长的美好生活需要，文化是重要因素；战胜前进道路上各种风险挑战，文化是重要力量源泉。文化产业，是以生产和提供精神产品为主要活动、以满足人们的文化需要为目标的文化意义本身的创作与销售，狭义上包括文学艺术创作、音乐创作、摄影、舞蹈、工业设计与建筑设计。文化资源向文化产业转化需要经历文化资源到文化产品、文化产品到文化产业两个阶段。通过推进文化产业高质量跨越式发展，能够满足日益增长的人民群众美好生活需要，推动社会主义文化繁荣兴盛，全面赋能共同富裕。

（一）深度挖掘农村文化资源，助力乡村振兴

2021年，国家各部门相继公布惠农补贴政策，同时鼓励社会资本等多种经营模式积极参与项目投资建设与运营。提出以产业集群、现代农业产业园、产业强镇等重大项目为代表的资金扶持方式促进县域发展，落实乡村振兴战略。2022年3月21日文旅部门印发《关于推动文化产业赋能乡村振兴的意见》（下称《意见》），提出启动实施文化产业赋能乡村振兴计划。《意见》明确了创意设计、演出产业、音乐产业、美术产业、手工艺、数字文化、其他文化产业、文旅融合等8个文化产业赋能乡村振兴重点领域，提出培育壮大市场主体、建立汇聚各方人才的有效机制、加强项目建设和金融支持、统筹规划发展和资源保护利用等4个方面政策举措。

---

① 习近平谈治国理政（第四卷）［M］. 北京：外文出版社，2022：142.

文化产业赋能乡村振兴共有三个着力点：以城带乡、城乡互促是文化产业赋能乡村振兴的指导思想；多业并举是文化产业赋能乡村振兴的基本路径；多方参与是文化产业赋能乡村振兴的重要保障。

深度发掘农村文化资源，凭借特色文化资源能够强化竞争力，打造各具特色的农业发展格局，推进乡村产业振兴。首先要进一步完善文化基础设施建设，对具有历史文化价值的乡土建筑、古树、古井、古碑、古桥等原生的乡村文化遗产，都应该尽量进行保护修缮，凸显当地的文化符号、印记。在保护城乡的原始风貌、历史记忆、文化特色和自然生态，传承优秀乡土文化的基础上，还要积极发掘当地特色文化元素，如少数民族文化、红色革命文化、自然景观文化等，强化乡土特色文化记忆，形成地域特色。在传统美食、传统手工、传统文艺、传统医药等多方面深挖独具魅力的文化内涵和历史底蕴，并结合时代的新需求，创新性地将乡土文化与文化产业、文化旅游业相结合，探索出一条农村产业现代化转型新路径。在乡村振兴大背景下，福建省文化和旅游部门强化文旅融合创新，拓展乡村文化旅游，以留住乡愁记忆为主题，加强乡村文化遗产保护传承和合理利用，聚焦讲好乡村文化故事。繁荣的乡土文化，正为乡村发展提供源源不断的精神力量和发展动力。在永泰县，秀丽的青云山、古老的嵩口古镇都是这里打造的旅游名片。如今，随着古村落和庄寨文化的保护与开发，散落在永泰青山绿水间的一座座永泰庄寨，也正成为永泰旅游的一个爆点。创收的背后是当地致力于挖掘特色文化，培育"金牌旅游村"，打造富有地方特色的乡村文化旅游产品。地方政府还需要通过加强区域文化资源的价值研究梳理，组织专家深入发掘蕴涵的文化内核、社会价值、现代意义、商业价值，进一步处理好区域特色文化资源的传承保护和创新开发的关系，并且筛选、加工、整理可供创新开发的各类特色文化资源，将分散的文化产业资源进行有机整合，作为城乡文化产业发展的基础。因此，发展城乡特色文化产业必须坚持社会主义文化的根本属性，必须代表当代先进文化的发展方向，必须符合社会主义核心价值观的价值取向。

城乡文化产业的发展必须因地制宜，立足于当地的优势资源、区域特点和特色文化，充分发挥其生态环境优势，找准自身定位，明确产业发展重点，打造体现地方特色的文化产业，把资源优势转变为产业优势，促进城乡经济发展和居民就业增收。比如，福州是国家级历史文化名城，拥有众多历史文化资源丰富、自然景观优质的乡村或县镇，其中，永泰县通过打造"中国李果之乡""中国温泉之乡"和永泰嵩口"中国历史文化名镇"，连江县通过建设"中国温泉之乡"和"水产之乡"，闽侯县通过大力发展"中国橄榄之乡""昙石山文化遗址"和上街根雕，都走出了自己独具特色、精彩纷呈的文化产业发展之路。福建文化产业的发展要用好世界遗产大会的成果，提升文化和自然遗产保护利用水平，推动朱子文化等福建特色文化创造性转化、创新性发展，打造福建文化标识体系。加强文化产业与农耕文化传承、创意农业发展、乡村旅游的有机结合，大力开发文化旅游、创意农业、农耕体验、乡村手工艺等具有乡村特色的文化消费产品，促进农业、农村的多样化、个性化发展。同时文化产业项目建设要注意适度开发，避免重复建设；要注重生态保护，坚持可持续发展。实施文艺作品质量提升、文化惠民等工程，推动城乡公共文化服务一体发展。深化文化体制改革，加快文化产业发展，培育壮大新型文化业态和消费模式。

乡土文化资源助力乡村产业振兴的同时，也能够创造新的就业机会，吸引更多的劳动力留在乡村，一定程度上提升农民的经济收入，有效拓展脱贫攻坚成果，进一步改善农村居民的生活面貌，为共同富裕的实现巩固物质基础。

（二）政府增强政策引导，加强文化产业建设

文化产业具有投资周期长、见效慢的特点。因此做大、做强文化产业，更加需要政府的正确引导和强力扶持。

第一，强化顶层设计。财政、税收、金融等相关部门应出台相关政策，通过政策引导、专项扶持等举措大力发展文化产业。省级层面出台《福建文化产业高质量发展超越行动方案（2021—2025年）》等文件，科学规划、精准部署，要求力争到2025年，全省文化产业增加值达到3600亿元，占全省生产总值的比重达到5.5%以上。通过建设示范园区、开展试点项目，予以资金奖补、税收减免等综合施策，加快推进文化产业发展，同时提升文化产品的覆盖面和普及率。在新冠肺炎疫情背景下，为了助力文化和旅游业项目发展，可以鼓励各地发放消费券、惠民券等，用于零售、餐饮、文旅、住宿、体育领域消费，活跃消费市场。此外，也要加快交通基础设施投资，高

铁、地铁的陆续开通，在完善基础设施的同时也是为百姓谋福利。福建省财政统筹资金作为文旅企业的扶持资金，主要可以用于扶持全省重点旅行社、旅游景区、文化艺术院团、演出场馆等文旅企业以及文旅促消费活动。在福州，坚持"一张蓝图绘到底"，打响"数字福州"国际品牌，先后出台若干政策支持电影产业、动漫游戏产业发展，为数字文化产业发展创造良好政策环境。

第二，地方政府可以依托区域特色资源，依据制定的文化产业规划和区域经济社会发展规划，策划一些大型的文化产业项目，吸引投资者创建具有较强竞争实力的文化企业。同时要注重培育壮大市场主体，鼓励和支持民营文化企业发挥好"生力军"作用，深化简政放权、放管结合、优化服务改革，营造竞争公平、秩序规范的法治化文化市场营商环境，促进各类文化产业要素资源的市场化高效配置。在平潭，结合机构改革和开放开发实际，设立党工委宣传与影视发展部，将广播、电视、电影、新闻出版、版权管理等事业和产业发展划归宣传影视部；在其中设立影视产业与出版管理处，负责推进文化产业发展。在莆田，率先在全省推进文化行政主体整合归并，全面完成电影发行放映单位转企改制，推动莆仙戏国有院团、报纸广播电视体制机制改革等。要加大政策扶持力度，激发民营企业发展活力，将民营文化企业重大项目纳入各级政府相关中长期发展规划，在资金补贴、政府采购等方面对民营和国有文化企业一视同仁。要发挥好行业商协会作用，成立文化产业发展基金。

第三，需要一批能够彰显地方特色文化品牌的实力雄厚、竞争力强的文化企业作为产业发展的支撑。充分调动和发挥龙头骨干文化企业的凝聚力和旗帜作用，引导和推进相关文化企业的集聚，尽快打造形成区域文化产业价值链。打造一批具有一定知名度的文化产业集聚区，形成有效的产业集聚、人才集聚，提升文化产业的综合实力，核心竞争力。鼓励文化企业做优做强，建立文化集团，优化产业发展战略，共享文化产业资源，形成规模化经营的竞争力，开拓更广大的市场空间。灵活运用各项文化产业扶持政策，鼓励龙头骨干文化企业充分运用科技创新等手段，增强自主创新能力和核心竞争力，对企业上市在环境、政策和服务等方面给予更多的扶持和激励。同时支持中小微文化企业走"专业化、特色化、创新型"发展模式。完善文化市场机制和监管机制，着力打造金融政策体系、税收体系、投融资体系，做好财政、金融、产业等政策的有机衔接。在泉州惠安，强化"抓做强龙头行业、抓培育新兴业态、抓扶持保障措施"三项举措，着力提升"文化智造"，推动传统雕艺产业从低端走向高端，从低附加值走向高附加值，从"惠安制造"走向"惠安智造"的转型。

第四，随着高速增长逐渐转向高质量发展，文化产业结构性问题凸显，文化产业要实现高质量发展必须要解决供给侧结构性问题，重点实施文化产业领域的供给侧结构性改革，将文化产业发展的供给侧结构性改革与需求侧管理有效结合，切实提升文化供给的质量和效率，共同助力文化产业高质量发展。在需求端，分析人民群众对文化需求呈现出的品质化、个性化、网络化、国际化等新特点和新趋势，把握当前人民对精神文化的新追求，为有效文化产品和服务的供给提供信息。在供给端，精准对接文化多元需求，丰富文化供给层次，持续强化对文化资源的挖掘与整合，将创意融入演艺、影视、综艺、舞台艺术等文化产品和服务中，打造具有核心竞争力的文化产品。

（三）加快科技创新，激发数字文化产业活力，为实现共同富裕提供路径

创新是企业的生命力，要鼓励自主创新，以创新引领文化产业的发展。用活"改革"妙招，激发制度效能。近年来，在一系列制度的保障和激励下，福建省文化产业规模持续扩大，市场主体不断壮大、活力进一步激发，文化产业经济效益逐步提高、社会效益日渐凸显，涌现出一系列优秀的文化产品。

第一，加快文化产品创新。鼓励文化原创内容生产，促进文化产业与高新技术产业融合，以科技创新促高质量发展。文化产业的高质量发展核心在于高质量的原创性文化内容产品和服务。要充分利用现代新兴技术手段和商业模式，创新文化产品形式、内容、载体等，培育符合时代要求的新型文化业态，推进新兴文化产业的健康发展和传统文化产业的转型升级，为新时代文化产业的发展注入新动能、培育新可能。鼓励龙头企业通过互联网、云计算、大数据等技术，与产业链上下游紧密协同，促进创新资源、生产能力、市场需求的集聚与对接，加快构建多元化生产资源的有效协同，通过先进制

造技术与信息技术的集成创新，实现以大批量生产的成本和效率提供定制化产品，提升产品附加值和客户满意度。福建省文化产业园区建设成效显著。作为国家级文化和科技融合示范基地，福州和厦门依托福州软件园、厦门软件园和海西创意谷三大园区，发展动漫游戏、在线教育、数字阅读、影视服务等文化产业；中国（厦门）智能视听产业基地获批国家级网络视听基地；莆田华昌文化创意产业园被文旅部授予"国家文化产业示范基地"称号。在设计、制造、物流、服务等环节实现客户深度参与的定制化生产，创造出客户参与度高、体验感强的文化产品，从文化产品的源头上提高文化产业发展质量。依托"新基建"，构建国家文化大数据服务体系和应用体系，将文化数据作为新的生产要素进行创意开发和利用，对传统文化资源进行采集与数字化处理，推动传统文化资源的创造性转化和创新性发展。

第二，加快产业的融合发展。突破传统产业发展思维，以创意为核心要素，运用大数据思维、大融合思维、艺术化思维，推动如文化与旅游、体育等领域的融合，数字文化与电子商务、短视频、网络直播的融合催生出了云旅游等沉浸式数字文化新业态，推动线上流量集聚、推广营销与线下流量转化、在地消费等结合，形成数字文化消费新体验和新模式。利用人工智能、物联网、元宇宙等新一代数字信息技术持续赋能文化产业发展，推进文化产业向高质量发展转化，实现福建省文化产业的弯道超车。作为数字经济的"先行者"，福州积极培育数字文化领军企业，截至 2021 年底，全市共有规模以上文化企业近千家，其中数字文化相关企业占一半以上。网龙公司连续三年入选"全国文化企业 30 强"，天之谷等 10 多家动漫企业获国家动漫企业认定，福昕软件等 9 家企业入选国家文化出口重点企业，星网视易在嵌入式数字娱乐领域位居全国前列，掌中云自主研发的新媒体数字阅读平台位于国内领先行列，宝宝巴士下载量长期保持在全球十强。①

参考文献

[1] 陈诗一，张军. 中国地方政府财政支出效率研究：1978—2005 [J]. 中国社会科学，2008（4）：65 - 78，206.

---

① 福建日报. 非凡十年 | 福建：文化赋能产业兴 [EB/OL]. （2022 - 08 - 29）[2022 - 10 - 15]. https：//baijiahao. baidu. com/s？ id = 1742449874381599359&wfr = spider&for = pc.

［2］陈希颜，陈立旭．文化与经济共同富裕：实施"八八战略"以来浙江发展文化产业的探索［J］．中国文化产业评论，2021，30（1）：5 - 23．

［3］程玥．福建省文化产业发展态势及竞争力提升策略［J］．厦门理工学院学报，2019，27（2）：13 - 19．

［4］福建省人民政府发展研究中心课题组．扎实推动福建省共同富裕的若干思路建议［J］．发展研究，2021，38（S1）：34 - 40．

［5］郭宇坤．以乡村振兴推进共同富裕的实践路径探析［J］．石河子大学学报（哲学社会科学版），2022，36（3）：25 - 31．

［6］何敏，倪姗．福州文化产业政策问题研究［J］．科技经济市场，2018（12）：60 - 62．

［7］黄玮．福建文化创意产业发展的 SWOT 分析及其对策建议［J］．福建江夏学院学报，2019，9（6）：95 - 101．

［8］李实．共同富裕的目标和实现路径选择［J］．经济研究，2021，56（11）：4 - 13．

［9］林承亮．地方文化品牌走出去的思考——以福建文化走出去为例［J］．发展研究，2017（5）：74 - 78．

［10］刘培林，钱滔，黄先海，董雪兵．共同富裕的内涵、实现路径与测度方法［J］．管理世界，2021，37（8）：117 - 129．

［11］潘冬东．以文化产业发展带动福州新型城镇化建设［J］．福州党校学报，2017（2）：76 - 80．

［12］沈扬扬，詹鹏，周云波．"共同富裕"视角下的中国农村多维贫困——来自CHIP 2013—2018 的证据［J］．经济科学，2022（3）：35 - 49．

［13］王钰倩，窦沛琳．共同富裕背景下文化产业发展对居民消费影响效应实证研究［J］．商业经济研究，2022（7）：53 - 57．

［14］吴扬．新常态下文化产业发展对策研究——以福建晋江为例［J］．对外经贸，2016（6）：89 - 90．

［15］徐俊兵，韩信，罗昌财．福建省基本公共服务的财政支出效率——基于县级数据的 DEA-Malmquist 模型研究［J］．集美大学学报（哲社版），2017，20（3）：42 - 51，106．

［16］张帆．福建文化产业发展现状及前景［J］．福州党校学报，2019（1）：38 - 42．

专题七　厦门现代产业发展的对策研究

现代产业，是以智慧经济（含数字经济）为主导，与农业、工业、服务业、信息业、知识业的融合实现产业升级，实现经济高质量发展的产业形态。国内外学术界关于现代产业的理论研究主要包括三个方面：现代产业的理论基础、国内外现代产业发展经验、现代产业发展模式。当前研究中，缺乏对厦门现代产业体系发展的研究，无法判断厦门现代产业所处的位阶、发展特色及典型性。事实上，虽然厦门现代产业取得了较大的发展，但存在产业体系有短板、产业发展质量不高、产业支撑要素不完善等问题。因此，需要进一步研究厦门现代产业发展面临的问题，进一步提出促进厦门现代产业发展的对策。

一、厦门现代产业概况

厦门市地理位置优越，东临台湾海峡、南北接珠三角和长三角地区，是21世纪海上丝绸之路的核心地区。厦门市气候宜人、风景优美，是国际性港口风景旅游城市，被习近平总书记称为"高颜值的生态花园之城"①。2021年，厦门市实现第一产业 29.06 亿元、第二产业 2882.89 亿元、第三产业 4121.94 亿元。其中：思明区实现生产总值 2053.04 亿元，占比最大；后面

---

① 央广网. 习近平：厦门是一座高颜值的城市［EB/OL］.（2017 – 09 – 03）［2022 – 11 – 30］. https：//baijiahao. baidu. com/s？ id = 1577513830112168232&wfr = spider&for = pc.

依次是湖里区实现生产总值1395.75亿元、集美区实现生产总值822.41亿元、海沧区实现生产总值815.75亿元、翔安区实现生产总值705.87亿元、同安区实现生产总值591.21亿元。从企业规模看，目前厦门市拥有201110家企业法人，其中思明区和湖里区位列前茅，分别拥有法人企业67452家和64273家；翔安区企业最少，仅拥有法人企业7175家。分行业看，大部分企业都集中在批发和零售业、租赁和商务服务业、制造业、信息传输软件和信息技术服务业、科学研究和技术服务业以及建筑业，分别是76151家、26630家、23233家、17574家、12814家和10077家。其中，金融业和住宿餐饮服务业企业较多地集聚在思明区，农林牧渔企业较多地集聚于同安区和翔安区。①

厦门市积极采取措施推动现代产业的发展，提升本市的综合经济实力。2022年8月，厦门市印发《厦门市统筹推进现代产业体系实施方案》，确立四大支柱产业集群、四个战略性新兴产业、六个未来产业三个层次，推动构建动能持续、梯次发展的"4+4+6"现代产业体系。四大支柱产业集群为电子信息产业集群、机械装备产业集群、商贸物流产业集群、金融服务产业集群。四个战略性新兴产业是生物医药、新材料、新能源、文旅创意。六个未来产业是第三代半导体、未来网络、前沿战略材料、氢能与储能、基因与生物技术、深海空天开发。在发展现代产业方面，厦门市在建设重点企业、产业集群、重点项目、支撑平台、数字经济等方面取得显著成果，为现代产业的发展提供了多方位支持。

具体来说，厦门产业发展具有如下四个方面的特点。

（一）现代产业区域布局明晰

（1）思明区：创新资源加速聚集，拥有"三高"企业672家、国家高新技术企业603家、市级科技小巨人领军企业171家。在金融业方面，通过金融科技产业园专项政策，2020年实现地区生产总值512.9亿元；软件信息业实现营业收入高达293亿元。2020年为厦门财政收入贡献390.66亿元。

（2）湖里区：加速产业转型，通过落实"服务企业特派员"制度加强

---

① 资料来源：厦门市各年统计年鉴。本文未做特别说明的资料均来自厦门市各年统计年鉴。

与企业的对接。目前，湖里区有"三高"企业 413 家，其中 22 家列入全市重点上市后备企业库。2020 年，湖里区批发零售业营收位列全市第一，旅游业实现营业收入 248.4 亿元，通过建成古地石基金小镇吸引企业发展金融业务。湖里区 2020 年为厦门财政收入贡献 259.34 亿元。

（3）海沧区：重点发展集成电路、生物医药和新材料三大产业。2020 年集成电路实现营收 8 亿元；规模以上生物医药企业实现产值 273.95 亿元，其中厦门生物医药港入选国务院第三批大众创业万众创新示范基地，综合竞争力位列全国第 12 位；规模以上新材料产业企业实现产值 134.72 亿元。海沧区 2020 年为厦门财政收入贡献 188.85 亿元。

（4）集美区：主导工业发展，2020 年规模以上企业实现产值同比增长 6.8% 以上，康柏机械、扬森数控等十家企业入围"精专特新"小巨人榜单。此外，集美区也在加快商贸物流业和影视业的发展。厦门影视拍摄基地的建成投用为集美区吸引影视企业近 700 家。2020 年集美区为厦门财政收入贡献 144.99 亿元。

（5）同安区：注重工业和服务业的发展，2020 年规模以上工业、餐饮业和注射液增幅均位居厦门市第一。2020 年为厦门财政收入贡献 104.26 亿元。

（6）翔安区：持续推进工业发展，2020 年实现规模以上工业产值 1536.91 亿元，入围全国工业百强区。此外，通过引进大型建筑企业，推动建筑业产值提升，2020 年建筑业产值增幅位列厦门市第二。2020 年翔安区为厦门财政收入贡献 80.65 亿元。

（二）产业配套设施完善

厦门市推进各配套设施建设，为各产业发展做好基础。在现代农业发展方面，厦门政府制定政策，促进都市农业发展。通过"先建后补，定额补助"的方式，2020 年全市实现新建温室大棚 243.59 亩，其中同安区占比最高，实现 126.54 亩，其次是集美区，实现 90.75 亩。这极大地推进了厦门市现代农业的发展。在旅游业方面，厦门市采取"一核五中心多网点、岛内岛外全覆盖"的思路，在机场、码头等主要交通枢纽地和游客集中地设立服务点和服务平台。通过"百镇千村"平台提高乡村旅游质量，积极打造 5A

园区景区。通过与三明、泉州、龙岩、漳州合作，扩大厦门旅游业的宣传范围，取得区域协调发展效益。

（三）现代产业融资得到一定程度的缓解

从融资水平来看，2020年，新冠疫情以来，厦门市通过降本、扩面、提效等手段改善了中小企业融资现状。从降本来看，小微企业的贷款平均利率从5.95%下降到4.92%，下降了1.03个百分点；其中，普惠型中小企业从6.08%下降至4.95%，下降幅度超过平均下降幅度。通过降低贷款利率可以缓解中小企业融资贵问题。从扩面上看，2020年新增的中小企业首贷户比2019年增加了638户，贷款余额也比上年增长了22.2%。从提效上看，2020年中小企业贷款主要是信用贷款和"银税互动"贷款这两类。在信用贷款方面，主要是通过政府、保险、供应链这三方面的增信提高信用贷款的供给量。2020年厦门市共实现信用贷款354亿元，环比增长41.6%；在"银税互动"贷款上2020年环比增长了63.6%，共实现67亿元。从创业企业的区域融资结构来看，融资主要集中于思明区和集美区，并且主要是为互联网和科技型企业融资。

（四）现代产业营商环境得到进一步优化

从区域营商环境来看，根据北京大学光华管理学院出具的《中国省份营商环境研究报告2020》显示，2020年福建营商环境居全国第14位，属于中等水平；其中，市场环境居全国第14位、政务环境居全国第18位、法律政策环境居全国第16位、人文环境居全国第6位。通过比较华东七省的营商环境，福建省的营商环境是54.36分，低于华东七省的营商环境均值61.18分。从城市维度看，厦门市的营商环境居全国第13位，属于前列。从地区维度看，集美区的营商环境在厦门市内排名第一。在为企纾困方面，集美区政府积极出台20条政策，与企业共渡新冠疫情难关。新冠疫情期间，集美区政府累计资金援助企业超亿元，其中为中小企业和个体户减免租金近3800万元，2020年减税降费超5亿元。在精简办事流程方面，集美区政府强调"一趟不用跑""最多跑一趟"，提高了审批效率。此外，通过互联网创新技术，推出多项网上服务，方便企业在线上办理业务。厦门市的其他区域也积极落实援企稳岗政策，同安区通过普惠性税收减免政策为企业减负 13.4 亿元，翔安区为企业降费 3.3 亿元。

二、厦门现代产业发展中存在的问题分析

厦门市现代产业发展尽管取得长足发展，但与国内国际发达地方相比，存在"独角兽"企业不多、未充分发挥产业集群效应、融资渠道单一、人才政策吸引力不足等问题。

（一）"独角兽"型的企业不多

"独角兽"企业是市场中优质的潜力股，它们往往拥有独特的核心技术和高效的商业经营模式，能够起到引领行业创新的作用，继而带动整个产业的升级和技术进步，现代产业发展离不开科技创新，也离不开优质企业的带头作用，这样的"独角兽"企业在推进现代产业发展过程中起着非常重要的引领作用。著名咨询机构胡润研究院发布的《2022 年中全球独角兽榜》，列出了全球成立于 2000 年之后、价值 10 亿美元以上的非上市公司。榜单显示，全球"独角兽"企业数量截至 2022 年 6 月，达到 1312 家；美国有 625 家，接近全球"独角兽"企业总数的一半，企业数量排第一；中国以 312 家位居第二，2022 年半年时间内增加了 11 家，其中北京 90 家、上海 69 家、深圳 34 家、杭州 21 家、广州 19 家、成都 9 家，福建数据未显示。另根据前瞻产业研究院《2021 年中国独角兽企业研究报告》，中国具有 301 家"独角兽"企业，北京有 91 家，上海有 71 家，杭州有 22 家，深圳有 32 家，福建仅有福州的"纵腾集团"1 家公司入选，厦门 0 家。可见，厦门与国内发达地区相比，"独角兽"企业的数量与质量还存在很大差距。再从福建省的标准来看，前 10 名的"独角兽"企业中，福州 6 家，厦门仅 1 家，三明、漳州、莆田各 1 家。82 家未来"独角兽"企业中，厦门 34 家，福州 37 家，漳州 2 家，南平 4 家，泉州 4 家，莆田 1 家。这些"独角兽"企业分布于金融科技、电子商务、机器人、新能源等领域。综合分析来说，厦门市的"独角

兽"企业数量还较少，缺乏拥有核心技术优势的企业、欠缺商业模式的创新、研发投入不足等，相比于国内经济发展水平较高的城市，如北京、上海、深圳、杭州，厦门的"独角兽"企业发展还存在较大的差距。

（二）企业融资渠道单一

当前，国内外环境发生了深刻变革，每个国家都在科技创新中不断竞争，不断赛跑，高新科学技术已经成为国家及地区核心竞争力的关键，要想实现国家的经济转型必须以现代产业发展为战略支撑。现代产业主要是新技术行业，相关科技升级和更新换代快，需要良好的发展环境，然而技术研发、市场开拓、人才储备等离不开大量的资金支持，因此，进一步完善多元融资渠道对现代产业发展至关重要。目前，厦门市现代产业融资渠道较少，市场资金流动活跃度低，上市融资、发行债券等市场化融资比例不够高。特别是，厦门市许多现代产业型企业还处于培育过程中，以中小企业居多，与上市融资标准对比，还存在较大距离，上市融资较为困难。此外，现代产业因其自身前期涉及研发投入较大，经营成本较高，投资风险高，贷款需要审批的条件较高，因而信贷融资较为困难；其他新型融资方式，比如众筹、天使投资、风险投资等在厦门现代产业中还未得到广泛运用。与其他城市相比，厦门对有技术、有活力、有创业激情的小企业的支持，仍表现为力度小、渠道少，资金少等问题，融资环境亟须进一步改善。

（三）数字经济与制造业融合有待提高

数字经济与先进制造技术的融合是现代产业智能制造的基础。随着以人工智能、大数据、区块链、5G为代表的新一代信息技术的快速发展，此类技术与制造技术融合程度越来越深入，两者之间的融合能够有效地解决制造业关键问题，建立起新的商业发展模式，对于推进地区生产环境具有重大实际意义。事实上，与传统产业相比，现代产业的发展更重视各种平台搭建和外部环境的优化，以加强企业和产品在大众消费市场中的竞争力。企业既需要一些依靠社会市场力量甚至自身经营搭建起来的信息共享、技术交流、产品营销推介等平台，更需要政府提供完善的产业公共服务，以解决企业和市场不能完成的产业政策、人才政策、行业监管和立法、基建配套等问题，进一步优化产业发展大环境。厦门数字经济发展目前还存在如下问题：信息产业基础薄弱，发展不平衡，信息技术企业小、散、弱情况十分突出；中介及服务组织缺乏，企业难以获得有效的技术、资金、人才、咨询、培训等服务；信息市场不健全，投融资服务体系不够健全，特别是软件和信息技术服务类企业融资难的问题较为明显；信息设施未发挥潜能，资源利用率低，企业研发投入和投资意愿不强；信息产业发展缺乏总体规划，技术严重滞后，高端人才匮乏等。厦门正在加速推进制造业与新一代信息技术的融合，但融合深度不够。一方面，众多企业尤其是中小型企业，在面对智能化改造的前期，需要大量的初始资金投入，但在未看到明确的商业回报模式和效益之前，各企业都会衡量风险，处于观望之中；另一方面，部分制造企业的基础较差，数字化改革处在探索阶段，在没有一定的制造基础之前发展智能制造，可行性不高。

（四）现代产业高端人才不足

当前新冠疫情下，厦门实体经济发展相对困难，很多现代产业型的企业处于求生存、培育的状态。要坚持高质量发展现代产业，只有不断进行技术创新，才能在旧有的发展中开创新局面。现代产业的人才问题主要表现为难以吸引和留住高端人才。一是厦门本土人才培养机制相对滞后，专业骨干人才数量偏少；二是与其他沿海城市如上海、广州等具有强大虹吸效应的人才政策相比，厦门对高端人才的吸引不足。虽然目前厦门建有一些人才平台、中小企业公共服务平台，但具体到各行业中，会出现平台建设较为常规、政策支持力度较为普通，政策推动分布不均等问题。此外，现代产业更依赖开放、有活力的市场，某种意义上，行业建设与城市品牌打造息息相关，需要依靠城市魅力对人才和资源形成吸引，增强行业集聚和影响力。人才发展需要在一定的人才平台当中进行，职业生涯的规划、人才的集聚、企业之间的人才适当流动，都需要建立在一个开放、良好的人才交流平台上，而这一平台在厦门是缺乏的。过去很长一段时期内，现代产业主要采用引进、消化、吸收、再创新的发展路径，产业发展处于跟跑状态。随着国内技术水平稳步提高、国际国内技术差距快速缩小，我们需要提前布局前瞻性技术和颠覆性技术，争取在越来越多的产业领域实现与发达国家的并跑，甚至超越与领跑。

（五）高新技术产业发展滞后

现代产业的一个重要特征是高新技术倾向。从事高新技术及其产品的研发、开发、生产和技术服务的企业经营中面临最大的困难是核心技术的研发，但一旦研发成功，一般会为社会经济带来较强的正外部效应。因此要推进厦门现代产业的发展，就要把高新技术产业放在重要的发展位置。厦门市高新技术产业的发展目前还处于较为滞后的状态，高新技术产业的增加值、企业数量都仅占厦门的总量一半左右。透过财政指标差异，我们看到近几年来，以软件信息、金融业、电子商务为代表的新兴服务产业和高新技术产业已经成为厦门市经济高质量发展、财政增收的"强引擎"。虽然厦门固定资产投资相对充足，但是"技术＋资金"的驱动模式并没有落实到位，一些关键领域缺乏具有自主知识产权的核心技术，科研成果转化能力较弱。广州高度重视生物医药，集聚生物医药产业优势资源，狠抓重大项目建设，建立"研发机构＋医院＋企业"产业链资源对接机制；合肥则坚持"产业＋技术＋资本"三轮驱动的产业链模式；与广州和合肥相比，厦门各类高校与科研机构相对较少，学科设置与厦门以大数据为基础的新兴产业的对接仍未实现，大学、科研机构和企业之间的良性互动和共同发展的良好局面尚未形成。此外，厦门海洋产业发展质量有待提升。厦门市的优势在于海洋，拥有天然的地理优势，自然资源丰富，但厦门市与海洋相关的现代产业发展中，与江浙等地相比，海洋微生物种质资源库、深海基因库、海洋微生物天然产物库等"蓝色药库"的"库"资源的数量、层级、市场化等方面仍存在差距；在海洋药物、生物医用材料方面缺少"专精特新"企业；创新应用方面缺乏支持，海洋医药和生物制品的融资成本高。此外，厦门的新能源产业，在发展环境方面，缺乏整体统一、规划合理的政策支持，以及具体化实施措施与具体明确的指导方案。

（六）未来产业发展的基础薄弱

当前世界面临大变局，未来产业处于爆发式增长前期，发展潜力巨大，对经济社会具有全局带动和重大引领作用，这对厦门市既是机遇，也是挑战，发展未来产业是优化完善产业体系，促进经济提质增效的重要举措，而厦门市对本地未来产业发展尚未进行全面的谋划，对未来产业所依托的新科技、即将带来的新需求、创造的市场新动力等方面关注不到位，欠缺未来产业发展的政策指导和现实基础。与长三角、珠三角地区城市相比，厦门在吸引外资企业方面优势不突出。深圳全力支持新创产业，重点支持基于鲲鹏等国产信息技术路线的基础软件、应用软件等领域，市区两级配套信创（鲲鹏）专项资金和专项经费5亿元以上①。广州市生物医药产业聚集态势明显，形成了健康医疗中心、国际健康产业城、国际医药港等产业特色园区协调发展的"三中心多区域"的生物医药产业格局。上海依托张江药谷等产业载体，形成了海外高层次专家和科学家人才群体、创新型企业家群体，为整个上海生物医药产业发展提供了国际化、专业化人才支撑。与深圳、广州、上海这些一线城市相比，厦门对于信息产业和医疗产业的政策支持和人才引进力度相对不足，在核心技术、硬科技方面存在较大的短板，且厦门现代产业的规模优势不突出，没有形成一定规模的产业集聚，智慧型、未来型现代产业还处于起步阶段。同时，与厦门等周边城市的园区也存在竞争。厦门作为副省级城市，城市环境、科教资源较好，吸引高端人才能力较强。厦门虽然提出打造平板显示、计算机与通信设备、机械装备等十大产业链，但竞争优势不突出，在核心技术、硬科技方面甚至存在较大的短板。

（七）营商环境需要进一步完善

当前厦门营商环境方面存在的主要问题有：经济总量偏小，产业发展滞后，产业结构存在缺陷；民营经济活力不足；生产要素缺乏较强的竞争力，

---

① 吴德群. 深圳全力打造全国鲲鹏产业示范区［EB/OL］.（2020 – 11 – 17）［2022 – 12 – 20］. https：//m. gmw. cn/baijia/2020 – 11/17/1301806914. html.

用工、用能、融资、物流成本过高；生活、服务、产业、人才等综合配套水平低；部分行政服务中心不够完善，服务效率不高，公开办理的行政审批和服务事项不能满足群众的需求；企业获取优惠或扶持政策信息的渠道少，优惠政策的申报手续烦琐、设置条件不合理，增加了企业申报的难度和成本；在新企业开办审核方面的手续较为繁杂；减税方面的政策力度尚需进一步加强；企业获取优惠或扶持政策信息的渠道少，财政支持力度较弱；在投融资政策方面的投入力度不足；创新支持力度仍有进一步提升的空间；人才政策缺乏吸引力；知识产权保护力度不足；现代产业和周边地区的经济整合不足；现代产业创投引导基金运作机制有待提升。此外，厦门缺乏国际营商环境评估体系，这阻碍了厦门现代产业对标国际水平。广州制定了《广州市推动现代化国际化营商环境出新出彩行动方案》《广州市对标国际先进水平全面优化营商环境的若干措施》等系列文件，着力推动"四减一优"（减流程、减成本、减材料、减时间、优服务），推动营商环境改革"再提速"。成都参照世界银行国际营商环境评估标准体系，针对市场准入、政务效率、监管执法、产权保护等重点领域，构建与国际通行规则相适宜的行政管理体制，优化营商环境，为企业发展提供丰沃土壤。与广州、成都等城市相比，厦门应进一步对标国际营商环境评估体系，为厦门与国际接轨提供保障。

（八）对外协调仍有待提升

厦门现代产业在外部经济协作方面存在的问题是：与沿海发达区域之间互动互补作用不足，缺乏带动能力强的龙头企业，对外经济协作的效果较弱，其经济辐射能力和带动作用明显不足；对外经济协作需要基础设施的支撑，现代产业发展所需的制度环境尚不健全、金融创新不够完善，资源、环境与城市相协调的产业支撑架构还未完全形成，使得对外经济协作难以深入。厦门从事现代产业的人才在数量和质量两个层面上缺口严重，新兴行业的技术发展呈现点状突破，尚未形成完整的产业链，存在一定技术壁垒，这使得对外经济协作的优势不强。这些问题的存在阻碍了厦门现代产业的进一步发展，限制着现代产业的发展壮大。

（九）现代产业园区建设亟待提升

良好的科技园建设往往能带动当地现代产业的发展，虽然厦门现代产业科技园的科技成果和技术交易逐年上升，但仍然存在一定问题。一是厦门的R&D经费投入强度等方面与深圳等东部地区具有较大差距，现代产业科技园建设成效较慢，研发能力不足；二是厦门各个产业园区建设水平差距大，园区产业同质化竞争严重，研发投入差距明显，缺少较好的数据库和大数据分析人才；三是厦门科技园区创新氛围不足，未产生产业聚集效应及配套服务产业，缺少必要的规划和发展；四是厦门科技园区功能布局不全，龙头产业较少，"产学研"未充分发挥企业发展优势；五是厦门缺乏完整的科技贷款政策体制，科技园区资金存在困难，政府对现代产业园区的扶持力度不足。此外，厦门在现代产业的配套服务方面，与发达地区存在一定差距。从金融支持方面来看，沿海省份均出台了与相关文件配套的相应辅助或主导政策，厦门虽然设有部分奖励机制，对现代产业创业起了一定鼓励作用，但缺乏金融支持现代产业的相关政策文书。从标准化服务业方面来看，厦门的标准化工作与经济社会发展需求相比，"不适应""跟不上"的问题较为明显，标准体系不尽合理、标准缺失老化、质量水平不高、市场供给不足、标准化管理体制不顺等短板亟待补齐。从知识产权服务业方面来看，厦门政策相对单一，仅对部分重点领域的知识产权问题出台了相应政策，在人才培养、服务平台方面较为欠缺。从人才服务方面，厦门落实了高校毕业生就业创业、青年高技能人才培养工程、企业家研修等有关政策，但在引入外地人才落户、创业鼓励和外籍人才优惠方面力度不大，缺乏配套政策。

三、厦门现代产业发展的对策建议

针对上述问题，为了进一步推动厦门现代产业建设，本文立足厦门自身特点，并借鉴其他城市的先进经验，提出以下政策建议。

（一）继续培育扶持新一批现代产业的"独角兽"企业

厦门现代产业要实现高质量发展，需要发展一批高质量的"独角兽"企业。一是强化政策支撑，壮大"独角兽"企业培育库，支持高成长创新型企业发展，加大人才、场景等要素供给，培育一批潜在"独角兽"企业。二是继续加强招商引资力度，聚焦新经济领域，挖掘引进一批"独角兽"企业来厦设立总部或区域总部，推动厦门市成为"独角兽"企业总部集聚地。三是鼓励和引导国有创投机构积极参与本地"独角兽"企业培育孵化，支持市属国资参股符合厦门产业发展方向的"独角兽"项目。四是要完善基础设施建设。引导技术、数据、人才、资本、园区空间等关键要素汇聚交融，聚焦技术突破、产业变革和未来市场潜力，鼓励企业加大研发投入，推动黑科技及硬科技的"独角兽"企业发展。增强新经济活跃程度，全力构建适于"独角兽"企业发展的创新创业生态。五是进一步加大金融支持。扩大产业引导基金规模，发挥财政资金杠杆作用，撬动社会资本参与设立若干专项子基金。围绕厦门千亿产业链和科技发展方向，支持产业链创新，提升科技金融产品效益，健全厦门经济服务功能，为各类创新创业活动提供金融服务支撑。

（二）进一步优化发展现代产业发展的金融环境

厦门优化现代产业的金融环境，应从政府政策、民间融资环境、中介服务体系等方面着手。首先，发挥政府产业基金的引导作用，引导社会资金投入现代产业，支持龙头企业上市融资、发行债券、资产证券化等，加快行业兼并重组，推动产业整合优化，减少低水平重复建设。其次，争取国家级高新技术产业发展基金在福建设立子基金，推动更多厦门现代产业重点项目纳入国家重大建设项目储备库，争取较大额度和较长期优质信贷支持；激活民间资本，用好鼓励民间投资、加快现代产业发展等政策。同时，打造承接平台，推动投资环境升级。充分发挥厦门地处东南沿海、九龙江下游、交通便利的区位优势和生态环境良好的资源禀赋，在已有规划的引领下，进一步建设现代产业项目承接大平台的能力，集聚创新要素，引导具有示范性、引领性的大项目落地，利用平台优势，引进更多的金融资本支持，引导有效投资，助力厦门市现代产业的发展，加强财税金融政策支持。最后，要具体制定与厦门"四大支柱产业集群、四个现代产业、六个未来产业"发展相应的金融支持政策。积极创新投融资模式，进一步开放投资领域，积极探索 14 个领域的股权、债权融资模式。进一步增设厦门现代产业专项资金，鼓励银行业金融机构为现代产业提供信贷优先服务；利用好丝路基金、中国—东盟投资合作基金、亚洲基础设施投资银行等渠道资金，为厦门企业"走出去"提供金融支持。

（三）以财税政策促进现代产业发展

厦门要进一步完善地方财税金融政策，为现代产业发展提供财政和税收支持保障，促进技术创新与机制创新、制度创新，对产业核心技术、关键技术提供财政激励支持。一是要增加力度速度准度，让资金精准靠前发挥效用。优化市区事权与支出责任划分，推广财政事权和支出责任清单化管理，健全市对区转移支付体系。通过精心调研和机制设计，瞄准关键领域和重点项目，建立动态清单，加快财政资金支出的力度、速度与精准度，做到财尽其用，推动相关产业、领域的快速发展，特别是在企业研究开发、创新投入上要提供有力的财政激励措施。同时要加大争取中央资金和政策支持力度与中央直达资金的拨付速度。二是要通过减税降费压减低效支出，把财力用在刀刃上。用政府过"紧日子"换来百姓和企业过"好日子"，有效激发市场活力，切实为企业减轻生产成本和发展负担，协调推进助企纾困与保障民生。在产业、科技、人才、社会事业等关键领域，政府要启动支出政策绩效评价专项行动，统筹整合低效无能的政策，加大低效支出和沉淀资金清理力度。确保各项财政政策、财政资金的安全、规范和高效使用，确保资金惠企利民，服务现代产业高质量发展。三是运用好财政政策金融工具，撬动更多资源助力产业发展。统筹各类资金、资产、资源，通过合理运用金融工具，引入社会资本放大财政政策的乘数效应，加速资金周转，保障重大决策部署落实。进一步推进厦门投融资机制上的改革，针对不同的项目融资需求，分类设计投融资模式，进一步完善现代产业创新基金，提高使用效率。

（四）推进数字经济与制造业融合发展

厦门应进一步完善信息网络基础设施建设，推动互联网、大数据、人工智能、5G 等新兴技术与各产业深度融合，提升"智造"水平。构建数字经济生产要素体系，开展数字技术创新应用，加快数字产业化、产业数字化步伐。深入实施工业互联网赋能行动，提升工业互联网平台核心能力，依托福建省产业基础，加快在电子、机械、新能源等重点行业开展融合创新应用。搭建"线上＋线下"同步的科技创新成果转化和服务平台，有效推动成果的就地转化和技术转移。针对厦门市存在的科技成果就地转化不足，技术转移和服务等中介机构平台缺乏，科技成果产出与企业需求不匹配，科技实力没有充分转化为经济能力等问题，要积极采取升级转化平台、提升中介服务质量等措施。首先，搭建更加高效的、线上和线下协同发展的成果转化平台，充分利用厦门市技术交易服务平台，进一步拓展平台展示、交易、交流和服务等多项综合功能，构建更加完善的互通技术交易市场和平台。其次，促进技术专业中介服务机构和平台的壮大、提升，引导技术转移中介服务机构开展技术创新成果落地转化、转移，加强新一代信息技术与生产制造业的融合。

（五）加强创新平台建设，健全现代产业创新体系

随着现代产业持续创新能力的逐步提升，技术研究广度和深度不断增加，产品复杂程度提高，产品的设计与制造往往需要多个部门，甚至多个企业的密切配合，并在专业技术的支撑下，共同完成。构建多主体的关键技术平台是促进技术来源与支持多样化的根本途径。本文对进一步促进厦门创新平台建设提出以下建议：第一，紧抓建设国家自主创新示范区厦门片区机遇，加快搭建各类科技创新平台，鼓励和支持龙头企业加快建设、提升重点实验室、工程研究中心、企业技术中心等科技创新平台。支持建设一批面向行业和细分领域的工业互联网平台、制造业"双创"平台、供应链服务平台、第三方综合服务平台，培育基于互联网的个性化定制、在线增值服务、分享制造、众包设计等新型制造方式。加快建设"国字号"研发机构，争取

引进更多"大院大所大实验室"落户自创区。鼓励企业与高校、科研院所、上下游企业及各类基金等加强合作，构建多层次制造业创新体系。第二，通过平台建设实现对创新活动的有效管理。立足于厦门市现代产业基础，将生产研发活动建立在创新的管理模式、体系与思路上，以具备国际影响能力的本土品牌打造为具体谋划，实现对海外与本土优势资源的重组整合。第三，将自主创新平台建立于创新技术的内核之上。为科技创新的联合攻坚与合作制胜搭建能够有效覆盖各地区科技创新资源的技术创新平台。第四，搭建围绕产业自主创新服务的信息服务平台。信息服务平台主要覆盖产业地图、融资渠道、专家集群、监测评估、信息交换等功能。第五，支持龙头骨干企业牵头组建产业技术创新联盟，进一步提高科技成果转化率，充分利用各种平台，结合区域、行业技术创新需求及高校科研机构的项目成果，为企业搭建产学研用结合和成果转化平台，深化产学研用联动，开展关键共性技术研发，形成技术溢出效应。制定现代产业创新体系建设的相关政策，为现代产业的技术创新保驾护航，大力实施创新驱动发展的战略。建立规模化高端设备特色产业园区。推动高端装备制造企业、高校和科研院所互利共赢，建设高端设备校企联合人才培养中心，建立统一的人才工程项目信息管理平台，鼓励人才创业创新和合理流动。以企业为主体、市场为导向、"装备制造企业＋高校＋科研机构"产学研紧密结合、技术互补的有效组合方式，联合成立高端装备重点产业技术创新战略联盟，及时为企业的科技创新成果提供成果转化和推广应用的平台。打造产业集群，提高科研成果转化率。搭建国际化高端设备制造产业创新服务平台。通过平台支撑高端装备领域集中力量攻克产业共性关键技术，实现行业内资源共享，形成高端装备制造产学研用链条式发展，加强知识产权保护，为提升厦门整体高端装备科技水平和企业自主创新能力提供高水平的公共研发服务，将工业互联网作为深化制造业与数字经济融合，促进智能制造发展的高效手段。

（六）瞄准现代产业发展趋势与方向

厦门应抓好国家"海洋强国"战略的机遇，进一步提高海洋经济竞争力，深入推进"海上厦门"建设，大力发展海洋高新产业，优化海洋科技创新资源布局，推动科技兴海；基于天然地域优势，结合当前现代产业发展，培育海洋现代产业。一是加快发展海洋生物医药产业，加大研究资金投入力度，加快建设厦门海洋工程大学，建立海洋生物医药重点实验室或研究中心，鼓励企业自主研发，同时，加强与国内外的交流与合作，引进、培育海洋生物医药龙头企业，延伸产业链条，关注健康产业。二是加大力度发展海洋工程装备制造业，改造传统船舶业，加快发展游艇制造业，依托福建三峡海上风电产业园，扩大海洋工程装备制造业规模，打造国内最大的海上风电设备制造基地，同时加强闽台合作，吸引台湾的海洋工程装备研发及配套服务机构来厦门发展。三是吸引一批海洋信息服务企业和机构落户，推动北斗导航信息系统的开发应用，打造"智慧海洋"示范中心。

为了加强生物产业发展的制度创新与技术创新，厦门可采取三个方面的措施。一是培育和规范生物产品市场，完善生物技术产品市场政策，培育现代生物技术产品市场，完善药品集中采购制度；积极扩大医药产品的市场需求，建立财政性资金，优先采购自主创新生物产品制度。二是加强知识产权制度建设，实施生物医药专利战略在生物产品的研发、生产销售等环节，加强对知识产权的保护力度，提高专利审查效率，建立方便查询的全国性的生物技术知识产权数据库。三是加强海洋应用基础研究，拓展实施重大科技项目，突出关键共性技术、前沿引领技术、现代工程技术、颠覆性技术创新，为建设世界一流的生物产业发展地区提供有力支撑。加强创新体系建设，强化战略科技力量。

（七）前瞻性谋划、积极布局未来产业

构建"产业＋资金＋技术"一体化模式，形成以共生创新为主的协同发展模式，加大创新研发投入。重点布局优势产业、重点现代产业的关键技术攻关，确保财政科学技术支出占当年地方财政支出的平均数以上。提高政策兑现效率，兑现落实企业研发经费分段补助、企业研发费用税前加计扣除、高新技术企业所得税优惠、科技小巨人领军企业研发补助、新型研发机构认定及奖励、创新平台建设补助等激励企业创新政策。加大金融扶持力度，发挥"高新贷""科技贷"政策性创业投资基金作用，创新金融产品，支持企业发展壮大。通过搭建创新网络实现提升创新能力的使命，推动形成政府、企业、大学、科研院所的互动关系，构建涉及各个部门、各个层级的协同创

新模式，以相关产业的风险投资机构、科技中介机构联动机制，将厦门高新技术产业与闽南区域结构进一步优化匹配，形成区域上的协调发展，支撑区域创新网络体系的建设。跟踪国际科技前沿，聚焦新一轮科技革命和产业变革，围绕人工智能、区块链、泛物联网、量子科技、类脑科学、柔性电子、高效储能、无人驾驶等新技术领域，前瞻布局现代产业前沿科学问题研究与技术研究，加快新技术、新产品产业化应用，培育未来产业。《福建省"十四五"战略性新兴产业发展专项规划》提出："十四五"期间要以抢占未来产业发展先机为着力点。抓住发展先机将带来巨大优势，发展的前瞻性要着重四个方面：一是依托新科技，未来产业的快速发展主要基于颠覆性技术的突破以及产业化发展模式，离不开技术之间、技术与产业之间的深度融合；二是引领新需求，未来产业不仅可以更好满足人们的现有需求，还将创造新的应用场景和新消费需求，对于市场环境的改变带来难以预料的前景；三是创造新动力，未来产业将引导市场主体向更先进的生产力聚集，催生新技术、新产业、新业态、新模式；四是拓展新空间，未来产业将帮助我们不断突破认知极限和物理极限，提升社会生产力水平，拓展新的发展和生存空间。未来产业是面向未来并决定产业竞争力、区域竞争实力的前瞻性产业，积极布局未来产业发展，对于城市经济发展有重大的战略意义。要逐步促进厦门的第三代半导体、未来网络、前沿战略材料、氢能与储能、基因与生物技术、深海空天开发等未来产业的发展。

（八）推进对台合作，发展壮大厦台经济合作

厦门与台湾一水之隔，具有天然的地理区位优势和亲缘关系。改革开放以来，厦门致力于海峡两岸发展的先行先试，并在海峡两岸交流合作中定位于两岸经贸合作最紧密区域、两岸文化交流最活跃平台、两岸直接往来最便捷通道、两岸同胞融合最温馨家园"四个最"建设，厦门经济特区也是因"台"而设、因"台"而特、因"台"而兴。因此，继续发挥对台优势，打造新时代海峡两岸新发展合作模式是厦门持续发展的重要路径之一。厦门应进一步探索对台贸易先行先试的发展举措和开放政策，有效落实台湾同胞和台湾企业在厦发展的同等待遇，依托台胞服务中心、台胞驿站、两岸青年创业基地等涉台服务机构吸引台湾高质量人才进驻厦门创新创业。进一步深化

厦台经济领域融合，实施新一轮对台产业合作计划，深化先进制造业和现代服务业对台合作，促进厦台产业在新型材料、电子信息、金融服务、文化旅游、生物科技、医药大健康等领域深度融合，引导和支持厦门的台资企业推进强链补链和科技创新，积极推动在厦门的台企上市，吸引更多两岸创投机构集聚厦门。积极争取拓展经台湾跨境电商进出口海运、空运专线，打造厦台跨境物流通道。继续提升厦台金融合作水平，支持厦台金融机构、厦台合资金融机构发展。着手编制新阶段涉台园区发展规划，使之与厦门市"十四五"时期经济社会总体发展规划、国土空间规划、产业规划等有机衔接，形成层次有序、分工错位、功能互补、配套高效的发展布局。完善园区管理服务组织体系，建设园区综合服务中心，培育专业化中介服务机构，鼓励制度创新，支持涉台园区与自贸试验区协同联动发展，发挥自贸试验区优势，创新管理体制以及对台交流机制，增强要素资源集聚动能。

（九）对标国际标准，优化营商环境评价体系

对标世界银行的评估标准，厦门的营商环境相关指标还具有一定差距，尤其对标国际一流水平时，办理施工许可、纳税等指标差距尤为突出。因此在进一步优化营商环境之际，要以国际一流的营商环境指标倒逼改革，着力弱项补齐短板。要立足企业、群众需求，多渠道收集市场主体的痛点、难点、堵点，抓住症结要害，力争各指标齐头并进。另外，由于不同营商环境指标对于经济增长的作用不尽相同，应重点考虑对营商环境优化作用明显、具有促进经济发展作用的指标。例如纳税指标的改善可以大幅度增加优化营商环境的企业获得感；可以重点针对纳税，在贯彻执行税费优惠政策的同时，不断完善税务环境，通过采取"全额抵扣、按实征收"等举措，最大限度地减轻企业负担。

（十）制定更有吸引力的高端人才引进政策

针对厦门现代产业的人才断层，一方面要加快产业高层次交流平台的搭建，以城市魅力、政府项目、产业勃兴吸引高端专业人才的交流，更主要的

一方面则是要充分发掘本土教育资源、人才培养优势，主要以厦门市高校、职校为依托，抓好专业人才的培养和输出。在政府的引导下，设立相关项目、基金，开办产业培训学院，创新产学研的合作方式，提升校企合作层次。此外，还应重视社会培养，宣传产业价值、推崇"工匠精神"，出台社会人才培养项目，切实提高从业人员的知识素质和技能。针对现代产业的高级人才短缺，优秀人才的引入政策意义重大。要降低人才引进政策中的高门槛、分配数额不足、办理期限较久等缺陷，打造更有吸引力的政策。可参照杭州做法，不把人才政策简单罗列在某个具体产业扶持政策里，而是单独出台整套有持续性、有细则、有落实、有力度的政策。人才政策方面，可借鉴江苏人才国际化的经验，制定出台符合国际人才惯例的人才国际化指导意见；实施重点人才工程，从实际出发，大力推动人才体制机制创新，建立与国际接轨的人才资源开发区，吸引高层次人才创新创业，高水平建设高层次人才研究院，加快发展人才服务业；深化干部人事制度和人才管理改革创新，加大党政企事业单位干部、人才选拔力度，公选各级各类干部和人才；重才需育，大力实施各类高层次人才"能力提升工程"；采取专题性招才引智方式、常态化引才方式、以才引才方式，寓招才引智于招商引资之中，创新"柔性引才"方式，积极争取多方支持引才引智；采取多项突破性举措，着力构建"下得去、留得住，能流动、能发展"的基层人才工作新机制；着力打造有利于人才成长发展的软硬环境，做好人才服务工作，不断健全完善人才服务体系。

（十一）以岛内外一体化促进现代产业发展

厦门要持续推动、全面贯彻"四个结合"战略思路——提升本岛与拓展海湾结合、城市转型与经济转型结合、农村工业化与城市化结合、凸显城市特色与保护海湾生态结合，坚持一张蓝图画到底。科学统筹生产、生活、生态三大布局，统筹岛内外一体化发展，持续推动城市格局拓展、布局优化、功能提升，全力推进"岛内大提升，岛外大发展"。

厦门市要根据区域基础、产业布局、配套资源等情况确定区域的现代产业，引导产业集聚入园，强化专业协作，发挥集群优势，高效集约利用土地，统筹各区（开发区、片区）产业布局，协调各区（开发区、片区）产业差异化、特色化和协同化发展，减少同质化竞争，形成厦门市产业空间布局一张图、一张表。要充分发挥岛内中心城区的经济带动作用，全力提升岛内发展质量，辐射带动岛外产业发展。岛内要优化发展现代服务业，依据区位优势，做好产业布局，重点加强现代物流、软件和信息服务、金融商务、文化旅游会展、新兴服务业五类产业的建设规划，打造厦门高新技术产业中心高地。依据《厦门市产业空间布局指引（2021年本）》，建设和完善涵盖五大产业的31个功能区。要大力推进岛外广阔经济腹地的有效开发，完善岛外基础设施建设，构建更加畅通的岛内外交通运输网。聚焦先进制造业发展规划，大力发展涵盖电子信息制造、材料与装备制造、生物医药、其他制造业在内的四类产业，组团式推进翔安、同安、马銮湾等新城拓展，实现产业发展、功能完善、生态优化和人气提升。加快补齐科技创新、教育、医疗等领域短板，促进产、城、人深度融合。要加快推进岛内岛外一体化，全面推动厦门高质量跨岛发展。借大力推行"闽西南协同发展战略"的东风，从整个闽西南的战略布局去谋划自身发展。要摒弃狭窄的"岛民意识"，把漳州港纳入跨岛发展的战略布局和发展规划。要积极融入和服务厦漳泉大都市区建设，携手漳泉两市共建示范区，引领福建经济发展。要把漳州招商开发区纳入厦门跨岛发展的战略布局和发展规划中，利用港口优势积极发展临港产业，带动漳州沿海地区发展。

（十二）加强与东南亚国家贸易联系，提升开放发展水平

随着"一带一路"建设和"双循环"新发展格局不断推进，厦门与东南亚的贸易往来和交流合作也越来越频繁。同时，由于众多东南亚华人华侨的先辈来自福建各市，厦门与东南亚国家有着天然的亲缘关系，这为厦门企业"走出去"提供了有力保障。

为此，厦门应积极探索创新与东南亚国家贸易方式，构建更高水平、更高质量的合作关系。首先，厦门要主动探索开辟厦门与"一带一路"东南亚沿线国家国际航线布局，加快建设东南国际航运中心和区域性邮轮母港，打造航线布局合理、航运便利快捷的互联互通交通网络枢纽。其次，厦门应该积极发挥其天然深水港的重要区位优势，并充分利用东南亚的华侨华商网络，调动厦门现代产业"走出去"投资和开拓东南亚市场的积极性。同时，

厦门企业也要注重企业品牌建设，结合当地市场发展特点和供需情况提供优质产品和服务，提高厦门企业在当地市场的竞争力和影响力。最后，大力鼓励厦门企业参加中国—东盟博览会，抓住合作机遇，最大限度挖掘厦门企业与东南亚国家经贸合作交流的潜在机会，共同打造全方位、宽领域、高层次、优势互补的产业合作平台。

（十三）加强区域经济合作，打造厦门现代产业合作发展的平台

厦门要实现现代产业发展，就要走出去谋求更多层面的区域经济合作，从根本性上解决跨地区、跨部门的问题，实现生产要素的共享，从而节约相关中间费用，提高利润率；要建立有效的跨界治理机制，通过制度创新，健全市场机制，打破行政区划的局限，消除地方保护和市场分割，促进生产要素在区域间自由流动，引导产业转移。区域经济合作是一个系统性的建设工程，需要建立包括指导、协调、执行等职能的强有力的推进机构，并要在中央政府指导、地方政府协商和市场中介组织三个层面逐步形成制度性的区域合作协调机制。厦门应加快自贸区建设，扩大"国际贸易单一窗口"集成范围，建立更加可靠、便捷的电子口岸。建立与中国香港地区、中国澳门地区、新加坡"3＋1"经贸洽谈合作机制。进一步推动国家惠台政策在厦门率先落地，建立厦台双向投资综合服务体系。福建自贸区厦门片区可进一步探索在新加坡、印度尼西亚等国建立"海上丝路"自贸仓，构筑跨境物流平台、支持区内金融机构开展"区块链＋金融"试点，用好海峡基金业务综合服务平台。

板块四　政策与地区发展

专题八　福建省财税政策支持企业科技创新的机制与路径研究

一、引　言

2021 年 3 月，习近平总书记在福建考察时强调："要坚持创新在现代化建设全局中的核心地位，把创新作为一项国策，积极鼓励支持创新。创新不问'出身'，只要谁能为国家作贡献就支持谁"[①]。2020 年，我国国际专利申请量、国际论文发表、研发人员数量都排名世界第一、研发费用则稳居世界第二；虽然拥有数量众多的科技工作者、规模庞大的研发投入，但 2020 年我国国家创新指数综合仅排名世界第 14 位[②]。进一步发挥创新发展驱动力量、建设创新型国家，需要在政府财税政策引导和驱动下，建立健全良好的企业科技创新平台及改善企业创新生态，进一步激发企业创新活力，才能让企业的科技成果不断增加科技含量。一般来说，企业 R&D 投入具有准公共产品性质，即具有正的外部性。因此其他企业存在"搭便车"效应，使企业 R&D 投入获得的私人收益低于社会收益，影响了企业进行研发活动的积极性。此时政府需采取必要的外部激励措施，鼓励企业进行 R&D 投入与研发创新。

目前，国家对于企业 R&D 投入的财政政策主要有：

---

① 万劲波. 强化国家战略科技力量，抢占科技制高点 [EB/OL]. (2021 – 04 – 19) [2022 – 10 – 15]. https：//m.gmw.cn/baijia/2021 – 04/19/34773805.html.

② 中国科学技术发展战略研究院. 国家创新指数报告 2020 [M]. 北京：科学技术文献出版社，2021.

（1）财政科技投入。财政科技投入支出一直是政府一般公共预算中重要内容之一，其资助对象既包括企业也包括高校和科研机构。就企业而言，主要是针对企业的 R&D 活动进行财政补贴，但政府财政补贴对企业 R&D 可能具有替代效应。因此政府采取财政补贴来引导企业加强科技投入是必要的，但是必须加强资金管理，才能真正起到促进企业创新的作用。

（2）税收优惠。即，政府对企业的 R&D 活动提供更多的税收优惠政策，如研发费用加计扣除、高新技术企业所得税税率优惠等。税收优惠政策具有适用面广，可操作性强等特点。采取税收优惠政策，对于政府而言虽然减少了收入，但是激励了企业进行研发活动，提高了长期社会收益。

（3）其他财政政策。这主要包括政府担保或贴息的贷款机制、政府采购政策、科技人才财政补助、政府创新引导基金等。

目前，福建省正处于经济结构转型升级时期，合理发挥财税优惠政策的引导作用，激励企业进行 R&D 活动具有重要意义。2016 年、2021 年福建省人民政府办公厅先后印发的《福建省"十三五"科技发展和创新驱动专项规划》《福建省"十四五"科技创新发展专项规划》，明确要全面落实国家和福建省包括减税降费在内各项财税政策，激励引导企业加大研发投入，为福建省高质量发展和建设"新福建"注入源源不断的驱动力。尤其是 2018 年 9 月福建省颁布实施《关于进一步推进创新驱动发展七条措施的通知》以来，围绕着企业科技创新及科技成果转化，福建先后出台了 60 多个支持企业科技创新的财税政策，形成包括财政投入、税收优惠、平台搭建、人才补助等一系列创新机制，对企业科技创新起到了重要推动作用。

二、文献综述

理论研究和国际经验都表明，财税优惠对促进企业技术创新具有重要意义。在学术界，关于促进企业技术创新的财税优惠政策有效性以及政策实施效果方面的研究主要体现在以下几个方面：

（1）财税政策对企业技术创新的支持效应分析。薛菁（2015）通过调查发现，政策设计本身科学性、适用性与企业的意愿和选择均会对企业自主创新财税支持政策作用的有效性产生影响。马悦（2015）认为，税收优惠体系的设计可以从降低企业成本、减小企业风险以及增加企业利润三个方面促进企业技术创新。牟可光（2017）、王宏起（2015）等，从政策分布合理性、政策科学性、政策柔性、政策实行等四个维度分析当前税收优惠政策对企业技术创新的激励效应，研究发现税收优惠对企业技术创新的激励效果并不突出。郭佩霞（2011）从企业生命周期的视角出发，在分析中小企业各阶段创新驱动障碍的基础上评价税收优惠对企业技术创新的支持效果。

（2）财税政策对企业技术投入的激励效应分析。柳光强（2016）研究发现，与财政补贴相比，税收优惠对企业技术创新的激励效应并不显著。但基于研发费用加计扣除的具体研究（王春元，2017；刘晔和林陈聃，2021）表明，税收优惠政策对企业 R&D 投入具有显著的正向促进作用。王玺、张嘉怡（2015）以高新技术企业为样本的研究发现，税收优惠对企业研发投入具有直接激励作用和产出端间接促进作用。当然也有研究基于不同样本得出了不同结论，如张济建、章祥（2010）基于对 95 家高新技术企业的问卷调查样本数据的实证研究结果表明，现行 R&D 税收政策与高新技术企业 R&D 投入虽然具有相关性，但不显著，税收激励政策对企业技术创新激励效应十分有限。

（3）财税政策对企业技术创新的产出效应分析。储德银等（2017）通过对上市公司研究发现，税收优惠政策能够通过企业研发费用投入的间接作用增加专利产出。张信东、贺亚楠（2014）以上市公司数据为样本，运用倾向得分匹配法进行实证分析，结果表明，在税收优惠鼓励下的企业拥有更多创新产出、发明专利和技术贡献奖项。张嘉怡（2015）结合 BEPS 项目背景，认为目前实施的"专利盒"与企业技术创新投入相关且存在不确定性，我国应扩大政策受益面，从而改进"类专利盒"政策。

对于财税政策对企业技术创新激励效应的研究，国外也有丰富的研究成果。从国际范围的实证研究结论来看，普遍支持税收优惠政策工具在鼓励企业创新方面的作用。如恰尔尼茨（Czarnitzki，2011）、卡佩尔恩（Cappelen，2012）等重点研究了税收优惠对企业研发活动产出成果的影响，增加了税收优惠对企业技术创新激励效果的科学证据。恰尔尼茨（Czarnitzki，2011）研究发现，相较于一般企业，享受税收优惠政策企业的研发成果明显偏多，并且其市场认可度也普遍较高；笠原弘之（Hiroyuki Kasahara，2014）研究表明，企业税收抵免度与研发投入具有很强的正相关关系，税收优惠对企业技术创新存在激励效应，这一作用效果对财务杠杆高的公司尤为明显。而具体到某些具体税收优惠政策如研发费用加计扣除政策来看，笠原弘之等（Hiroyuki et al.，2014）对 13000 家日本企业、古普塔（Gupta，2011）对美国 2540 家企业、马尔基和迈尔斯（Mulkay & Mairesse，2013）对法国 2782 家企业的实证研究了都支持了研发费用抵扣政策对企业研发投入显著的激励作用，其区别只是在激励强度和政策效应大小上。在其他财政政策工具研究方面，大部分文献都表明了政府研发补助和政府采购等政策有利于促进企业研发投入和研发绩效的增长（Eini，2014；Guerzoni，2012）。

当然，上述研究都是基于全国性企业样本甚至跨国样本进行的研究，只有很少量以区域为研究对象的文献，如徐伟民（2009）对上海市、江希和王水娟（2016）对江苏的研究。但是基于福建省科技财税政策的研究文献目前还很缺乏，尤其在研究财税政策驱动企业科技创新的机制与路径上目前还是空白。这为本文研究提供了空间。本文拟分析总结福建省驱动企业科技创新的财税政策，尤其是其作用机制与路径。本文接下来是这样安排的，第三部分拟对财税政策支持企业技术创新进行一般性理论分析；第四部分分析福建省财税政策推动企业技术创新的现状与困境；第五部分分析财税政策支持福建企业创新的作用机制；第六部分提出福建省财税政策支持企业技术创新的路径与建议。

三、财税政策支持企业技术创新的理论分析

（一）市场失灵理论

根据传统经济学原理，在完全市场竞争的情况下，可以实现资源的有效配置，从而实现市场均衡，此时企业的 R&D 投入应是合理有效的。但是由于企业 R&D 活动的外部性、准公共产品性、风险性及信息不对称性等特点导致了市场失灵。企业的 R&D 活动带来的技术创新往往为其他市场主体带来利益，而其他市场并没有支付相应的报酬，这样企业 R&D 活动产生了正外部性，由此导致市场失灵，使得企业研发投入量小于最有效率量。同时企业有些 R&D 活动具有部分"非排他性"和"非竞争性"特征，即 R&D 活

动在本质上具有准公共物品的特征。这便导致了市场其他主体存在"搭便车"现象，无偿获得技术创新的全部成果和利润，使得从事 R&D 活动的企业创新积极性下降，从而降低整个社会的创新水平。企业 R&D 活动具有风险性，从研究阶段到开发阶段，再到成果转化阶段，每一个阶段均含有风险性。企业 R&D 投入不一定可以带来技术创新，帮助企业实现利润。如果企业研发活动失败，将给企业带来不小的损失，这也将导致企业的研发活动积极性下降，无法实现资源最优配置。企业 R&D 活动也存在信息不对称性。即在融资过程中，企业研发相关信息在银行和企业间存在着市场信息不对称，由此可能造成融资过程中的逆向选择和道德风险的市场失灵。

（二）政府干预理论

由于企业 R&D 活动的外部性、溢出性、风险性及信息不对称性等特点，同时现实经济环境中的不完全竞争、信息不对称等因素影响，导致了市场失灵，无法实现市场资源最优配置。此时政府需要采取其他措施鼓励企业进行 R&D 活动，以弥补市场本身不足，从而矫正市场失灵。例如政府采取税收优惠、财政补贴等措施，激励企业进行 R&D 活动，增加企业的研发支出。

如图 1 所示，企业没有享受财税优惠政策之时，等产量线和等成本线分别为 Q_1 和 PS_1，则点 A 为该企业利润最大化的生产要素组合。在企业享受研发投入的税收优惠或财政补贴政策之后，研发投入对其他投入的相对价格

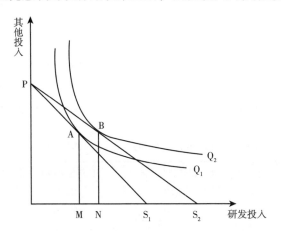

图1　税收优惠政策对企业 R&D 投入的影响

下降，因此企业的等成本线变动为 PS₂，企业生产者均衡点也从 A 点变为 B 点。在新的均衡点下，企业的研发资金投入由 M 点提升至 N 点，由此企业的研发投入相应增加。

（三）创新激励理论

在经济学说史上，熊彼特最早在其《经济发展理论》中提出创新是经济增长的动力。但创新来源是什么呢？在熊彼特看来，创新来自企业家精神，企业家的创新职能就体现在能实现生产要素和生产条件的重新组合，包括通过新技术的开发、新产品的应用、新产业的产生、新资源的使用等。但这种企业家精神和"创造性破坏"活动又受什么激励和驱动呢？这固然有市场竞争和熊彼特所认为的垄断（专利），但也离不开降低创新成本的激励，包括政府财税政策降低创新成本的激励。尤其是在 20 世纪 90 年代，随着内生增长理论的发展，不仅技术进步内生化，而且该理论明确表明影响经济增长的技术、人力资本等内生变量受政府政策尤其是财税政策的影响。

四、福建省推动企业技术创新的财税政策：现状与问题

（一）福建财政科技投入规模整体呈上升趋势，但投入强度仍处于相对弱势

从表 1 中 2015～2019 年数据来看，福建省地方财政科技支出规模逐渐上升，从 2015 年的 76.60 亿元增加到了 2019 年的 133.41 亿元，地方财政科技支出占财政支出的比重也从 2015 年的 1.91% 增加到了 2019 年的 2.63%。

表 1   2015～2019 年福建地方财政科技支出和 R&D 经费支出情况

年份	地方财政科技支出（亿元）	地方财政科技支出占财政支出的比重（%）	R&D 经费支出（亿元）	R&D 经费支出占GDP 的比重（%）
2015	76.60	1.91	392.93	1.47
2016	80.28	1.88	454.29	1.53

年份	地方财政科技支出 （亿元）	地方财政科技支出占 财政支出的比重（%）	R&D 经费支出 （亿元）	R&D 经费支出占 GDP 的比重（%）
2017	99.4	2.12	543.09	1.60
2018	115.25	2.38	642.79	1.66
2019	133.41	2.63	753.75	1.78

资料来源：根据福建省财政厅网站及福建统计年鉴整理计算而得。

表 2 数据显示，2011～2020 年福建省 R&D 经费支出逐年增加，从 2011 年的 221.52 亿元增加到了 2020 年的 842.40 亿元，年平均增长率 16%。说明近年来福建 R&D 经费支出逐年高速增长，特别是到了 2020 年已经突破了 800 亿元。同时 R&D 经费支出主要用于试验发展，每年支出比重均超过了 88%，但是基础研究和应用研究支出比重近年有所增加，从占比 7% 左右增长到了 11% 左右。

表 2　　　　　　　　　　2011～2020 年福建企业 R&D 经费支出情况

年份	R&D 经费 支出 （亿元）	基础研究		应用研究		试验发展		投入 强度 （%）
		数值 （亿元）	比重 （%）	数值 （亿元）	比重 （%）	数值 （亿元）	比重 （%）	
2011	221.52	4.07	1.84	11.77	5.31	205.68	92.85	1.24
2012	270.99	4.85	1.79	12.24	4.52	253.90	93.69	1.34
2013	314.06	6.32	2.01	14.73	4.69	293.00	93.29	1.40
2014	355.03	7.54	2.12	16.23	4.57	331.26	93.30	1.42
2015	392.93	10.00	2.54	20.53	5.22	362.40	92.23	1.47
2016	454.29	11.83	2.60	29.97	6.60	412.49	90.80	1.53
2017	543.09	18.91	3.48	39.18	7.21	485.01	89.31	1.60
2018	642.79	24.88	3.87	47.36	7.36	570.63	88.77	1.66
2019	753.75	36.13	4.79	50.87	6.75	666.75	88.46	1.78
2020	842.40	－	－	－	－	－	－	1.92

资料来源：根据 2012～2021 年历年的《福建统计年鉴》整理计算而得，"－"表示统计年鉴数据未公布，暂时缺失。

R&D 经费投入强度为 R&D 经费支出占 GDP 的比重，反映了 R&D 经费支出在 GDP 中的权重大小，是衡量一个地区的重要创新指标。正如图 2 所示，2011～2020 年福建 R&D 经费投入强度总体上呈现逐渐增强的趋势，从

2011年的1.24%增加到了2020年的1.92%，这也表明R&D经费支出相对于GDP的占比逐渐增大。

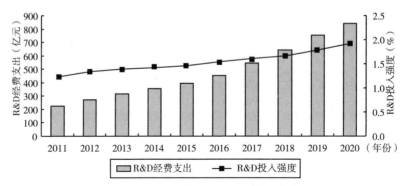

图2　2011~2020年福建R&D经费支出与强度

资料来源：2012~2021年历年的《福建统计年鉴》。

2020年全国R&D经费支出为24393.1亿元，R&D经费投入强度为2.40%，高于福建R&D经费投入强度①。图3显示了2020年福建省与部分沿海省市的R&D经费支出与强度，可以看出，与广东、江苏、浙江、山东、上海相比，福建无论R&D经费支出总量还是R&D经费投入强度均低于沿海其他省市。广东省R&D经费支出达3479.9亿元，是福建842.4亿元的4倍有余；上海的R&D经费投入强度达4.17%，也远高于福建R&D经费投入强度。

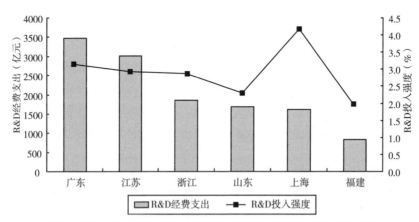

图3　2020年福建省与部分沿海省市的R&D经费支出与强度对比

资料来源：根据相关省份统计年鉴数据计算而得。

---

①　根据《中国统计年鉴2021》的R&D数据和GDP数据计算而得。

（二）企业资金是福建 R&D 经费支出的主要来源，而政府资金比重有待进一步提高

从表 3 可以看出，福建 R&D 经费支出的主要来源是企业资金，2011 ~ 2019 年企业资金的比重均达到了 86% 以上，其中 2012 年企业资金的比重最高为 89.51%；企业资金的金额也逐年增加，从 2011 年的 197.13 亿元增加到了 2019 年的 654.75 亿元，年均增长率 16.19%。政府资金比重虽然也呈现上升趋势，从 2011 年的 8.27% 增加到了 2019 年的 11.12%，但是比重仍然有待进一步提高。而国外资金的比重很小，历年占比均在 0.6% 以下。

表3　　　　　　2011 ~ 2019 年福建 R&D 经费支出的主要来源

年份	政府		企业		国外		其他	
	金额（亿元）	比重（%）	金额（亿元）	比重（%）	金额（亿元）	比重（%）	金额（亿元）	比重（%）
2011	18.31	8.27	197.13	88.99	1.30	0.59	4.78	2.16
2012	21.60	7.97	242.56	89.51	1.10	0.41	5.73	2.11
2013	25.92	8.25	279.57	89.02	0.56	0.18	8.01	2.55
2014	29.80	8.39	316.47	89.14	0.64	0.18	8.13	2.29
2015	33.99	8.65	346.51	88.19	0.68	0.17	11.74	2.99
2016	49.82	10.97	390.85	86.04	1.48	0.33	12.13	2.67
2017	61.22	11.27	467.95	86.16	1.32	0.24	12.60	2.32
2018	68.52	10.66	556.70	86.61	1.41	0.25	16.16	2.51
2019	83.78	11.12	654.75	86.87	0.03	0.00	15.19	2.02

资料来源：根据历年的《福建统计年鉴》整理计算而得。

（三）福建省创新人才数量增长明显，但人才区域结构不均衡

表 4 数据显示，2015 ~ 2020 年福建规模以上工业企业 R&D 活动人员总体呈现增加趋势，2020 年已经突破 19 万人，达到了 192160 人，与 2019 年

相比增加 11795 人，增长 6.54%，R&D 人员折合全时当量也达到了 140850 人。2015～2020 年 R&D 活动人员增加了 58049 人，增长 43.28%，年均增长率 9.41%。但是科技人才分布的区域结构很不均衡，以 2020 年为例，福州、厦门、泉州三市的 R&D 活动人员达 127782 人，占福建省比重达 66.50%，而三明、南平、宁德三市的 R&D 活动人员仅 25017 人，仅占福建省比重 13.02%，不同地市之间的差距较大。

表 4   2015～2020 年福建规模以上工业企业 R&D 活动人员投入情况

R&D 活动人员	2015 年	2016 年	2017 年	2018 年	2019 年	2020 年
R&D 人员合计（人）	134111	145083	145529	172832	180365	192160
R&D 人员折合全时当量合计（人年）	99180	102250	105533	120723	126089	140850

注：2015 年之前《福建统计年鉴》未公布规模以上工业企业 R&D 活动人员投入情况，因此该部分数据分析从 2015 年开始。

资料来源：根据历年的《福建统计年鉴》整理计算而得。

（四）地方财政科技投入产出效率逐渐提高，但是政府对企业的科技成果转化的引导和支持还需进一步加强

企业科技活动产出情况是衡量前期技术创新活动资金与人力投入是否成功的重要指标。因福建省统计年鉴没有公布企业技术创新活动产出情况，考虑到数据可获取性，我们根据龙岩市统计局公布的数据，选择龙岩市为例来进行财政科技投入产出效率分析。表 5 数据显示，2011～2019 年龙岩市企业技术创新活动的新产品产值、新产品开发经费、新产品销售收入、专利申请数量、有效发明专利数基本逐年增加。新产品产值从 2011 年的 155.41 亿元，增加到了 2019 年的 379.38 亿元；新产品开发经费从 2011 年的 10.40 亿元，增加到了 2019 年的 49.29 亿元；新产品销售收入从 2011 年的 152.10 亿元，增加到了 2019 年的 376.46 亿元。从图 4 可以看出，新产品产值与新产品销售收入基本同步增长，这表明新产品的产值基本都已转化为销售收入；但有效发明专利数与专利申请数相比总体偏低。

表 5　　　　　　2011～2019 年龙岩市规模以上工业企业科技活动产出情况

科技活动产出情况	2011 年	2012 年	2013 年	2014 年	2015 年	2016 年	2017 年	2018 年	2019 年
新产品产值（亿元）	155.41	157.27	151.45	199.31	217.77	231.44	300.50	324.52	379.38
新产品开发经费支出（亿元）	10.40	12.33	14.71	15.22	17.27	23.21	30.58	33.08	49.29
新产品销售收入（亿元）	152.10	156.18	155.69	177.57	201.17	222.71	287.48	325.04	376.46
其中出口（亿元）	2.73	2.09	6.17	8.55	6.78	13.41	14.41	21.45	26.03
专利申请数（件）	664	787	1109	1222	1138	1686	1807	1883	2121
其中发明专利（件）	203	225	271	308	261	396	394	400	473
有效发明专利数（件）	218	193	223	304	420	555	914	1308	1774

资料来源：根据《龙岩统计年鉴 2020》整理计算而得。

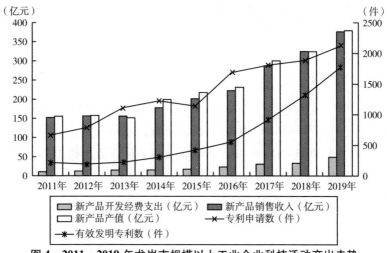

图 4　2011～2019 年龙岩市规模以上工业企业科技活动产出走势

资料来源：根据《龙岩统计年鉴 2020》整理计算而得。

（五）地方财税优惠政策力度逐渐增强，但政策优惠方式还比较单一

企业在创新活动中，地方政府会给予一定资金的投入，同时企业也可以享受相关减免税优惠。因福建省统计年鉴没有公布财税优惠政策落实情况，考虑到数据可获取性，我们选择龙岩市为例来进行分析。表 6 数据显示，

2011~2019 年龙岩市规模以上工业企业来自政府部门的科技活动资金由 2011 年的 7693 万元到 2019 年的 9172 万元，总体增长缓慢。只有 2019 年由于龙岩市政府深入实施创新驱动发展战略，多渠道筹措科技经费，规模以上工业企业来自政府部门的科技活动资金增长到了 9172 万元，同 2018 年相比增长了 1.5 倍，增幅明显。

表6　　　　2011~2019 年龙岩市规模以上工业企业部分政策优惠情况　　单位：万元

政府相关政策落实情况	2011年	2012年	2013年	2014年	2015年	2016年	2017年	2018年	2019年
来自政府部门的科技活动资金	7693	6168	4831	4291	5250	4434	5114	3680	9172
研究开发费用加计扣除减免税	1857	2621	2906	4203	6279	6411	11437	10679	23521
高新技术企业减免税	10638	6052	11797	12338	10625	13644	27336	21034	23155

资料来源：《龙岩统计年鉴2020》。

随着企业研发费用的逐渐增加，研发费用加计扣除减免税额也逐渐增大，从 2011 年 1857 万元到 2019 年 23521 万元，年平均增长 37.35%。表明企业积极开展研发创新活动，政府对研发费用加计扣除税收优惠政策也落实得比较到位。2012 年与 2017 年由于政策调整，高新技术企业减免税波动较大（见图 5），特别是 2017 年高新技术企业减免税金额达到 2.73 亿元。目前创新企业最主要的税收优惠政策还是研究开发费用加计扣除减免税以及高新技术企业减免税，优惠方式相对单一。

图5　2011~2019 年政府相关政策落实情况变化

五、财税政策支持福建企业创新的作用机制分析

　　总体上看，政府财税优惠政策可以分为财政支出政策和税收优惠政策两大类型，而这两类政策又可以细化为各项具体政策，作用于企业创新的不同层面和不同环节，从而对于企业的科技创新产生不同的作用。具体来看，企业创新活动过程中，地方政府财税政策可以采取直接投入机制、支持金额贷款、支持人才引进、政府担保、税收优惠以及政府采购等形式。这些形式各自有不同的着力点、优缺点和作用机制，对支持企业科技创新的不同层面起到不同程度的影响和推动作用。具体作用机制如图6所示。从目前看，福建省支持企业创新的财税政策还主要集中在税收优惠和财政科技投入两种形式上，因此需要在分析不同作用机制基础上更好地优化多样化的财税支持形式。

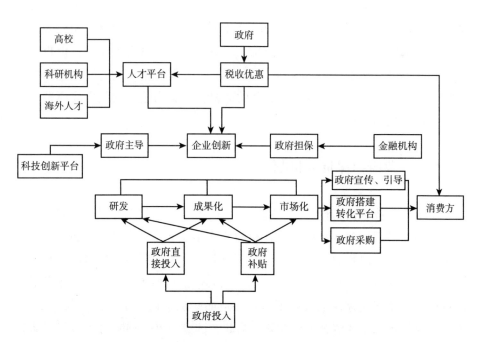

图6　财税政策支持福建企业创新的作用机制

（一）政府科技投入机制

在财税政策促进企业科技创新过程中，政府投入对企业创新活动的影响最为直接。尤其是政府对于企业研发的直接投入或补贴可以直接增加企业研发资金来源，降低企业创新风险，为企业创新提供更多的激励。从企业研发创新所需要的资源来看，资金资源、人力资源、技术资源和设备资源等都是必不可少的，但资金在企业技术创新活动中发挥着不可替代的作用，为企业技术创新提供物质基础。企业开展创新活动所需的人力资源、技术资源以及创新基础等各项创新要素都需要经费支持，例如科研人员的招募培养、研发设备的投入、研发中心的建设以及新产品的试验与推广等，都需要依赖资金。与其他市场化手段相比，政府科技投入作用比较直接，范围比较广泛，不仅可以对企业投入也可以对高校和科研机构投入，从而为企业创新提供更好的外部环境和产学研合作平台。而与税收优惠相比，政府对企业的科技投入应选择初创企业和中小企业，因其还没有产生利润和税收，所以更为有效。当然，政府运用科技投入来激励企业创新也存在一些弊端，主要表现为可能对受资助的企业缺乏充分的信息、政府干预可能存在寻租、可能挤出企业创新支出等。从前文分析可见，福建省目前政府 R&D 投入仅占全社会 R&D 投入的 11.12%，有进一步提高的必要，但更为重要的是需要更精准地选择扶持对象和方式。

（二）政府担保贷款机制

由于企业技术创新存在研发周期长、投入大、见效慢等局限，需要财税政策支持。但而从前文分析可见，福建省企业对创新的资金投入并不乐观。近年来，尽管福建企业研发投入总量不断增长，已成为福建 R&D 经费支出的主要来源并占有 86% 的比重，但与国内其他沿海城市相比，不论研发投入总量还是强度都还存在很大差距，尤其是那些从事研发工作的创新型企业，用于研发创新基础的资金十分有限。为此，国家以及福建省都出台了一系列的贷款优惠政策鼓励企业加大对创新基础要素的资金投入，其中政府担保贷款就是非常重要的一项。政府担保主要解决的是信贷市场上信息不对称的市场失灵问题。企业在研究开发过程中，由于专利保护以及保密的影响，企业与金融机构之间的贷款存在不对称性信息，金融机构不确定企业是否真实进行研发活动，对于企业的经营行为缺乏具体了解，导致相应贷款难以发放。而政府作为两者之间的管理机构，可以依据企业日常的管理情况，对企业的相关风险进行审查并担保，为企业研发活动提供获取贷款的渠道。政府担保贷款的适用对象也主要是创业型公司，其主要优点是政府以少量资金如贴息可以带动较大技术研发资金投入。目前，福建省这项政策还比较薄弱。因此，2020 年 12 月福建省财政厅和福建省地方金融监督管理局联合印发《关于运用财政正向激励促进金融支持实体经济发展的若干措施》，提出应积极扩大创业担保贷款规模，通过监管考核、担保、贴息、奖励等政策，促进金融机构积极扩大创业担保贷款业务规模。

（三）税收优惠机制

国家和地方政府通过税收政策鼓励企业开展技术交流合作，对促进企业开展自主创新活动具有重要影响。税收优惠的优点在于普惠性强，容易激发市场和企业创新活力。激励创新的税收优惠主要包括前端优惠和后端优惠，前端优惠是对企业创新投入的税收优惠，主要目的是降低企业研发成本、激发企业研发投入；后端优惠是对企业创新产出的优惠，主要目的是增加企业收益，并扩大其社会效益。从近几年减税降费的实践来看，随着研发费用加计扣除、固定资产加速折旧等政策力度的加大和范围的扩大，福建省企业创新税收优惠逐渐更加集中在前段优惠。但从前文分析来看，福建省企业科技投入产出效率还不够高，有效发明专利数与专利申请数还偏低，由此意味着要逐渐加强后端税收优惠，尤其是对企业的科技成果转化的引导和支持还需进一步加强，要加大对产学研协同创新的税收激励，以此增加企业创新产出的数量、质量及提高创新效率。

（四）人才平台机制

从提高创新产出和创新效率角度来看，在投入成本一样的情况下要实现产出和效率最大化，需要优化投入结构。而投入结构在总体上可以分为资金投入和人才投入。虽然如前文所分析的，近些年来福建省科技创新人才数量的增长和质量都有较大增长，但人才投入相对于资金投入仍存在短板，较为典型地体现在科研经费中用于科研人员的间接经费占比较低，也没有直接针对科技人才的税收优惠等。应该说，企业创新根本上是人的创新，只有通过激活人才的积极性，才能激发创新的源头和活力，从而使之在企业自主创新活动中发挥主导性作用。因此现有财税政策的作用机制应该更多由物转向人，通过对人才的财政补贴和税收优惠，进一步加大激励力度、优化激励机制，依靠人才创新制度激发创新潜力。2021 年以来，福建省出台了《福建省高层次人才认定和支持办法（试行）》《福建省引进高层次人才申报确认实施办法（试行）》等一系列鼓励企业技术创新人才及人力资本投入的优惠政策，但其中还主要是对于人才引进给予的各项补贴、购房、落户、子女教育等优惠政策，目前还需要进一步做好财税政策尤其是企业所得税和个人所得税的税收优惠政策。此外，人才要发挥作用还需要有平台支撑，因此对于人才的财税支持政策也需要进一步扩展和延伸到其平台上，才能更好激发企业技术创新活力。

（五）科技创新平台机制

从前文分析可见，虽企业已成为福建省创新投入和产出的主体，但福建省企业创新效率还不高，科技成果转化、扩散和应用还存在很多阻碍因素。因此，要进一步提高创新效率和提高区域创新实力，离不开企业、高校、金融机构、科研院所、科技中介、政府等多个参与者的协同。在产学研协同网络中，政府是最为重要的组织者，承担着协调、沟通、管理等角色。在这一协同创新平台作用机制中，政府既需要直接进行创新投入，更需要通过政策引导、营造环境和基础建设来为市场化主体发挥作用提供平台。因此在尊重市场规律的前提下，地方政府要积极发挥引导作用，以必要的财政投入和政策引导来建立高效的科技创新平台，带动高校、企业、金融机构、科研院所和科技中介等多方力量，形成创新合力，整合创新要素资源，实现资金、人才、设备、知识、信息技术等多个要素共享。在推进有组织的政产学研协同创新机制建设基础上，可以利用创新平台进一步引导上下游企业对接，促进科技成果转化，为企业提供信息技术资源利用效率最大化。通过高新技术产业园、创业孵化基地、大学科技创业园区、创新协同中心等，为企业科技创新提供良好的平台。

（六）政府采购

企业的研发活动最终目的是获得新技术新产品，并将新技术新产品通过市场化推广，最终实现成果转化并获取利润。因此，在企业成果转化和实现市场化收益的过程中，地方政府可以加强宣传辅导，对企业产品进行宣传，也对消费者加强引导。但更直接的财政手段就是采取政府采购，政府作为创新技术及产品的市场需求方，可以直接提高创新企业产品和技术的市场需求，减少创新企业所面临的市场不确定性，也由此增强消费者对新科技成果的认可度，由此对企业创新产出的市场利润具有直接有效的帮助。当然政府采购能不能起到很好的效果，还取决于政府对科技项目和成果采购的精准性和有效性。从目前看，福建省政府采购支出占财政支出和 GDP 比重还有待进一步提高，同时需要把更多的采购项目引导到促进企业科技创新上。

六、福建省财税政策支持企业技术创新的路径与建议

在激励企业科技创新过程中，政府应当围绕加强财政科技投入、提高资金使用效率、加大税收优惠力度、创新人才培育机制、加强财政科研投入监管、完善政府采购、政府担保机制、提高自身业务服务水平等一系列措施机制，多措并举促进企业持续创新，提升企业科技实力，促进科技成果转化。

（一）提升对企业的财政科技投入，优化 R&D 投入使用效率

虽然福建省 R&D 经费支出逐年增加，占 GDP 比重也逐年增加，但是同广东、江苏、浙江、山东、上海相比，无论是 R&D 经费支出总量还是 R&D 经费投入强度，福建均低于沿海其他省市。因此，优化 R&D 投入使用效率，提高 R&D 投入占 GDP 的比重，发挥 R&D 投入对经济增长的引导作用，才能更好服务福建经济发展战略，促进经济向高质量发展转型升级，提高福建省

核心竞争力。一方面，要加大企业 R&D 经费来源中的政府资金投入比重，通过优惠、奖励、补贴等方式体现政府投入，发挥政府的引导作用。另一方面，要增强对企业基础研究和应用研究的资金支持力度。基础研究具有很强的外部性特征，因此可以为整个创新环境及生态带来重要的影响。

（二）加大税收政策优惠力度，促进 R&D 投入的激励效应

我国是以流转税为主、所得税为辅的税收制度。所得税是第二税收来源，其基数大，税源丰富，所得税优惠对高新技术企业 R&D 投入的有效激励方面起到重要作用。所得税优惠直接作用于企业的研发活动本身，比如研发费用加计扣除，相比于流转税直接作用于中间等销售环节，所得税优惠更能直接发挥对高新技术企业 R&D 投入的激励作用。同时要健全税收激励制度。所得税优惠在不同阶段发挥不同作用，比如研发费用加计扣除属于环节减免，高新技术企业所得税税率适用 15% 对企业最终经营成果的减免，属于结果式减免。对于创业初期的企业，R&D 投入较多，而产出利润较少，因此创业初期注重对高新技术企业的扶持和鼓励；而在企业发展的成熟期，则应侧重于对所得税的优惠等。这样既保持税收政策的稳定性，又可以保持其有效性，从而激励高新技术企业进行科技创新，推动高新技术企业的发展。

福建省企业税收优惠目前更多集中在前端优惠，今后要更多在后端优惠上发力，尤其是政府部门要通过税收政策鼓励企业技术创新成果的转化与扩散，例如对企业技术转让及技术咨询服务收入进行适当的税收减免，对于技术转让成本加大税前扣除力度，这能在一定程度上增加技术转让收益，促进企业技术创新资源的充分共享，从而保证企业在实现创新的同时，提高社会整体科研创新水平。此外在税收优惠上，可以考虑更多地加大对创新人才的税收优惠，以更好地激发创新活力。

（三）完善科技人才开发机制，利用政策优惠措施均衡人才分布

要充分考虑人力资本投入和均衡发展问题，完善科技人才储备机制。首先，加强人才培养。要以福建省高校和科研组织为平台，利用其人才

的造血功能，加强对学生科技创新能力的培养和引导，同时建立健全政府、高校、企业的人才培养机制，通过多边合作打通人才交流瓶颈，实现多方共赢格局。其次，要通过多种人才引进政策，均衡人才区域分布。目前福建省研发人员 2/3 集中在福州、厦门、泉州三个地市，而三明、南平、宁德三个地市的研发人员仅占全省的 1/6，人才分布明显不均衡①。因此要引进人才，通过提高闽西、闽北、闽东等地区的人才待遇、财政补贴、晋升空间、学习平台等措施吸引人才。最后，要改变基础研究、实验发展等不同领域的人才激励机制。对于科研人员的考评激励机制，不能"一刀切"，要根据其所在的不同领域制定不同的激励机制。对于从事基础研究和应用研究的科研人员，应当主要以其科研项目和学术能力为主进行考评，对于实验发展领域的科研人才，以其科研项目的成果化和市场化程度作为考评标准，比如专利申请和授权情况、是否能有效实现市场价值等。

（四）完善科技创新的政府采购、政府担保等机制，有效促进企业科技成果转化及应用

在促进企业科技创新中，除了要充分发挥政策性激励机制的促进作用，同时也要充分考虑相关政策对科技创新成果的市场化引导作用。要完善政府采购制度，充分发挥政府采购对企业科技创新市场化的引领作用。一方面，政府采购中要重点考虑购买地方性的自主创新产品，在区域形成示范效应，充分发挥对地方性企业自主创新的拉动作用；另一方面，将政府采购需求和企业科技创新投入项目结合起来，实行定制化研发和生产，通过政府采购加强对科技创新的支持和保障作用。要进一步构建和完善政府贷款贴息、信用担保、权益投资等政府支持企业创新的政策体系，形成金融政策支持和政府担保推动企业科技创新机制。尤其是对中小企业创新而言，如果其创新资金的获取采用贷款贴息、信用担保等做法，可以将金融机构、政府、企业三方紧密联系在一起，形成共生共赢的格局，这样不仅能获得更充分的资金支持，而且可以促使这三方充分参与其市场化推广，形成良性

---

① 资料来源：根据《福建统计年鉴 2021》整理计算而得。

循环的链式结构。

（五）加强财政科技投入监管，落实各项优惠政策

要建立促进企业创新的税收优惠政策评估机制，落实落细促进企业技术创新的各项财税优惠政策，建立健全评估机制，定期评估各项政策的实施效果，总结与反思财税优惠政策执行中的问题和不足，并结合实际及时完善优惠政策体系。同时为保证财税优惠政策落到实处，应当增强政策服务水平，提高政策服务质量。例如，通过各种传播媒介加大财税优惠政策宣传力度，让创新型企业用足用好各项税收优惠；强化纳税信用管理，对于纳税信用好的高新技术企业利用银税互动增加贷款额度等。企业规模的扩大对于研发投入具有挤出效应，应该合理控制高新技术企业的规模，使得企业规模与研发强度相适应，有利于提高研发强度。高新技术企业在 R&D 活动过程中，除了充分利用税收优惠政策外，还必须注意企业规模、销售经营等情况对研发活动的影响。

参考文献

[1] 陈焕平. 税收优惠促进企业科技创新效应的研究 [D]. 杭州：浙江财经大学，2016.

[2] 储德银，纪凡，杨珊. 财政补贴、税收优惠与战略性新兴产业专利产出 [J]. 税务研究，2017（4）：99-104.

[3] 郭佩霞. 促进创新型中小企业发展的财税政策取向 [J]. 税务研究，2011（6）：10-15.

[4] 国家中长期科学和技术发展规划纲要（2006—2020 年）[R]. 中华人民共和国国务院公报，2006：7-37.

[5] 刘晔，林陈聪. 研发费用加计扣除政策与企业全要素生产率 [J]. 科学学研究，2021，39（10）：1790-1802.

[6] 柳光强. 税收优惠、财政补贴政策的激励效应分析 [J]. 管理世界，2016（10）：62-71.

[7] 马悦. 完善我国科技创新税收优惠政策的对策研究 [J]. 经济纵横，2015（12）：87-90.

[8] 牟可光等. 对我国创业创新税收优惠政策的探讨 [J]. 经济研究参考，2017

（9）：25 - 43，59．

　　［9］王春元．税收优惠刺激了企业 R&D 投资吗？［J］．科学学研究，2017，35（2）：255 - 263．

　　［10］王宏起，孙继红，李玥．战略性新兴企业自主创新的税收政策有效性评价研究［J］．中国科技论坛，2013（6）：63 - 69．

　　［11］王玺，张嘉怡．税收优惠对企业创新的经济效果评价［J］．财政研究，2015（1）：58 - 62．

　　［12］薛菁．财税政策对企业自主创新的支持效应分析［J］．技术经济与管理研究，2015（7）：72 - 76．

　　［13］张济建，章祥．税收政策对高新技术企业研发投入的激励效应研究［J］．江海学刊，2010（4）：229 - 233．

　　［14］张嘉怡．有效创新激励还是有害税收竞争？——BEPS 背景下"专利盒"政策的困境［J］．中央财经大学学报，2015（5）：3 - 11．

　　［15］张信东，贺亚楠，马小美．R&D 税收优惠政策对企业创新产出的激励效果分析——基于国家级企业技术中心的研究［J］．当代财经，2014（11）：35 - 45．

　　［16］Cappelen A，Raknerud A，Rybalka M. The Effects of R&D Tax Credits on Patenting and Innovations［J］．Research Policy，2012，41（2）：334 - 345．

　　［17］Czarnitzki D，Hanel P，Rosa J M. Evaluating the Impact of R&D Tax Credits on Innovation：A Microeconometric Study on Canadian Firms［J］．Research Policy，2011，40（2）：217 - 229．

　　［18］Dirk Czarnitzki，Hanna Hottenrott. R&D Investment and Financing Constrains of Small and Medium-sized Firms［J］．Small Business Economics，2011，36（1）．

　　［19］Eini，Elias. R&D Subsidies and Company Performance：Evidence from Geographic Variation in Government Funding Based on the ERDF Population-Density Rule［J］．Review of Economics & Statistics，2014，96（4）：710 - 728．

　　［20］Guerzoni M，Raiteri E. Innovative public procurement and R&D Subsidies：hidden treatment and new empirical evidence on the technology policy mix in a quasi-experimental setting［J］．Bureau of Research in Innovation，Complexity and Knowledge，Collegio Carlo Alberto. WP series，2012．

　　［21］Gupta S. etc. Structural Change in the Research and Experimentation Tax Credit：Success or Failure［J］．National Tax Journal，2011（64）：285 - 322．

　　［22］Hiroyuki Kasahara，Katsumi Shimotsu，Michio Suzuki. Does an R&D tax credit affect R&D expenditure? The Japanese R&D tax credit reform in 2003［J］．Journal of The Japanese and International Economies, 2014 (31): 72 – 97.

[23] Mulkay B, Mairesse J. The R&D tax credit in France: Assessment and ex ante evaluation of the 2008 reform [J]. Oxford Economic Papers, 2013 (65): 746 – 766.

专题九　加快建设闽江口金三角经济圈的成因、现状与发展思路

　　20 世纪 90 年代初，在时任福州市委书记习近平的带领下，福州市委市政府立足于福州市区位条件与经济优势，借鉴国内其他经济地区发展状况，并结合福州的对外开放格局和发展方向，提出建设闽江口金三角经济圈的战略构想。自这一战略构想提出以来，福州市的经济社会得到了快速发展，其地区生产总值从 1990 年的 102.4 亿元增长到 2020 年的 10020.02 亿元，人均 GDP 从 1990 年的 1936 元增长到 2020 年的 121015 元，进出口总额从 1992 年的 6.56 亿美元增长到 2020 年的 361.05 亿美元①。城市生态环境明显改善，社会治理水平大幅度提升，自主创新能力与研发能力显著进步，人民生活水平不断提高，社会各方面都得到了长足的发展。闽江口金三角经济圈的建设，很好地提升了福州综合实力，推动福州向着建设现代化国际大都市的目标不断迈进。

　　2022 年适逢闽江口金三角经济圈构想提出 30 周年，在新的历史发展阶段，闽江口金三角经济圈要顺应时代发展潮流，抓住历史机遇，实现新的跨越式发展：注重新兴产业战略布局，进一步提升自主创新能力，实现高质量发展；加快建设生态城市，进一步提高城市治理水平，扩大新基建覆盖范围；加强闽江口金三角经济圈辐射能力，带动周边县市发展，形成具有较大影响力的经济圈。

---

　　① 福州统计局 . 2021 年福州统计年鉴［EB/OL］. （2021 – 12 – 07）［2022 – 10 – 15］. http：//tjj. fuzhou. gov. cn/zz/fztjnj/2021tjnj/indexch. htm.

一、建设闽江口金三角经济圈的成因

闽江口地处入海口，陆路海陆交通便利，基础产业齐全，经济发展势头良好，对外开放和对外贸易历史悠久，与宁德、莆田、平潭联系紧密，在改革开放的历史背景下，构建以闽江口为核心的闽江口金三角经济圈，无疑具有重要的战略意义。

（一）福州成为 14 个沿海开放城市之一

1978 年 12 月党的十一届三中全会召开，党中央作出实施改革开放的伟大决策，掀开了我国对外开放的历史篇章。1979 年 7 月，深圳、珠海、汕头、厦门 4 市获批设立出口特区，次年改称经济特区。福建省和广东省成为对外开放的排头兵，率先进入对外开放的新时代。1984 年，继设立 4 个经济特区之后，党中央、国务院决定将包括福州在内的 14 个市设立为沿海开放城市。至此，福州成为改革开放以来较早一批对外开放的城市。

1978～1991 年，福州积累了丰富的对外开放经验，为建设闽江口金三角经济圈奠定了基础。首先，福州在原有工业体系基础上，通过引入台资、侨资和外资，丰富了福州的工业投资主体，形成了合理的工业布局，构建了较为完备的工业体系，建设起一定规模的工业区。其次，福州通过合理的市政交通规划，将公路与铁路、河运与海运有机结合，同时对福州义序机场进行跑道扩建与设备升级，将军用机场改为军民合用机场，极大地提高了空中运输能力，使得福州地区海陆空交通得以联动，形成了较为成熟的交通运输体系。最后，福州悠久的对外贸易历史，以及在新的历史条件下形成的开放包容、敢于冒险、勇于担当、务实创新的精神品格，营造了有利于经济发展与经济圈建设的政策软环境。

（二）邓小平南方谈话带来的解放思潮

1992 年，改革开放总设计师邓小平同志南下视察，发表了著名的南方谈话。"南方谈话"科学地总结了十一届三中全会以来党的基本实践和基本经验，从理论上深刻回答了长期困扰和束缚人们思想和观念的许多重大认识问题①。南方谈话不仅对当时我国的改革和建设具有十分重要的指导作用，而且为半年后召开的党的十四大做了思想上、理论上的准备（张爱茹，2013）。

邓小平指出："社会主义的本质，是解放生产力，发展生产力，消灭剥削，消除两极分化，最终达到共同富裕。"② 这一重要论述成为建设闽江口金三角经济圈的指导思想。在对社会主义本质作了总结性的理论概括之后，邓小平又对姓"资"与"社"问题作了正面回答，他明确指出："计划多一点还是市场多一点，不是社会主义与资本主义的本质区别。计划经济不等于社会主义，资本主义也有计划；市场经济不等于资本主义，社会主义也有市场。计划和市场都是经济手段。"③ 这一重要论断也为后续闽江口金三角经济圈利用市场机制实现资源的优化配置、遵循市场经济规律促进经济快速发展提供了重要的理论依据。

（三）习近平对当时福州发展战略的思考

福州市作为首批设立的 14 个沿海开放城市之一，对外开放起步时间早，持续时间长。但与同时期其他沿海开放城市相比，福州经济发展速度偏慢且存在一定差距，在全国范围内仍处于"后排落座"的情况（黄戎杰，2013）。

时任福州市委书记的习近平，对福州未来的经济发展作了深刻且长远的思考。一方面，他"跳出福州看福州"，通过对比分析当时国内经济发达的其他城市，包括与福州隔海相望的台北市，以及世界范围内其他国家与地区的发达城市，研究这些发达城市快速发展的原因，为福州的发展思路提供借鉴。另一方面，他又"回到福州看福州"，结合福州自身特点，思考福州如何依靠自身特有的禀赋优势和经济发展模式来提前布局，以高屋建瓴的战略目光对福州的未来作了战略发展规划。④ 正如习近平同志所说的："改革开放

①　江泽民．在邓小平同志追悼会上的悼词［N］．人民日报，1997 – 02 – 26（1）.

②③　邓小平文选（第三卷）［M］．北京：人民出版社，1993：373.

④　笔者综合以下文献进行概括：习近平．再创新辉煌［A］．福州市 20 年经济社会发展战略设想［C］．福建美术出版社，1993；董瑞生．福州市委书记习近平谈：闽江口金三角经济圈发展战略［J］．瞭望周刊，1993（16）：17 – 18；中央党校采访实录编辑室．习近平在福州［M］．中共中央党校出版社，2020.

是一项长期、艰巨、复杂的事业，在其发展中，许多重大问题要从长计议、慎于决策。"① 正因为习近平基于前瞻性、战略性、全局性的思考，才形成了建设闽江口金三角经济圈的战略构想。

二、闽江口金三角经济圈的发展现状

经过 30 年的持续发展，闽江口金三角经济圈逐渐形成具有一定规模的经济圈，在基础设施、产业结构、对外开放、城市建设、区域联动、生态环境等方面都取得了长足的进步。

（一）基础设施不断完善

在 30 年时间里，闽江口金三角经济圈持续发展，配套基础设施不断完善。作为闽江口金三角经济圈的两大核心港口——罗源港和福清港的总体规模和吞吐总量也在逐步扩大，成为沿海省份主要运输港口之一。罗源港海湾面积达 227 平方公里，港口开口窄而腹地广，自然条件优越，是国内的天然良港，可布设 78 个深水码头和泊位，目前拥有 6 个作业区，4 个 30 万吨级码头，2020 年货物吞吐量突破 1500 万吨。福清港海湾面积 226 平方公里，湾内风浪小，湾内海面宽阔，适合大型船舶停靠，可布设 30 多个深水码头泊位。目前拥有 13 个 5 万吨级码头，58 条国际国内航线，2020 年完成集装箱吞吐量 215.1 万标箱。同时，福清港作为国家一类开放口岸，港区内设有保税区，成为联通国内国外市场、促进外贸发展的重要一环，是闽江口金三角经济圈物流集散及对外贸易的前沿。②

伴随闽江口金三角经济圈一同发展的还有长乐国际机场。长乐国际机场于 20 世纪 90 年代开始兴建，到 2020 年二期开工，航站楼面积达 21.6 万平

---

① 习近平. 福州市 20 年经济发展战略设想 [M]. 福州：福建美术出版社，1993：1.

② 福清市人民政府. 政府工作报告（2020 年）[EB/OL]. （2021 - 01 - 15）[2022 - 10 - 15]. http://www.fuqing.gov.cn/xjwz/zwgk/gzbg/202101/t20210115_3962109.htm.

方公里，为 4E 级民用机场。① 2020 年，机场年旅客吞吐量达 903 万人次，较同期增长 2%，货邮吞吐量达 15.2 万吨，较同期增长 27.3%，起降架次破 8 万次②。目前长乐国际机场已与 130 多个国内城市通航，87 个国际城市通航，飞行航线达 138 条，③ 成为闽江口金三角经济圈对外开放的一个重要窗口。在陆路交通方面，福州市由于历史原因，铁路发展较晚，随着闽江口金三角经济圈建设的提出，福州市的铁路建设步伐也在加快。现拥有温福铁路、福厦铁路、合福铁路、福平铁路，均以福州为起始站点，截至 2022 年 8 月，福建省铁路营业里程为 3983.3 公里，其中高速铁路里程 1862 公里，普速铁路 2121.3 公里④。经过福州的铁路线连接全国各个城市，极大地便利了商品运输及人员流动。

（二）产业结构持续优化

随着闽江口金三角经济圈的发展，福州市的产业结构也随之优化。20 世纪 90 年代，福州市产业结构以第一产业和第二产业为主，到 2020 年，转变为以第二产业和第三产业为主，并且第三产业的比重仍在持续扩大。从占比看，2020 年福州市第一产业增加值占地区生产总值的比重为 5.6%，第二产业的占比为 38.3%，第三产业的占比为 56.1%（见图 1）。从增速来看，2016 年以来，第一产业、第二产业均为负增长，只有第三产业保持正增长。高附加值的第三产业比重持续上升，产业结构逐渐向着现代化产业结构方向转变。从三大产业的构成看，第一产业主要以花生、甘蔗、茶叶等经济作物为主，第二产业主要由以纯碱、水泥和农业化肥为主的化工业和以汽车、电视和发电设备为主的制造业支撑，而第三产业主要以投资业为主。三大产业的构成日益朝市场化、现代化、开放型方向转变，有效提升了福州区域经济

---

① 福州长乐国际机场第二轮扩能航站楼扩建工程竣工 ［EB/OL］. （2018 - 11 - 26）［2022 - 10 - 15］. http: //www. gov. cn/xinwen/2018 - 11/26/content_5343442. htm#1.

② 2021 年全国民用运输机场生产统计公报 ［EB/OL］. （2022 - 03 - 22）［2022 - 10 - 15］. http: //www. caac. gov. cn/XXGK/XXGK/TJSJ/202203/t20220322_212478. html.

③ 新航季福州机场新增 12 个新航点 ［EB/OL］. （2020 - 10 - 26）［2022 - 10 - 15］. https: //www. fujian. gov. cn/xwdt/mszx/202010/t20201026_5422465. htm.

④ 冯川叶，肖晓敏，林铭水. 奋发前进! 福建铁路建设提速 ［N］. 福建日报，2022 - 10 - 16 （3）.

的综合竞争力。

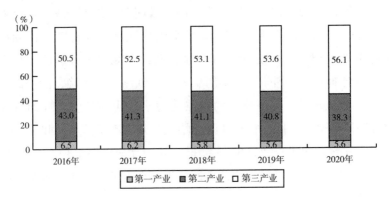

图1 2016～2020年福州三次产业增加值占地区生产总值的比重

资料来源：《福州统计年鉴2021》《2020年福州市国民经济和社会发展统计公报》。

闽江口金三角经济圈的发展，吸引了大量企业入驻福州，相同类型企业聚集形成相应的产业集聚区。其中，服务业以东街口为中心，形成了东街口省会中心综合商业中心；金融业以环球中心、世贸108大楼为中心，形成海峡金融商务区；外贸行业以福州利嘉进出口商品城为中心，形成进出口聚集区。闽江口金三角经济圈建设之初就设立了工业园区，随着闽江口金三角经济圈的发展，入驻工业企业持续增多，工业园区规模不断扩大，集聚作用更加明显。大量同类型企业的集聚，形成规模经济，产生外部经济效应，有效地降低了生产成本，提高了集聚企业的竞争力，很好地带动了福州地区经济发展。

闽江口金三角经济圈的建设，与科技进步息息相关。1991年，福州高新区顺利成为首批国家级高新区。30年来，福州高新区始终秉承"发展高科技，实现产业化"的宗旨，牢牢把握创新驱动发展战略，取得了骄人的成绩。其面积由初创时的5.5万平方公里，扩大到现在的200万平方公里，入驻企业4000多家，其中各类上市企业46家，高新技术企业突破2000家，规上工业企业总产值由初创时的1.02亿元，增加到2020年的1500多亿元①。

---

① 根据以下资料整理：福州市高新技术企业突破2000家［EB/OL］.（2021－01－25）［2022－10－15］. http：//m. xinhuanet. com/fj/2021－01／25/c_1127021881. htm；福州高新区：峥嵘三十载 创新有为再出发［EB/OL］.（2022－05－22）［2022－10－15］. http：//news. fznews. com. cn/fzxw/20220522/KpscZ45on5. shtml。

福州高新区所具有的雄厚的科技创新能力，是推动福州经济发展，改善福州产业结构的重要引擎，也是建设闽江口金三角经济圈的重要基石。

（三）对外开放步伐加快

闽江口金三角经济圈作为福州市对外开放的重要窗口，对外贸易在30年时间内持续稳定地发展。从贸易总额上看（见图2），进出口总额从1991年的23.1亿元，增长到2020年的2504.8亿元，增长了近108倍，年均增长率达17.5%。出口额从1991年的16.3亿元增长到2020年的1786.5亿元，增长了近110倍，年均增长率达17.6%，贸易总额持续扩大。从贸易主体上看，与福州建立贸易往来的国家和地区，已从20世纪90年代初的十几个，增加到2020年末的215个，贸易主体数量不断增多。外贸进出口的经营主体，从20世纪初以国有企业为主，转变到2020年以民营企业为主，民营企业数量占据福州对外贸易企业数量一半以上，经营主体更加多元。从外商直接投资资金的流向上看，从20世纪90年代以农业、建筑业、房地产为主，转变成2020年以租赁和商务服务业、房地产业及信息技术行业为主，资金流向日趋丰富。

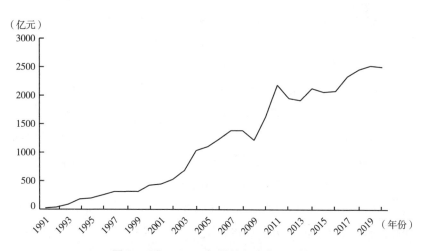

图2　1991～2020年福州市进出口总额

资料来源：《福州统计年鉴2021》。

（四）城市建设更上一层楼

闽江口金三角经济圈的建设带动了福州地区城市建设的发展，福州城市建设主要围绕内涝治理、旧城改造以及宜居城市建设展开。

福州地区地处亚热带东南沿海，夏秋雨季及台风带来大量降水；而福州又是一个"水城"，内河河网密布，降水无法及时排出形成积水，由此导致严重的城市内涝问题。针对内涝问题，时任福州市委书记习近平具有预见性地将治理内涝提上了福州市城市建设的日程，经过 30 年的努力，通过扩河分排、保持水土、内河治理、水文监测、协同治理等各种手段，福州市区内涝问题得到了有效解决，城区内涝发生频率及影响范围均得到了大幅度减少。

在城市基础建设方面，一方面，加快旧城改造步伐（杨岳，2013），通过将旧城从原有区域搬移迁出，将原有的"老、破、小"的旧城楼房改造成"高、大、新"的新城，既使原有旧城居民的居住环境和生活条件得到改善，又更有效地利用城市用地，使有限的城市用地发挥出更大的潜力；另一方面，加强农村地区的乡镇建设。通过对农村进行旧房危房改造整治、污水治理、集中拆迁安置，加速了福州地区的城市化进程（孙伟、林善炜，2015），将旧城改造与新区开放并举，扩大了福州城区的面积。截至 2019 年底，福州市六城区（仓山区、鼓楼区、马尾区、台江区、晋安区、长乐区）面积达 301.28 平方公里，城市化率突破 71%，旧城改造取得了显著的成果①。

同时，福州的宜居城市建设也取得了长足进步。正如习近平总书记所说，"福州是有福之州"，是个适合居住的城市。② 一方面，福州的地区自然条件优越，森林覆盖率高，气候温和宜人；另一方面，福州市政府也加强了城市绿化建设，改善城市内河河网，确保城市环境不断优化。再加上福州地区交通便利，陆路交通航空港海港齐全，历史文化底蕴深厚，享有"海滨邹鲁"的美誉，获评"国家历史文化名城""全国文明城市""全国森林城市"

---

① 资料来源：《福州统计年鉴 2021》。

② 习近平在福建考察时强调：在服务和融入新发展格局上展现更大作为，奋力谱写全面建设社会主义现代化国家福建篇章［N］. 人民日报，2021 – 3 – 26（1）.

等称号。这些因素叠加起来，使得福州地区更加宜居宜业，民众的获得感、幸福感和满足感不断得到提升。

（五）区域联动日益增强

闽江口金三角经济圈的设立，是为了改变福州在国内经济"后排落座"的情况，加强福州地区同其他地区及经济圈的联系。经过 30 年的发展，闽江口金三角经济圈同其他地区及经济圈的联系日趋紧密，日益成为东南沿海地区开放带不可或缺的重要部分。

首先是同以厦门为中心的闽南金三角经济圈之间的联动。闽南金三角与闽江口金三角同处福建，产业结构上都以石化、化工、计算机、制造业为主，产业结构上的相似性促进两大经济圈内企业间的合作，使得经济圈之间的协作更加频繁，联动日益增多，共同构成推动福建经济发展的两大引擎。

其次是与平潭综合实验区之间的联动。平潭县原本隶属于福州市，平潭综合实验区设立时间较晚，却是闽江口金三角经济圈对外开放的重要平台。其设立的目的是加强海峡西岸同台湾省的经济联系，提高对外开放能力。一方面，闽江口金三角经济圈内大量工业企业通过平潭综合实验区出口产品，利用平潭综合实验区的优惠政策降低产品成本，提高产品在国际市场上的竞争力；另一方面，台商、侨商和外商通过平潭综合实验区，进入闽江口金三角经济圈，拓宽产品市场，开办生产工厂，加强与闽江口金三角经济圈之间的经济联系。与平潭综合实验区的合作联动使得闽江口金三角经济圈的对外开放程度进一步加深，对外开放格局不断完善，对外开放途径日益增多，形成了新兴经济增长极。

最后是与莆田、宁德两个地区之间的联动。福建省是最早实施区域协同发展的省份之一。基于对三地市具体情况的充分掌握，习近平在 20 世纪 90 年代就提出"沿海、山区一盘棋""山海协作，共同发展"的区域协同发展理念①。闽江口金三角经济圈建立后，福州市将部分产业梯度转移至莆田市北部和宁德市南部地区。产业转移为 20 世纪 90 年代的莆田市和宁德市带来了良好的发展机遇，带动了两地经济发展，提升了两地制造业水平，促进了

---

① 资料来源：《莆田统计年鉴 2021》。

产业结构转型。同时，产业转移优化了福州地区的工业结构，推动福州工业转型升级向着现代化工业体系方向转变，促进了闽江口金三角经济圈地区发展。区域之间的协同发展极大地促进了莆田市、宁德市的经济发展，莆田市地区生产总值从 1991 年的 35.4 亿元增长到 2020 年的 2643.97 亿元，增长了近 75 倍，[①] 宁德市的地区生产总值从 1991 年的 32.82 亿元增长到 2020 年的 2619 亿元，增长了近 80 倍[②]。30 年来，福州与莆田、宁德的联动效应不断加强，莆田市和宁德市的年增长率在全省内均名列前茅，实现了跨越式发展。

（六）生态环境明显改善

经济圈的建设离不开生态环境的改善，而良好的生态环境反过来又会促进经济圈发展。习近平总书记在福州主政期间，对生态环境的保护十分关心，致力于改善福州的生态环境，建设"生态福州"。他对生态环境的建设始终坚持"动"与"不动"相结合。"动"，就是将对人民群众的生活质量造成危害的部分进行整治，如大力治理城市内河河网，避免城市内涝频发；实施垃圾分类和处理制度，保证垃圾归类到位。"不动"，就是指大力保留提升人民群众生态环境满意度的部分。[③] 例如，他在主政福州期间，大力推动福州市五虎山建设，使得五虎山从省级森林公园，一步步变为国家级森林公园，五虎山内自然景观得到了有效保护，成为福州市人民休闲放松的胜地。

习近平总书记保护生态环境的思想在福州深深扎根，并得到了很好传承。经过 30 年的持续接力，目前福州市公园数量已到达 1600 座，绿地面积超过 5300 公顷[④]，成为名副其实的"森林城市"。全市主要河流整体水质为优，几大市级饮用水水源地水质达标率和县市级以上饮用水水源地水质达标

---

① 资料来源：《莆田统计年鉴 2021》。

② 资料来源：《宁德统计年鉴 2021》。

③ 笔者综合以下文献进行概括：吕路阳、祁正华. "金三角"也是"绿三角"——在更高起点上建设闽江口金三角经济圈述评之六 [N]. 福州日报，2013 – 04 – 13（1）；中央党校采访实录编辑室. 习近平在福州 [M]. 北京：中共中央党校出版社，2020；中央党校采访实录编辑室. 习近平在福建（上）[M]. 北京：中共中央党校出版社，2021。

④ 福州市统计局. 2020 年福州市国民经济和社会发展统计公报 [EB/OL].（2021 – 03 – 25）[2022 – 10 – 15]. http：//tjj. fuzhou. gov. cn/zz/zwgk/tjzl/ndbg/202104/t20210421_4081424. htm.

率均为100%，福州市民的饮用水安全得到了保证。屏山、五虎山、于山、晋安江等生态景点都得到了有效保护与合理开发，成为福州的"生态名片"。

三、闽江口金三角经济圈发展思路

在新的历史阶段，闽江口金三角经济圈要顺应当前经济发展形势，通过科技创新、注重新兴产业布局、发展海洋经济等方面，在现有发展基础上实现高质量发展，形成具有较大影响力的经济圈。

（一）打造区域创新高地

1. 建设区域创新中心

福州作为省会城市，高等院校、科研机构、高新技术企业数量众多，包括福州大学、中科院福建物质机构研究所、清华－福州数据技术研究院、福建省电子信息（集团）有限公司等，科研创新实力强劲，创新创业人才储备充足。福州市应利用好这些特有优势，建设区域创新中心，增强综合创新能力。

一方面，以福州高等院校和科研机构为依托，加快培育科研创新人才，努力构筑区域创新高地，夯实完善基础学科研究，在现有科研基础上进行突破。洞察未来科研动向，提前布局，以人工智能、数字经济、精密制造为重点工程，推动重点工程创新，增强福州地区创新实力。另一方面，积极引导企业参与创新过程，支持企业成为技术创新主体，以企业在生产过程中遇到的瓶颈，倒逼企业进行技术创新，以生产带动技术创新。加强企业同高等院校、科研机构的合作，建立对应创新支持机制，推动科研成果落地，实现产学研深度融合，将知识创新有效转化为生产力。

2. 加强与闽南金三角经济圈科技合作

闽南金三角经济圈是发展较为成熟的经济圈，经济圈内科技创新实力雄厚，既有厦门大学、华侨大学等高校，也有海西研究院稀土研究所、第三海洋研究所等科研机构，加强与厦门、泉州的创新合作，能够有效提高闽江口金三角经济圈的科技创新能力。第一，加强两大经济圈内部高等院校与科研机构之间的交流合作与人才往来，开展共同课题进行研究合作，共享研究成果。发挥两大经济圈内高等院校与研究机构优势学科的比较优势，针对不同研究方向与课题进行研究，实现优势互补。第二，闽江口金三角经济圈应同闽南金三角经济圈协同发展，共同打造福厦泉科技创新走廊（福厦泉科学城），推进重大科技创新平台引建，引导两大经济圈内高新技术企业进行合作，鼓励两大经济圈内部企业进行良性竞争，以竞争推动科技创新，形成知识密集型产业体系和新的科技创新增长极。第三，构建科技创新平台，加强两大经济圈在科技创新、人才往来、企业合作等方面的互动，吸引福建省内其他创新创业资源，提升总体创新实力，扩大科技创新在全省的影响范围，辐射带动全省科技创新发展。

3. 融入粤港澳大湾区与长三角创新进程

粤港澳大湾区与长三角地区的创新研发能力与创新驱动发展能力在全国范围内处于领先地位，闽江口金三角经济圈应积极参与粤港澳大湾区与长三角的创新进程，与两大经济圈进行有效对接。通过创新体制机制、出台优惠政策，引入两大经济圈创新资源，吸引高层次创新创业人才留榕，整合创新资源与创新人才，提升福州总体创新能力。构建创新战略联盟，加强经济圈之间人才流动与成果交流，发挥三大经济圈特有优势，共同研究核心技术攻关与技术创新，努力解决"卡脖子"问题，力争在新一轮产业革命与科技革命的数字化浪潮中占有一席之地。

（二）注重战略性新兴产业布局

2020年，福州市数字经济规模达4600亿元，占福州地区生产总值比重超45%，年均增速达25%（林瑞琪，2022），是推动福州经济发展的重要引擎。为实现闽江口金三角经济圈的高质量发展，需要进一步提高福州数字经济的发展水平，让数字经济为福州经济发展提供更多动力。

首先，大力推动数字产业化。以大数据、人工智能、软件开发、物联网技术等产业为导向，聚焦核心芯片开发技术、精密电子元件与基础材料开发等核心技术，大力发展数字经济产业。依靠中科院海西研究院、数字中国研究院等研究机构，联合福州大学等高等院校，推动前沿信息数字技术开发，占领数字经济技术高地。加大对数字经济知识产权技术的保护力度，提高数字经济核心领域知识产权的储备。推动产学研深度融合，依托数字中国建设峰会，引进优质成熟数字经济企业落户福州，提高福州地区数字经济企业综合实力，以龙头企业发展带动福州数字经济企业发展。培育福州本土数字经济企业，依靠福州"三创园"创新园区，孵化数字经济创新创造企业，打造特有数字经济品牌，激发福州数字经济发展内生动力。发挥产业园区的集聚效应，推进福州软件园、福州高新技术园区、仓山互联小镇等数字经济园区建设，推动大数据、人工智能、物联网等数字产业集聚发展，提升园区内数字经济发展水平，建设具有示范性的数字经济聚集区。

其次，引导产业数字化发展。大力发展数字农业，利用大数据、人工智能等数字经济技术，对农业生产活动进行有效控制，提高农业生产活动生产效率。依托物联网技术，打造智能物流体系，加强农产品供需市场联系，提高农产品转运及运输效率，推动农产品生产销售两端精准对接。深入推动智能制造发展，将更多智能制造引入工业生产过程，推动工业生产制造向智能化方向转变，提高工业生产效率。发挥大数据、云计算等数字技术优势，对工业生产过程进行有效把控，强化数字经济对工业生产过程的控制作用，让数字经济为福州工业转型赋能。依靠"互联网＋"技术，将传统零售业与互联网技术结合，实现线上销售与线下实体销售相结合，推动传统零售业向新方向发展。以云计算、大数据为驱动力，引导福州当地金融业转型升级，通过数字技术对金融服务进行创新，提升金融业发展水平与发展质量。将大数据、人工智能、5G 等新型技术，应用到医疗、旅游、交通等方面，提高医疗、旅游、交通行业的数字化水平，实现服务业与数字技术的深度融合。

最后，充分发挥福州作为海上丝绸之路核心区的区位优势，将数字技术与对外贸易"一带一路"建设有效结合。加强数字经贸合作，强化物联网与大数据技术在物流运输方面的优势，推动长乐国际机场与福州港数字化升级，提升物流运输效率，发挥好福州作为重要物流节点的作用。利用云计算大力发展跨境电商，培养一批具有一定规模的跨境电商公司，打造"丝路电商"核心区。创建"数字经济"示范合作区，依托数字技术，提升与"一带一路"沿线国家和地区的经济合作水平，构建具有经贸合作的利益共同体，建设具有代表性的经贸合作区。

（三）打造"海上福州"亮丽品牌

福州的优势在于江海，福州的出路在于江海，福州的希望在于江海，福州的发展在于江海，福州的发展必须依靠江海，江海兴则福州兴，"东进南下，沿江向海"描绘了福州发展的途径（林旭东，1991）。

第一，大力发展海上养殖与捕捞业。一是要充分利用福州先进的人工智能技术，发展海上智能养殖，对海上养殖过程进行智能控制，提升海上养殖的效率。积极推进绿色养殖发展，使用环保型渔排，对养殖过程中产生的废水进行去污处理，建设绿色养殖示范区，推动海上养殖向着可持续方向发展。二是要大力发展远洋捕捞。增加远洋捕捞船只数量，扩展远洋捕捞覆盖范围，提升福州远洋捕捞在全国范围内的竞争力。三是要发展龙头企业与特色产品。推动海产品精加工，提升海产品附加值，扩展海产品国内外市场，发展具有一定竞争力的龙头企业。培育具有区域特色的海产品，大力宣传推广地区特色海产品，打造地区特色海产品品牌。

第二，推动近海能源开发。利用福建纬度低、光照充足的特点，依托近海地区海面充足的渔排，发展海上太阳能发电事业，增加海上能源供给。发挥闽江口海岸线漫长曲折的优势，将沿岸地区充足的海风转换为电能，推动沿岸地区风力发电站建设，大力发展风力发电事业。

第三，发展海洋相关产业。推动船舶制造、船舶修理事业发展，提升船舶修造技术，探索新型远洋捕捞船与高端游轮制造，增加船舶制造的科技含量与附加值，培育船舶制造龙头企业。依托福州发达的第二产业，开发远洋捕捞、水下勘察等行业所需的水下装备，推动水下装备制造与捕捞、水下勘察、救援等事业有机结合，提升水下装备制造能力。占领海洋生物制品高地，发挥福州地区科研院校众多优势，加大对海洋生物特性的探索，增加对海洋生物研究；产学研深度融合，发展海洋生物制药、海洋化妆品等海洋制品，形成具有一定规模的海洋生物产业链。

第四，谱写"海上丝绸之路"新篇章。福州作为一个具有 2000 多年对外开放历史的城市，未来的发展也需要时刻依靠对外开放。一方面要利用好福州地区侨商众多、与台商联系精密的历史特点，通过政策优势与投资红利来广泛吸引侨商台商来福投资发展，提高侨商台商在福投资比例及投资额，加强福州同台湾、海外华人的联系。另一方面，福州是古代丝绸之路的重要一环，要进一步扩大对外开放力度，实现跨越式发展。福州作为 21 世纪海上丝绸之路的枢纽城市，第二产业产能充分，行业数量丰富，生产产品多样，出口产品在海上丝绸之路沿线城市具有巨大竞争力。通过海上丝绸之路，将福州市多余产能转移至国外，拓宽福州海外市场，增加福州对外贸易额。福州第三产业资金充沛，能够大量对外投资设厂，加强福州对投资地的直接联系，提高福州对外投资的竞争力。依靠海上丝绸之路，打造"海上福州"亮丽品牌，进一步扩大闽江口金三角经济圈影响力，增大闽江口金三角经济圈的辐射范围。

（四）发展特色文旅产业

福州作为一座有着 2200 多年历史的文化古城，历史文化底蕴深厚，具有丰富的文化资源和旅游资源。通过深挖福州蕴藏的文旅资源，发展特色文旅产业，推动闽江口金三角经济圈进一步发展。

首先，依托高等院校与闽都文化研究会等机构，对闽都文化进一步解读与阐释，深度剖析闽都文化的精神内涵与文化特质，包括语言文化、建筑文化、宗教文化、民俗文化、饮食文化等五方面，挖掘闽都文化在现代社会的文化价值。在此基础上推出相关的文化产品，如图书、特色文创产品等，扩大闽都文化的影响力与传播范围，带动文化产业发展。同时，举办以闽都文化为主题的大型会议，邀请国内外学者参会，提高闽都文化与福州在国内外的影响力，有效传播闽都文化与闽都文创产品。

其次，依托闽都文化，发展具有福州特色的旅游产业。以三坊七巷、上下杭、朱紫坊等古厝以及历史文化街区为载体，对闽都文化中建筑文化进行有效诠释，将闽都文化与传统福州老建筑进行有机结合，把闽都文化融入旅游过程中，形成别具一格的"文化游""古厝游"。以鼓山、国家森林公园、于山等自然资源为重要旅游资源，发挥福州地区生态环境优良、空气清新宜人的优势，在不破坏自然资源的前提下发展"生态游""绿色游"等旅游项目，形成特有旅游招牌，提升福州旅游业竞争力。以春节、元宵节、中秋节等传统节日为契机，举办大型民俗活动，将闽剧、闽菜、民俗进行有机融合，吸引游客参与福州传统民俗活动，提升游客旅游过程中的趣味性与参与度，将福州传统民俗、闽菜、闽剧等地方特色进行有效传播，带动福州地区旅游产业发展。

最后，充分利用好福州地区华侨众多的优势，将闽都文化与福州特色文旅资源带到世界。依靠侨商网络、宗亲会、同乡会等组织，对闽都文化、福州文旅资源进行有组织的宣传，提高福州在世界范围内的知名度与认知度，以吸引更多外国友人来福州，增加旅游景点与自然景观附近双语标识数量，方便国际游客在福州旅游。开拓特色文旅产品的国际市场，推动福州地区文旅产业向着国际化方向发展。

（五）建设现代化、智能化国际城市

经济圈的发展离不开城市的建设，推动闽江口金三角经济圈深层次发展，就要将福州建设为现代化、智能化的国际城市。

建设现代化、智能化福州，新基建要先行。《福州市推进新型基础设施建设行动方案（2020—2022年）》提出，到2022年，福州"基本形成信息基础设施布局完备、融合基础设施广泛赋能、创新基础设施驱动发展的良好格局，全市新型基础设施建设规模和发展水平达到国内一流水平"。实现基建更新，打造"智慧福州"。首先，要提升福州信息化水平，充分利用好福州信息产业发达、信息技术先进、信息人才众多的优势，增加福州市5G基站在全市的数量，推动5G信号的全覆盖；推广5G技术的商用与民用，使5G技术与工业生产、物联网、智能城市等应用更好地结合。其次，要使信息技术与新基建相结合，实现基建设施智能化发展。通过大数据平台与5G监控技术，升级城市信号灯与指挥信息网络，实时监控城市交通情况，合理分配城市车流，让城市交通更加智能与便捷。将人脸识别技术与云计算应用到教育、医疗、交通、市政等方面，利用人脸识别技术构建专属于每一个市民的个人人脸身份证，通过云计算将个人信息存储于云端空间，在需求时直接调用云端个人数据，让民众日常生活更加便利。将福州地区成熟的机器技术及数据处理技术结合起来，利用高效的数据处理技术，对复杂的物流信息和港口码头产品信息进行处理，通过机器对物流产品进行分拣和传送，提高运输效率，实现智能物流。

建设现代化智能化福州，要推进政务服务水平现代化智能化。福州作为全国首批数字城市建设的城市，政务水平数字化在全国范围内位居前列，在2021年数字政府能力评估中，福州市位列重点城市数字政府服务能力优秀级，获得省会城市政府网站绩效评估第9名（林宇熙，2021）。因此，要建设现代化智能化福州，数字政务需要同步推进。首先，继续加强网上办事的效率与水平，在原有的"最多跑一趟"的基础上，继续改进网上办事流程与手续，简化办事所涉的行踪主体，减少办事所需的非必要文件，从"最多跑一趟"逐步向"一趟不用跑"转变，推进办事审批服务便民化。其次，持续收集与人民群众生活息息相关的政务数字信息与其他信息，建立健全政务数据库，优化政务数据库，方便人民群众查询所需的数字信息及政务消息，做到人民群众想查、能查、查得到。最后，优化政务信息反馈途径，除原有的12345市长热线外、市长信箱等方式外，开辟其他途径，如微信公众号反馈、微博留言反馈等，使得人民群众的意见及建议能够及时有效地传达。在问题反馈后，通过数字平台及时进行跟进，及时更新后续处理结果，方便人民群众对政务进行有效监督，提高政府政务执行的透明度，加强人民群众同政府之间的联系，实现"有问必有答"。

建设国际化福州，需要积极建立以福州为中心的都市圈，推动福州向国际化城市转变。首先要完善福州、宁德、莆田及平潭综合实验区之间的交通网络。在原有的交通基础上，建设各个城市之间的城市快速线，形成同城化通勤圈。加快宁德机场及莆田机场的建设，推进福州长乐机场二期建设完工，形成以福州长乐机场为中心的福州都市圈航空枢纽，强化福州机场在东南沿海地区航空运输的重要性。同时，强化三都澳港、福州港、江阴湾三个优良深水港之间的联系，推动港湾之间的协同发展。其次，打造更高层次的对外开放格局。积极参与国际竞争与合作，推动福州主导产业参与国际产业链分工，提升福州主导产业的国际竞争力，培育具有福州特色的产品，提升福州在国际上的知名度与辨识度，让"福州品牌"走向国际。营造国际化的营商环境，打造开放、包容、创新的市场环境，利用好平潭综合实验区，构建高水平的对外投资平台，吸引更多外商来福投资。参与国际会议与赛事的承办，提高福州的国际影响力。最后，加强与其他国际城市之间的联动，学习借鉴国外在国际城市建设过程中的先进经验，加快建设现代化、智能化国际城市步伐。

建设国际化福州，要提升福州在国际层面的影响力。一方面，通过加强营商环境建设和提高政务服务水平，吸引跨国公司来福州设立总部，入驻福州。精简行政审批事项，优化审批过程，实现审批标准统一化，对来福州建设的重大项目开辟绿色审批通道，加快项目落地。利用福州发达的数字经济，推动工商登记、资格审批、投资审核电子化，降低办照办证成本与时间。提高政务服务英文水平，减少语言交流障碍。引入一批涉外、投资法务人才进入福州，鼓励福州地区法律机构拓展涉外投资业务，完善福州地区涉外投资法制体系，建设法制、公平、开放的营商环境。另一方面，提高福州地区国际机构集中度。继续申办国际赛事与会议，提高福州承办赛事的水平，增加福州在国际上的知名度与认可度。充分利用好世界遗产大会、数字中国建设峰会等国际会议的后续影响力，积极推动相关国际组织或机构落户福州。加强同海上丝绸之路沿线国家的友好联系，鼓励双方建立友好城市关系，形成稳定友好的城市间合作关系。加强与已有友好城市的关系，在形成良好合作关系的基础上，鼓励、引导友好城市来福州设立领事馆。

（六）建设绿色美丽、协同发展的生态环境

首先，建设良好的生态环境，保护放在第一位。积极推动生态保护区建设，提高森林覆盖率，发挥森林在生物多样性保护、水土涵养方面的积极作用。减少乱砍滥伐、水土流失情况的发生，保护已有的山地和森林。强化河长制、湖长制，将河流与湖泊的保护落实到人，减少排污入湖、入河情况的发生，提升河流水质。加强对海岸线的日常巡逻和保护，严查排污入海的行为，避免海岸线遭受侵蚀。对填海开发、滩涂养殖行为进行管控，定时清理岸边垃圾，减少人为行动对海岸线的破坏。

其次，对环境污染进行有效治理。对生产废水、生活污水、养殖污水等黑臭水体，统一截留并纳入污水处理系统，进行去污处理后再排除。对闽江、九龙江等主要河流沿岸进行定期垃圾清理，增加河流沿岸植被种植，加大对河流的微生物投放，提高河流的自然净化功能。对化工厂、有色金属工业等行业所产生的大气废气，进行清洁化处理后再排放，提高清洁能源在工业生产中的比重，大力推动清洁生产。

最后，以碳达峰、碳中和为契机，积极推动海峡西岸碳排放产权交易落地，将环境保护与金融创新有机集合，实现"绿水青山就是金山银山"。建

设高质量公园，改善都市圈居住环境，为市民提供更多亲近自然机会，增加每个市民拥有的绿色财富。

（七）大力推动闽东北协同发展

闽江口金三角经济圈作为推动区域协同发展和探索共同富裕的先行实验区，其根本目的是促进福州及其周边县市的经济发展和社会进步，因此需要将协同发展的范围从闽江口金三角扩大到整个闽东北地区，大力推动闽东北地区协同发展。

第一，推动福州核心地区产业升级与转移，带动周边市县经济发展。一方面要强化福州作为闽东北地区金融、创新、开放核心区的地位，注重发展高精尖行业，将科研教育、金融投资、对外贸易、精密制造、大数据等先进行业作为未来重点发展行业，实现福州核心地区的产业升级；另一方面要将部分非核心产业转移至福州外围地区、宁德市和莆田市，引导传统制造业、运输业、纺织业向宁德市、莆田市转移，与当地原有企业结合，形成行业集聚，构建具有规模的产业群，带动当地经济水平提高与生产能力进步，打造具有竞争力的产业。同时，以新兴产业的发展带动闽东北协同发展，发挥福州核心引导作用，加强福州与宁德市、莆田市在数字经济、海洋经济、服务经济等方面的交流合作，带动宁德、莆田数字经济与海洋经济发展水平。协助宁德市、莆田市规划新兴产业战略布局，将数字产业、海洋产业、新能源产业、新材料产业、服务业作为宁德市、莆田市未来重点发展产业，通过政策扶持、资源倾斜、协同发展等方式促进新兴产业发展。

第二，要充分利用好国家对平潭综合实验区的政策福利，以平潭综合实验区为前沿阵地，推动闽东北地区对外贸易发展。深化平潭综合实验区的贸易投资自由化和便利化程度，简化投资和贸易的流程，方便进出口贸易，利用平潭综合实验区吸引更多台商、外商来闽东北地区投资设厂。以平潭综合实验区为试点，探索闽东北地区服务贸易改革发展制度，推动闽东北地区对外贸易转型升级，向具有更多附加值的服务贸易方向发展。以"一带一路"倡议为重要契机，推进平潭综合实验区的开发，以及福州市、宁德市、莆田市对外贸易和投资发展，加快闽东北地区对外开放的步伐，建设高质量、高水平的"一带一路"核心区。

第三，加强区域间产业协作，实现共同发展。推进宁德市、莆田市经济开发区建设，建设当地特色产业园区，形成多样化园区。加强闽东北地区经济圈内部交流协作，鼓励福州产业园区向其他园区输出园区管理经验、招商资源等，推动协同发展内容从传统产业梯度转移，更多向创新成果落地、管理经验传递等方向转变，创新协作发展模式。聚合闽东北协同发展区内力量，共同解决跨行业、跨领域的关键技术性问题，鼓励协同发展区内科技成果、人才、资源的自由流动，优化人才、资源配置，促进协同发展区总体科技水平提升。

四、结　语

党的十九届五中全会公报明确提出，在"十四五"期间，我国经济社会发展要实现"国内市场更加强大，经济结构更加优化，创新能力显著提升，产业基础高级化、产业链现代化水平明显提高"[①] 的目标。我国的经济社会发展，需要从以高速发展为主转换到以高质量发展为主，在现有高速发展的基础上，进一步提升经济发展的质量。推动我国经济发展从"以量取胜"转变为"以质取胜"，发展的步伐需要迈得更加稳定、更加扎实、更加有力。因此需要依托国内的经济圈，发挥经济圈的集聚效应和示范效应，整合同一区域内的经济力量，推动核心城市率先发展，辐射带动周边城市协同发展，达到区域内总体发展的目标。

进入"十四五"时期，在全面建成小康社会的基础上，需要继续推进闽江口金三角经济圈发展，向产业分工更加明确、产业聚集更有效果、创新能力更加突出、工业布局更加合理、对外经济更加开放、外贸交流更加频繁、城市建设更加宜居、生态环境更加美好、影响范围更加广泛、示范作用更加明显的方向持续发展，实现高质量发展。在区域经济发展格局中，进一步加强协同联动，南连粤港澳大湾区，北接长三角经济圈，同时充分发挥福州龙头城市的作用，形成闽东北协同发展新格局，成为促进福建经济发展新的增

---

① 中共中央关于制定国民经济和社会发展第十四个五年规划和二○三五年远景目标的建议 [N]. 人民日报，2020–11–4（1）.

长极和先行区。

参考文献

［1］邓小平文选（第三卷）［M］．北京：人民出版社，1993.

［2］黄戎杰．崛起的闽江口金三角［N］．福州日报，2013－04－08（1）.

［3］林瑞琪．市数据委：打响"数字福州"国际品牌［N］．福州日报，2022－01－06（1）.

［4］林旭东．福州市委书记习近平强调指出福州的希望在于江海［J］．中国水产，1991（8）：20.

［5］林宇熙．2021年数字政府服务能力成绩单发布 福建各项指标名列前茅［N］．福建日报，2021－12－17（1）.

［6］孙伟，林善炜．习近平关于福州发展的战略、实践及启示［J］．城市学刊，2015（3）：41－46.

［7］习近平．福州市20年经济发展战略设想［M］．福州：福建美术出版社，1993.

［8］习近平．展山海宏图创世纪辉煌：福建山海联动发展研究［M］．福州：福建人民出版社，2000.

［9］杨岳．深入学习贯彻习近平总书记系列重要讲话精神 在更高起点上加快建设闽江口金三角经济圈［N］．福建日报，2013－11－6（2）.

后　　记

　　本课题是刘晔教授所主持的"中央高校基本科研业务费专项资金资助"项目（项目编号：20720221071）——《海峡西岸繁荣带发展研究报告》2022年的阶段性成果。2012～2016年的阶段性成果——《海峡西岸经济区发展报告2012》《海峡西岸经济区发展报告2013》《海峡西岸经济区发展报告2014》《海峡西岸经济区发展报告2015》和《海峡西岸经济区发展报告2016》已由北京大学出版社出版，2017～2021年的阶段性成果——《海峡西岸经济区发展报告2017》《海峡西岸经济区发展报告2018》《海峡西岸经济区发展报告2019》《海峡西岸经济区发展报告2020》《海峡西岸繁荣带发展研究报告2021》已由经济科学出版社出版。

　　在研究过程中，本课题得到了厦门大学社科处的大力支持，经济学院科研秘书刘晨宇、王亚南经济研究院科研秘书许有淑，课题组研究助理陈东升也为本课题付出了辛勤的汗水，在此一并致谢。
　　本课题的最后统稿工作由蔡伟毅、郑若娟完成。各章内容的撰写具体分工如下：
　　前言（蔡伟毅、郑若娟）
　　专题一　福州市金融业发展研究（蔡伟毅、苏集贺）
　　专题二　福建省区域金融业发展水平的测度与评价（徐宝林、向国丽、王易、陈美琪、张伟民）
　　专题三　福建省数字普惠金融对居民消费的影响研究（徐宝林、周星、张倩、黄崇铵）
　　专题四　福建省国家数字经济创新试验区建设研究（杨权、吴扬扬、李仕成、赵樱郦）

专题五　厦门"大招商、招大商"促发展的现状、面临的瓶颈问题及破解对策研究（丁长发）

专题六　福建省文化产业发展与共同富裕（林细细、施雯静）

专题七　厦门现代产业发展的对策研究（任力）

专题八　福建省财税政策支持企业科技创新的机制与路径研究（肖锦生、刘晔）

专题九　加快建设闽江口金三角经济圈的成因、现状与发展思路（张兴祥、卓翔宇）

后记（郑若娟、蔡伟毅）

课题组主要成员（以英文姓氏为序）：

蔡伟毅：厦门大学经济学院金融系副教授，经济学博士，现任厦门大学工会副主席兼经济学院工会主席

丁长发：厦门大学经济学院经济系副教授，经济学博士

林细细：厦门大学经济学院财政系副教授，经济学博士

刘　晔：厦门大学经济学院财政系教授，经济学博士，现任厦门大学经济学院财政系主任

任　力：厦门大学经济学院经济系教授，经济学博士

徐宝林：厦门大学经济学院金融系助理教授，经济学博士

杨　权：厦门大学经济学院国际经济与贸易系教授，经济学博士

张兴祥：厦门大学经济学院经济系主任、教授，经济学博士，厦门大学社会科学部委员会委员，《中国经济问题》执行主编

郑若娟：厦门大学经济学院经济系教授，经济学博士

特邀作者：

肖锦生：国家税务总局龙岩市新罗区税务局副主任科员，经济学硕士